Peter Lienhard-Tuggener
Klaus Joller-Graf
Belinda Mettauer Szaday

Rezeptbuch schulische Integration

W0371597

Haupt

Peter Lienhard-Tuggener
Klaus Joller-Graf
Belinda Mettauer Szaday

Rezeptbuch schulische Integration

Auf dem Weg zu einer inklusiven Schule

Haupt Verlag
Bern · Stuttgart · Wien

Peter Lienhard-Tuggener ist ausgebildeter Primarlehrer, Psychologe und Sonderpädagoge. Er ist an der Interkantonalen Hochschule für Heilädagogik in Zürich tätig. Seine Schwerpunkte sind die Entwicklung von diagnostischen Verfahren sowie die Konzeptualisierung, Steuerung und Evaluation von sonderpädagogischen Angeboten.

Klaus Joller-Graf ist ausgebildeter Primarlehrer. Nach einem Studium der Pädagogischen Psychologie, Sonderpädagogik und Allgemeiner Didaktik war er als schulischer Heilpädagoge tätig. Heute arbeitet er als Dozent an der Pädagogischen Hochschule Luzern und als Projektleiter am Institut für Schule und Heterogenität (ISH). Seine Arbeitsschwerpunkte drehen sich um die Didaktik des integrativen Unterrichts.

Belinda Mettauer Szaday ist ausgebildete Lehrerin, Sonderpädagogin, Schulberaterin und Evaluatorin. Sie ist an der Interkantonalen Hochschule für Heilpädagogik in Zürich sowie an der Fachstelle für Schulbeurteilung des Kantons Zürich tätig. Ihre thematischen Schwerpunkte sind sonderpädagogische Angebote im Schulbereich, schulische Integration sowie Verfahren und Instrumente der Qualitätsentwicklung und Qualitätssicherung.

1. Auflage: 2011

Bibliografische Information der *Deutschen Nationalbibliothek*

Die Deutsche Nationalbibliothek verzeichnet diese Publikation in der
Deutschen Nationalbibliografie; detaillierte bibliografische Daten sind im Internet über
http://dnb.d-nb.de abrufbar.

ISBN 978-3-258-07488-7

Alle Rechte vorbehalten.
Copyright © 2011 by Haupt Berne
Jede Art der Vervielfältigung ohne Genehmigung des Verlages ist unzulässig.
Umschlagsgestaltung: René Tschirren
Printed in Germany

www.haupt.ch

Inhalt

1 Vorwort

Es ist uns bewusst, dass ein Buch mit dem Titel «Rezeptbuch schulische Integration» Gedanken und Erwartungen auslösen kann, die nicht unserer Absicht entsprechen: Der Begriff «Rezept» weckt vielleicht die Hoffnung, auf alle schwierigen Fragen eine einfache Antwort zu erhalten. Eine solche Erwartung kann niemals erfüllt werden – sie würde der Komplexität des Themas in keiner Weise gerecht. Dennoch haben wir diesen Titel gewählt. Mit dem Seitenblick auf ein anderes Gebiet – dasjenige der Kochkunst – möchten wir erklären weshalb.

An dieser Packung, die eine Gewürzmischung enthält, kann einem vieles gefallen. Da ist einmal die liebevolle Gestaltung: Die Produzentinnen und Produzenten scheinen Freude an ihrem Produkt zu haben – und sie sind stolz darauf («Proudly hand made in Australia!»). Sie geben auch konkrete Hinweise und Tipps für die Anwendung: Die Gewürzmischung sei «excellent for chicken, fish, tofu» und weitere Gerichte. Auf der Innenseite der Verpackung finden sich vorschlagsweise einige «tasty recipes». Die Produzentinnen und Produzenten zeigen aber auch Offenheit – und sie machen Mut zu experimentieren («feel free to blend, saute, season, mix, ... »). Und schließlich ist ihnen Transparenz wichtig: In der Mischung finden sich Koriander, Knoblauch, Pfeffer und weitere Gewürze – auf der ovalen Klebeetikette ist alles sauber aufgelistet.

Mit diesen Menschen wäre es wohl eine Freude zu kochen: Sie lieben ihr Arbeitsgebiet und geben ihr Wissen und ihre Erfahrungen gerne weiter. Dabei sind sie weder stur noch dogmatisch. Vielmehr scheinen sie Lust zu haben, aufbauend auf Bewährtem neue Dinge auszuprobieren.

Dieses Buch hat vergleichbare Ziele. Es wurde von Menschen geschrieben, die mit Engagement und Freude mithelfen wollen, eine gute Schule für alle zu verwirklichen. Wir zeigen in diesem Buch auf, welche Elemente gemäß unseren Erfahrungen und Überzeugungen zu einer solchen Schule gehören. Einblicke in integrative Schulen aus unterschiedlichen Ländern sollen zusätzlich den Horizont erweitern – im Sinne von: «Interessant, dort machen sie das so – wäre das vielleicht auch an unserer Schule möglich?»

Das Buch richtet sich in erster Linie an Lehrpersonen und Schulleitungen von Regelschulen. Es kann aber auch für Eltern, Fachpersonen der Sonderpädagogik und angrenzender Disziplinen sowie für Studierende von Interesse sein.

Es beginnt mit einigen Klärungen: Wo haben wir Schwerpunkte gesetzt? Wie definieren wir wichtige Begriffe? Anschließend wird von verschiedenen Seiten beleuchtet, weshalb gemeinsames Lernen ein wichtiges und sinnvolles Ziel ist. Das darauf folgende Kapitel beschreibt, wie der Unterricht einer integrativ ausgerichteten Schule gestaltet werden kann. Nach einer Auseinandersetzung mit Förderdiagnostik und Förderplanung werden Gelingensbedingungen für die Entwicklung einer integrativen Schule vorgestellt. Das Buch schließt mit kommentierten Vorschlägen für empfehlenswerte Bücher, Materialien und Medien.

Die Federführung des Kapitels 4 («Integrative Schulen machen guten Unterricht») lag bei Klaus Joller, diejenige des Kapitels 6 («So kann schulische Integration gelingen») bei Belinda Mettauer Szaday, die der restlichen Kapitel bei Peter Lienhard. Die Fotos und Bildmontagen stammen, wenn nichts anderes vermerkt ist, von Peter Lienhard.

Peter Lienhard-Tuggener | Klaus Joller-Graf | Belinda Mettauer Szaday
Zürich | 01.01.2011

2 Wichtige Klärungen vorab

Meinen wir alle dasselbe, wenn wir von Integration sprechen?

Der Begriff der Integration stammt aus dem Lateinischen (integratio) und wird meist mit «Wiederherstellung eines Ganzen» übersetzt. Er kann sehr vieles umfassen, beispielsweise die soziale, kulturelle, räumliche, schulische oder berufliche Integration. Je nachdem liegt der Fokus auf verschiedenen Bezugsgruppen (Menschen mit Migrationshintergrund, Menschen mit Behinderung, Menschen mit sozialer Benachteiligung u.a.m.).

In den folgenden Abschnitten wird aufgezeigt, welche Fokussetzungen im vorliegenden Buch gemacht werden, welche Begriffe wir verwenden und wie wir diese verstehen – mit dem Ziel, dass wir vom Gleichen reden.

Der Fokus liegt auf dem Bereich der Schule

Wenn wir von Integration sprechen, meinen wir die Integration in die Regelschule – je nach Sprachgebrauch allenfalls auch als «Allgemeine Schule» oder als «Volksschule» bezeichnet. Es geht um das gemeinsame Lernen möglichst aller Kinder und Jugendlichen, die im Einzugsgebiet dieser öffentlichen Bildungseinrichtungen wohnen – unabhängig von ihrer Herkunft, ihren Stärken und Schwierigkeiten. Die Regelschule umfasst in unserem Verständnis den Kindergarten, die Primarschule und die Sekundarstufe, also ungefähr die Altersspanne zwischen 5 und 16 Jahren bis zum Abschluss der obligatorischen Bildung.

Schädigung, Behinderung, Förderbedarf oder Beeinträchtigung?

Die Entwicklung und Bildung kann aus verschiedenen Gründen gefährdet oder erschwert sein. Es ist nicht unwichtig, welche Begriffe man für die Beschreibung dieser Gefährdungen und Erschwerungen verwendet. Jede Bezeichnung stellt bestimmte Aspekte in den Vordergrund und hat dadurch Vor- und Nachteile (vgl. Tabelle 1).

Tabelle 1: Unterschiedliche Begrifflichkeiten, mit denen erschwerte Entwicklungs- und Bildungsbedingungen umschrieben werden können

Fokus	Diskussion
Schädigung (z.B. Hörschädigung)	Der Begriff der Schädigung zielt auf einen körperlichen Befund – eine Funktionseinschränkung oder einen Funktionsausfall. Dessen Auswirkungen auf die Entwicklung und das Lernen können sehr unterschiedlich sein. Deshalb stößt der Begriff der Schädigung im Kontext der Bildung an seine Grenzen.
Syndrom (z.B. hyperkinetisches Syndrom)	Ein Syndrom setzt sich aus definierten diagnostischen Einzelmerkmalen zusammen. Syndrome sind in der Regel Teil eines Klassifikationssystems, beispielsweise der «Internationalen Klassifikation der Krankheiten» (ICD-10) der Weltgesundheitsorganisation WHO. Ein Syndrom ist mehr beschreibend als handlungsleitend. Ein Beispiel: Das Wissen, dass ich ein hyperkinetisches Kind vor mir habe, sagt mir noch nicht, was dieses braucht respektive wie ich mich ihm gegenüber verhalten soll.
Behinderung (z.B. geistige Behinderung)	Der Begriff der Behinderung kann sowohl eng («Anna ist körperbehindert») als auch breit und systemisch («Anna erfährt in ihrem Umfeld Grenzen – sie wird durch die Umwelt behindert») verstanden werden. Im alltäglichen Sprachgebrauch herrscht ein eher enger Behinderungsbegriff vor. Das hängt teilweise damit zusammen, dass das Sonderschulwesen vielerorts nach Behinderungskategorien organisiert ist. Aus sonderpädagogischer Sicht relevant ist die Tatsache, dass zwei Kinder mit identischer Behinderung einen völlig unterschiedlichen Förderbedarf aufweisen können.
Besondere Bedürfnisse Besonderer Förderbedarf	Hier liegt der Fokus auf dem individuellen Bedarf an spezifischer Förderung. Aus diesem Grund sind diese Begrifflichkeiten vor allem im Rahmen der Förderplanung gut geeignet und haben sich in diesem Kontext auch breit durchgesetzt. Da jedoch alle Kinder und Jugendlichen Bedürfnisse und Förderbedarf aufweisen, muss darauf geachtet werden, diese Begriffe präzise anzuwenden.
Beeinträchtigung	Der Begriff der Beeinträchtigung stellt nicht eine Schädigung oder eine Funktionseinschränkung, sondern deren Auswirkungen ins Zentrum. Beeinträchtigungen der Entwicklung und Bildung können von Eigenschaften der Person (z.B. durch ein Down-Syndrom), aber auch vom Umfeld (z.B. durch gesellschaftliche Gegebenheiten, Schule, Familie) bewirkt werden.

Im vorliegenden Buch wird überwiegend der Begriff der Beeinträchtigung – in der Regel im Plural (z.B. «Kind mit Beeinträchtigungen») – verwendet. Gemeint sind damit sowohl Funktionseinschränkungen als auch Umweltfaktoren, die sich für die Entwicklung und Bildung eines Menschen hemmend auswirken können.

Wir bezeichnen Schülerinnen und Schüler mit Beeinträchtigungen als solche, die ohne zusätzliche sonderpädagogische oder anderweitige Unterstützung ihnen angemessene Entwicklungs- und Bildungsziele nicht erreichen können.

Je nach Thema und Zusammenhang werden in diesem Buch aber auch andere Begrifflichkeiten verwendet: So kann durchaus einmal von einem schwerhörigen oder einem körperbehinderten Kind die Rede sein – oder im Rahmen der Förderdiagnostik von einem Jugendlichen mit besonderem Förderbedarf.

«Kleine» und «große» Integration?

Im Zusammenhang von Entwicklung und Bildung werden oftmals bestimmte Schweregrade von Beeinträchtigungen unterschieden. In der Folge spricht man vielleicht von «niederschwelligen» und «hochschwelligen» Maßnahmen oder von «kleiner» und «großer» Integration. Solche Kategorien werden gebildet, um beispielsweise zusätzliche Ressourcen für eine spezifische Förderung auslösen zu können.

Die Grenzen zwischen den so entstehenden Gruppen haben oft etwas Willkürliches und werden in jedem Schulsystem anders gezogen. Aus diesem Grund verzichten wir in diesem Buch konsequent auf Kategorisierungen von Schweregraden – im Bewusstsein, dass es nicht dasselbe ist, ob ein Kind mit einer Lernbehinderung oder eines mit ausgeprägtem Autismus integrativ geschult wird. In diesen Fällen müssen Ressourcen und fachliche Kompetenzen unterschiedlicher Art eingesetzt werden. Wesentliche Prinzipien – beispielsweise bezüglich Zusammenarbeit und Förderplanung – gelten jedoch in beiden Fällen genau gleich.

Integration als zentraler Begriff, Inklusion als Haltung

In der sonderpädagogischen Diskussion ist oftmals unklar, ob der Begriff der Inklusion ein vielleicht etwas moderner klingendes Synonym für Integration sei oder ob es sich inhaltlich um etwas grundsätzlich anderes handelt (vgl. dazu Bürli 2009, 32 ff.). Teilweise wird um diese Begriffe ein wenig fruchtbarer verbaler Stellungskrieg geführt, der mehr vernebelt als klärt. Im Folgenden wird versucht, diese und weitere Begriffe in eine inhaltliche Ordnung zu bringen.

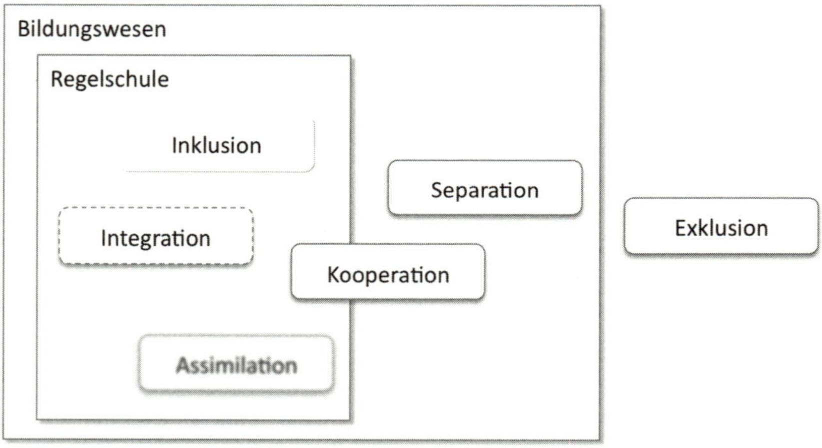

Abbildung 1: Schematische Darstellung verschiedener Stufen zwischen Exklusion und Inklusion (in Anlehnung an Sander 2008, 38)

- Exklusion meint die Vorenthaltung des Rechts auf Bildung für bestimmte Personengruppen.
- Mit Separation wird eine Förderung außerhalb der Regelschule, namentlich in einer Sonder- oder Förderschule, bezeichnet.[1]
- Kooperation meint organisatorische Modelle, die bestimmte Berührungspunkte zwischen Sonder- und Regelsystem schaffen, beispielsweise ein gemeinsamer Turn- oder Kunstunterricht oder die Durchführung gemeinsamer Projekte. Auch teilintegrative Angebote haben einen kooperativen Charakter.

[1] Einen besonderen Fall stellen Sonderschulabteilungen oder Sonderklassen in Regelschulhäusern dar. Je nach gelebter Praxis sind sie entweder als separative oder als kooperative Angebote zu bezeichnen.

- Assimilation geht von einer Anpassung von Schülerinnen und Schülern mit Beeinträchtigungen an die Regelschule aus, ohne dass diese ihr Angebot oder ihre Struktur verändert. Häufig wird hier fälschlicherweise von Integration gesprochen.
- Integration meint den bewussten Einbezug von Kindern und Jugendlichen mit Beeinträchtigungen in die Regelschule. Deren spezifische Förderung ist durch angemessene Maßnahmen sicherzustellen.
- Mit Inklusion ist eine Schule gemeint, die sämtliche Kinder und Jugendliche aus ihrem Einzugsgebiet aufnimmt und ihr Angebot auf deren Beeinträchtigungen und besondere Bedürfnisse ausrichtet.

Wir verstehen Inklusion als wichtige Zielvorstellung: Die Regelschule soll sich in Richtung einer «Schule für alle» entwickeln. Auf dem Weg hin zu diesem großen und visionären Ziel sprechen wir lieber von Integration: Im schulischen Alltag ist das Suchen und Umsetzen von integrativen Lösungen immer ein Ringen, das mit Engagement und Arbeit verbunden ist. Wir bevorzugen den Begriff der Integration auch deshalb, weil sich viele Schulteams, Eltern und Fachpersonen auf einem guten Weg befinden, die Integration von Kindern und Jugendlichen mit Beeinträchtigungen Schritt für Schritt zu entwickeln. Wir betrachten es als ein Zeichen des Respekts, diesen breit eingeführten Begriff derzeit weiterhin zu verwenden.

Es gibt noch weitere Begriffe zu klären

Je nach Bildungssystem werden die gleichen Begriffe für etwas anderes verwendet – oder es werden für etwas Identisches unterschiedliche Begriffe benutzt: Wer ist gemeint, wenn von einer «sonderpädagogischen Fachperson» die Rede ist? Was bedeutet das Kürzel «ICF»? Das Glossar auf Seite 183 soll mithelfen, begriffliche Unklarheiten und Missverständnisse zu vermeiden.

Sonderschule oder Regelschule? Diese Frage stellt sich im Südtirol nicht

Vorschulkinder spielen in einem großen Sandkasten. Er gehört zum Kindergarten im Dorf Riffian bei Meran, mitten in der beeindruckenden Bergwelt des Südtirols. Erst auf den zweiten Blick fällt auf, dass einer der Knaben in einer Sitzschale sitzt: Eine Cerebralparese bewirkt, dass seine Muskeln nicht immer dasjenige tun, was er von ihnen möchte. Daniel, nennen wir diesen Jungen so, kann nicht gehen, und das Sprechen fällt ihm etwas schwerer als seinen Kameradinnen und Kameraden.

Wenn Daniel in einer anderen Region, in einem anderen Land leben würde, wäre er vielleicht einem Sonderkindergarten für körperbehinderte Kinder zugewiesen worden. Im Südtirol, wie in ganz Italien, wird eine solche Variante gar nicht erst in Betracht gezogen: Es gibt per Gesetz keine Sonderkindergärten oder Sonderschulen. Alle Kinder mit Beeinträchtigungen, unabhängig von Art und Schweregrad, besuchen den regulären Kindergarten und später die reguläre Grundschule.

Daniel erhielt bereits vor dem Kindergarten therapeutische Unterstützung. Seine Fähigkeiten und Beeinträchtigungen wurden im Hinblick auf den Kindergarteneintritt von einer Fachstelle sorgfältig eingeschätzt. Auf dieser Grundlage bewilligte eine Kommission auf Landesebene den Einsatz einer Mitarbeiterin für Integration für 19 Stunden pro Woche. «Mein Pensum kommt zwar wegen Daniel zustande. Das heißt aber nicht, dass ich wie eine Klette an ihm klebe», so die Mitarbeiterin für Integration. «Im Kindergarten fühlen sich alle Erwachsenen für alle Kinder verantwortlich. Nur so ist eine wirkliche Integration möglich.» Tatsächlich lässt sich beobachten, dass sich Daniel im Kindergartenalltag erstaunlich gut selbst organisiert. Sowohl die Integrationsbegleiterin als auch die Kindergärtnerin sind aber unaufdringlich zur Stelle, wenn Daniel Unterstützung benötigt – eben beispielsweise dann, wenn er im Sandkasten mitbuddeln möchte.

Die Ausbildung der Mitarbeiterinnen für Integration umfasst verschiedene Aspekte der Sozialbetreuung und der Pflege. «Je nach Einsatzort haben wir Mitarbeiterinnen für Integration es mit Kindern mit ganz unterschiedlichen Beeinträchtigungen zu tun. Es ist wichtig, dass wir uns spezifisch weiterbilden. Dazu steht uns ein breites Angebot zur Verfügung. Und weil ich Daniel regelmäßig zur Therapie begleite, kann ich vom dortigen Fachwissen profitieren. Ich trage dieses Know-how zurück in den Kindergarten.»

Etwas weiter nördlich im Südtirol, in der Gemeinde Staben, besucht ein Mädchen mit hochgradigem Hörverlust den Dorfkindergarten. Sie trägt zwei Cochlea-Implantate. Diese Innenohr-Prothesen sind zwar nicht so perfekt wie ein gut funktionierendes menschliches Hörorgan. Dennoch unterstützen sie das Hören und Sprachverstehen enorm.

In diesem Kindergarten ist ein zweites Modell der Integrationsunterstützung, wie sie im Südtirol praktiziert wird, umgesetzt: Während beim körperbehinderten Daniel eine Mitarbeiterin für Integration zum Einsatz kommt, wurde für dieses Mädchen eine zusätzliche Kindergärtnerin eingestellt. Ihr Pensum beträgt 75 %. Auch sie bildet sich gezielt und regelmäßig weiter.

Durch die fachliche Auseinandersetzung mit den besonderen Bildungsbedürfnissen hörbeeinträchtigter Kinder haben die beiden Kindergärtnerinnen neue Methoden ausprobiert: «Wir haben gemerkt, dass das Mädchen die Begriffe viel besser verankern kann, wenn wir ihr Schrift anbieten. Wir haben Dinge im Kindergarten mit Wortkarten versehen und Dialoge auf Plakaten oder in ihrem persönlichen Portfolio aufgeschrieben. Spannend war für uns die Erkenntnis, dass auch viele andere Kinder davon profitieren.»

Oft wird bei der Integration von hochgradig hörbeeinträchtigten Kindern kritisch angemerkt, dass für eine harmonische Persönlichkeitsentwicklung der Kontakt zu anderen schwerhörigen und gehörlosen Kindern notwendig sei. Dieses Bedürfnis wurde auch im Südtirol erkannt: Vom Elternverband hörgeschädigter Kinder werden regelmäßig Ferien- und Bildungswochen organisiert. Spezialisierte Fachpersonen werden einbezogen und können so ihr Wissen auch in die Familien tragen.

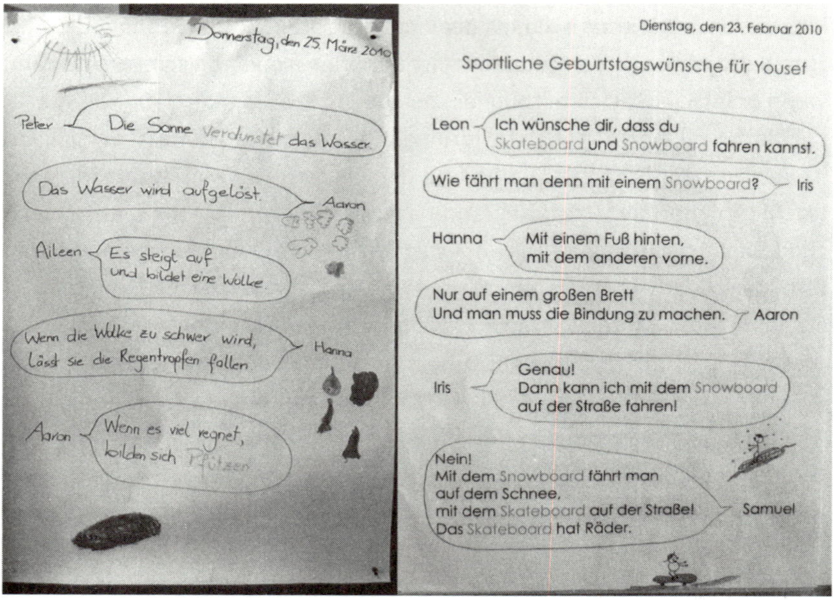

Das «Ziehen am selben Strick» wird nicht dem Zufall überlassen, sondern verbindlich abgesichert: Zweimal jährlich findet mit allen Beteiligten – Eltern, Kindergärtnerinnen sowie allenfalls therapeutischen oder psychologischen Fachpersonen – ein Standortgespräch auf der Basis eines «Individuellen Erziehungsplans» (IEP) statt. Sabine Kugler, Koordinatorin für Integration vom Schulamt in Meran, erklärt: «Wir geben sowohl für die Standortgespräche als auch für die Förderplanung bestimmte Raster vor. Dadurch sind diese Elemente gut aufeinander abgestimmt.» Die Unterlagen orientieren sich an einem internationalen Klassifikationssystem, der ICF. Eine Einblicknahme in die individuellen Erziehungspläne zeigt, dass diese gut eingeführt wurden: Sie sind vorbildlich strukturiert und beinhalten klar nachvollziehbare Reflexionen und Förderziele.

Welche Eindrücke bleiben nach dem Besuch dieser Kindergärten besonders stark in Erinnerung? Die Tatsache, dass es hier keine Sonderkindergärten und Sonderschulen gibt, verändert die Haltung der pädagogisch Tätigen fundamental: Jede Kindergärtnerin, jede Lehrperson weiß, dass sie früher oder später mit Kindern mit irgendwelchen Beeinträchtigungen konfrontiert sein wird. Die Frage ist nicht, ob dieses Kind «integrierbar» ist oder nicht. Vielmehr stellt sich das Schulteam der Herausforderung, eine möglichst gute Bildungsumgebung für alle der ihnen anvertrauten Kinder zu gestalten. Und ganz wichtig: Die Kindergärten und Schulen werden mit dieser Aufgabe nicht allein gelassen, sondern fachlich, personell und administrativ gut unterstützt.

Link zum Deutschen Schulamt der Autonomen Provinz Bozen Südtirol, Italien:
http://www.provinz.bz.it/schulamt/

3 Gemeinsames Lernen als Ziel

Immer differenziertere sonderpädagogische Angebote – ein Erfolgsmodell?

Wer vor vier oder fünf Jahrzehnten in der Bundesrepublik Deutschland, in Österreich oder der Schweiz zur Schule gegangen ist, wird sich wohl nur in seltenen Fällen an sonderpädagogische Maßnahmen erinnern können – nicht nur wegen der langen Zeit, die seither verstrichen ist: Einerseits gab es viel weniger solche Maßnahmen als heute. Andererseits waren sonderpädagogische Förderangebote in der Regel klar von der Regelschule abgekoppelt und blieben damit einer breiteren Öffentlichkeit weitgehend verborgen.

Diese Situation hat sich vielerorts seit den Siebzigerjahren des letzten Jahrhunderts deutlich verändert: Der Ausbau der Förder- und Sonderschulen, der Sonderklassen und der ambulanten sonderpädagogischen Angebote schritt zügig voran. Ein wesentlicher Grund dafür war eine verfeinerte Diagnostik: Man gab sich nicht mehr damit zufrieden, dass ein Kind «halt eben nicht so recht mitkommt in der Schule». Vielmehr versuchte man, die zugrunde liegenden Zusammenhänge und Ursachen herauszufinden.

Neben bereits bekannten diagnostischen Kategorien wie «Lernbehinderung» entstanden neue wie «Legasthenie» oder «Psychoorganisches Syndrom». Das Schulsystem reagierte auf diese neuen Kategorien in additiver Art und Weise: Für jede «Problemkategorie» wurde ein neues Förderangebot geschaffen. Damit wuchs die Anzahl der Angebote stetig, weil kaum eines durch ein anderes abgelöst wurde. Dieses Phänomen hat weniger fachliche als vielmehr menschliche Gründe: Jedes Förderangebot wird von bestimmten Fachpersonen besetzt; teilweise wurden dadurch gar neue Berufszweige eröffnet (beispielsweise «Legasthenietherapeutin»). Es versteht sich von selbst, dass jeder Berufszweig um seine Erhaltung kämpft. Entsprechend gab es Veränderungen nur in die eine Richtung: Ausbau des Angebots und Pensenerhöhungen.

Auf diese Weise entstand eine eindrücklich breite Angebotsstruktur, wie sie noch vor wenigen Jahren vielerorts Realität war: Ein Blick auf das sonderpädagogische Angebot im Kanton Zürich zu Beginn des dritten

Jahrtausends zeigt auf, wie ungemein differenziert sich dieses entwickelt hatte.

Tabelle 2: Historisch gewachsene Palette des sonderpädagogischen Angebots am Beispiel des Kantons Zürich (gemäß dem heute nicht mehr gültigen Volksschulgesetz, Stand 2004)

Heim- und Tagessonderschulen für verschiedene Zielgruppen	Typen von Sonderklassen und daraus hervorgehende Angebote	Ambulante sonder- und regelpädagogische Angebote
für Kinder und Jugendliche mit – geistiger Behinderung – Körperbehinderung – Blindheit oder Sehbehinderung – Gehörlosigkeit oder Hörbehinderung – Sprachbehinderung – Lernbehinderungen – Verhaltensbehinderung – Autismus – Taubblindheit – Schulungsbedarf bei Spitalaufenthalt	A: bei ungenügender Schulbereitschaft (Einschulungsklasse) B: bei Lernbehinderung C: bei Sprach- oder Hörbehinderung D: bei Verhaltensauffälligkeit E: bei Fremdsprachigkeit später zusätzlich: ISF: Integrative Schulungsform; Ersatz für die Kleinklasse; in der Regel teilseparativ ausgestaltet (Stammklasse mit ISF-Lerngruppen für die Kernfächer)	Logopädie Psychomotoriktherapie Psychotherapie Legasthenietherapie Dyskalkulietherapie Deutsch als Zweitsprache Hör- und Ableseunterricht Rhythmik Nachhilfeunterricht Aufgabenhilfe später zusätzlich (optional): Begabungs- und Begabtenförderung

Die Folgen einer solchen Entwicklung liegen auf der Hand: Das Gesamtangebot wird verzettelt und immer unübersichtlicher, die Schnittstellen sind kaum mehr zu überblicken, die Kosten erhöhen sich unaufhaltsam und in kaum kontrollierbarer Weise. Separation und Segregation nehmen tendenziell zu.

Eine außenstehende Person könnte nun einwenden: «Nun ja, ideal ist das alles vielleicht nicht, aber wenn dieses System der Sache dient und alle mehr oder weniger damit zufrieden sind, dann wird das so schon in Ordnung sein.» Leider hat sich die angestrebte Zufriedenheit nicht im erhofften Maße eingestellt:

- Die Lehrpersonen sahen sich nach wie vor mit einer erheblichen Heterogenität innerhalb ihrer Klassen konfrontiert.
- Die Zuteilung der Kinder und Jugendlichen in die einzelnen Förderangebote erwies sich als wenig trennscharf. Kinder mit vergleichbaren Beeinträchtigungen waren in nicht immer nachvollziehbarer Weise in unterschiedlichen Förderformen anzutreffen.
- Eltern wehrten sich zunehmend gegen eine institutionelle Aussonderung ihres Kindes und forderten eine verstärkte integrative Förderung.

Neben diesen sichtbaren und teilweise lautstark geäußerten Problemen entwickelte sich schleichend ein weiteres Phänomen, das vielen Beteiligten nicht bewusst wurde: Die Volksschule wurde durch die Angebotsentwicklung der letzten Jahrzehnte geschwächt.

Starke äußere Differenzierung schwächt die Regelschule

Die folgende Abbildung versucht, die oben beschriebene Entwicklung bildlich und plakativ darzustellen: Aus der Gesamtheit der Volksschülerinnen und Volksschüler wurden zunächst die «klar behinderten» Kinder und Jugendlichen, also diejenigen mit einer eindeutigen Diagnose, separiert. Dies betraf beispielsweise gehörlose oder geistig behinderte Schülerinnen und Schüler.

Abbildung 2: Bildhafte Darstellung der zunehmenden Separierung aus der Regelschule; die Gauß'sche Normalverteilung wird immer stärker beschnitten

Zunehmend wurden dann auch für Kinder und Jugendliche mit geringeren Beeinträchtigungen spezielle Angebote geschaffen. Auch Angebote für Schülerinnen und Schüler mit besonderer Begabung entstanden, wenn auch in deutlich geringerem Ausmaß. In der Folge wurde die Bandbreite der «Normalität» zunehmend schmaler.

Durch ein System der ausgeprägten äußeren Differenzierung werden auch finanzielle und fachliche Ressourcen gebunden. Es entsteht eine paradoxe Situation: In gut gemeinter Absicht («wir möchten Schülerinnen und Schülern mit besonderem Förderbedarf in eigens dafür geschaffenen Angeboten eine optimale Förderung bieten») wird die Regelschule geschwächt. Sie kann die Ressourcen von spezifisch ausgebildetem Personal nicht nutzen, weil diese weitab der Regelschule in Sonderschulen und Sonderklassen gebunden sind.

Homogene Jahrgangsklassen sind eine Fiktion

Die meisten Schulsysteme sind entlang von Jahrgangsklassen organisiert. Die vorgesehene Altershomogenität ist jedoch in fast keiner Schulklasse Realität: Vorzeitige oder verspätete Einschulung, Klassenwiederholung, Klassenüberspringen, Zuwanderung aus einem anderssprachigen Land und andere Gründe führen ganz automatisch zu einer gewissen Altersbandbreite.

Auch bezüglich weiterer Kriterien wird sichtbar, dass die Heterogenität in Jahrgangsklassen erheblich ist. Nehmen wir die Körpergröße: Diese bewegt sich beispielsweise bei 13-jährigen Jungen in einer Normbreite von 145 bis 177 Zentimetern. Zugegeben: Kriterien wie die Körpergröße sind nicht wirklich schulrelevant. Anders verhält es sich bei der Kompetenz, das Lesen und das Rechnen zu erlernen. Margrit Stamm (1998) führte diesbezüglich interessante Forschungen durch: Sie hat bei 2700 Kindergartenkindern in der deutschsprachigen Schweiz vor deren Eintritt in die erste Klasse untersucht, inwieweit sie bereits Elemente des Lernstoffs in den Kernfächern Deutsch und Mathematik beherrschen, und dabei Erstaunliches festgestellt: 23 % der Kinder hatten in einem oder sogar beiden Fächern einen Kenntnisvorsprung von mindestens einem halben Jahr. Knapp 10 % aller Kinder beherrschten gar sämtliche Lernziele der ersten Klasse in Deutsch und/oder Mathematik. Die Forscherin kommt deshalb zum Schluss, dass Frühlesen und Frührechnen nicht als Ausnahmeerscheinungen, sondern als «soziale Tatsachen» zu betrachten seien.

Angenommen, ein Schulsystem würde versuchen, diese Effekte durch bestimmte Maßnahmen zu neutralisieren: Was sollte hier vorgekehrt werden? Zunächst müssen alle Schülerinnen und Schüler, die von der anvisierten Normvorstellung abweichen, laufend aus der Klasse entfernt werden – entweder durch Klassenwiederholung oder die Versetzung in eine Sonderklasse, eine Förder- oder Sonderschule. Da sich bei den Verbliebenen die Leistungsunterschiede trotz dieser Bereinigungen von Jahr zu Jahr vergrößern, braucht es eine zusätzliche Strukturmaßnahme, um das Ziel der Homogenität näherzukommen: Die Schülerschaft wird nach möglichst wenigen Schuljahren, beispielsweise nach der vierten Klasse, selektioniert und anschließend in unterschiedlichen Leistungszügen unterrichtet. Nun sollte das Ziel erreicht sein: In jeder Klasse sitzen Schülerinnen und Schüler, die etwa gleich gut und gleich rasch lernen. Der Unterricht kann entsprechend einheitlich gestaltet werden – könnte man meinen.

Wie objektiv ist die Einschätzung von Schülerleistungen?

Viele Schulsysteme folgen dieser Logik. Es lohnt sich deshalb, genau zu prüfen, ob dieses System die erhoffte Wirkung zeigt. Winfried Kronig (2007) hat dies getan: Er hat bei über 2000 Schülerinnen und Schülern aus verschiedenen Kantonen der Deutschschweiz sowie aus dem Fürstentum Liechtenstein Leistungstests in den Fächern Deutsch und Mathematik durchführen lassen. In seinen Forschungen hat er darüber hinaus zahlreiche schülerbezogene Daten gesammelt – unter anderem das Geschlecht, die Nationalität, den Wohnkanton und die Schulnoten. Die untersuchten Schülerinnen und Schüler besuchten die 6. Klasse und standen kurz vor dem Übertritt in die Sekundarstufe. Es war für jedes Kind bereits entschieden, ob es zukünftig einen Sekundarschultypus mit grundlegenden oder eine mit erweiterten Anforderungen besuchen wird.

Die folgende Abbildung bezieht sich auf das schweizerische Schulnotensystem: 4.0 bedeutet «genügend», 6.0 bedeutet «sehr gut». Die Grafik ist wie folgt zu lesen: Diejenigen Schülerinnen und Schüler, die in Mathematik beispielsweise eine Zeugnisnote von 4.0 erhielten, lösten im Rahmen der wissenschaftlichen Untersuchung zwischen rund 16 und 83 % der Mathematikaufgaben richtig. Die Mehrheit von ihnen erbrachte Leistungen in der dunkel eingefärbten Bandbreite. Die beiden Smilies stellen zwei Schüler dar, die exakt gleich viele Aufgaben richtig gelöst haben, nämlich 70 %. Der eine Schüler hat dafür die Schulnote 4.0 («genügend»), der andere eine 6.0 («sehr gut») erhalten. Die Grafik zeigt darüber hinaus, dass es Schülerinnen und Schüler gibt, die mit den 70 % richtig gelösten Aufgaben auch eine 4.5, eine 5.0 oder eine 5.5 erhalten haben.

Nicht nur im Fach Mathematik ist dieses Phänomen zu beobachten: Auch im Fach Deutsch besteht eine erhebliche Variabilität zwischen effektiver Leistung und der Schulnote, welche die Schülerinnen und Schüler dafür erhalten.

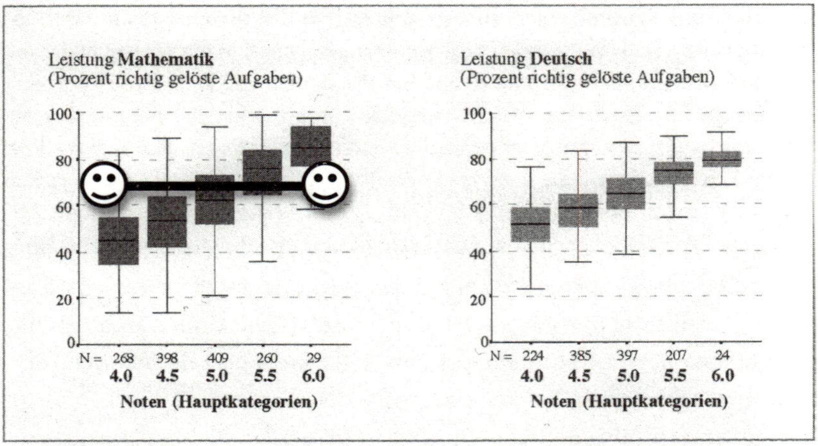

Abbildung 3: Leistungsbandbreite und Schulnoten in den Kernfächern Mathematik und Deutsch, ohne Extremwerte und Ausreißer (aus Kronig 2007, 201, mit beispielhaften Smilies ergänzt); 6.0 ist in der Schweiz die beste Schulnote («sehr gut»), eine 4.0 bedeutet «genügend»

Dieser Befund dieser Forschungen ist einigermaßen verwirrend und erschüttert den Glauben an die Objektivität der Notengebung. Er muss insbesondere auch deshalb aufhorchen lassen, weil durch Schulnoten in hohem Maße soziale Chancen verteilt werden: Ein höherer Schultyp verbessert die Wahrscheinlichkeit, einen qualifizierteren Bildungs- und Berufsabschluss zu erreichen, in erheblichem Maße.

Die Zuteilung zu Schultypen ist öfter als nötig ungerecht

Ein Blick auf die Bildungsstatistik der deutschen Bundesländer zeigt auf, dass der Anteil an Schülerinnen und Schülern, die eine Förder- resp. Sonderschule besuchen, eine recht große Bandbreite abdeckt: Während in Mecklenburg-Vorpommern rund jedes zwölfte Kind außerhalb der Regelschule gefördert wird, ist es in Schleswig-Holstein lediglich jedes achtundzwanzigste.

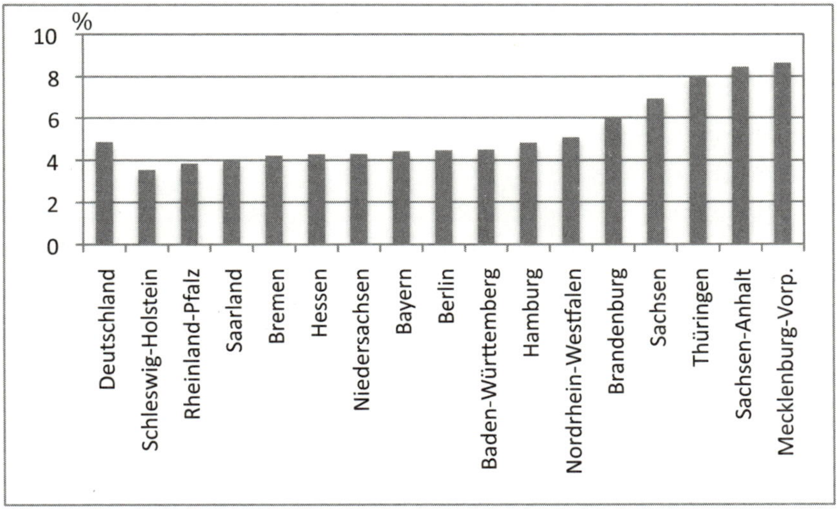

Abbildung 4: Anteil Schülerinnen und Schüler, die in den deutschen Bundesländern im Jahr 2006 eine Förderschule besucht haben (nach Hinz 2008, 203)

In der Schweiz ist die Situation noch heterogener (vgl. Abbildung 5): Im Durchschnitt besuchen 5.7 % eine Sonderklasse oder eine Sonderschule, und damit ein etwas höherer Anteil als in Deutschland (4.9 %). Die Bandbreite reicht von knapp 2 bis hin zu 9 %. Das bedeutet, dass eine solche Maßnahme in den einen Kantonen rund vier Mal häufiger angeordnet wird als in anderen. Diese enorme Abweichung ist nicht allein mit unterschiedlichen demografischen Gegebenheiten zu erklären.

Wie unsystematisch und irritierend diese Unterschiede sind, hat der bereits erwähnt Forscher Winfried Kronig (2007, 14 ff.) nachgewiesen. Er untersuchte das bekannte Phänomen, dass fremdsprachige Kinder in Sonderklassen für Lernbehinderte überproportional vertreten sind. Diese Überproportionalität bestand im Schuljahr 2000/01 jedoch nicht in allen Kantonen in gleichem Maße: Durchschnittlich besuchten gesamtschweizerisch vier Mal mehr fremdsprachige Kinder eine Sonderklasse für Lernbehinderte als Kinder, welche mit der regionalen Sprache aufgewachsen sind. Der Blick auf die Kantone zeigt entsprechend große Unterschiede: In den einen sitzen nur gerade so viele Schülerinnen und Schüler mit Migrationshintergrund in Lernbehindertenklassen, wie es dem prozentualen Anteil an der Gesamtschülerschaft entspricht. In anderen Kantonen sind sie siebenfach übervertreten. Entsprechend hängt das «Risiko», als fremdsprachiges Kind in eine Sonderklasse für Lernbehinderte eingeteilt zu werden, nicht allein von der kognitiv-schulischen Leistungsfähigkeit, sondern wesentlich auch vom Wohnort ab.

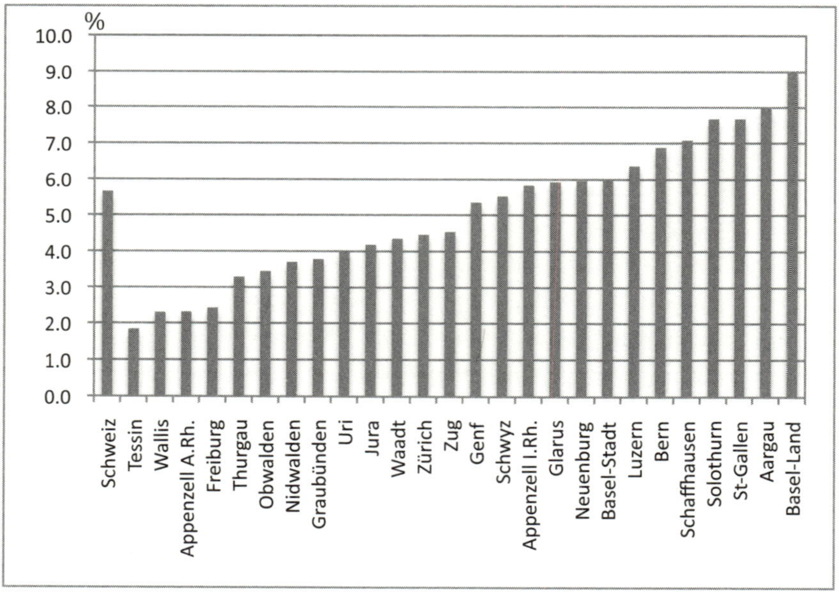

Abbildung 5: Prozentualer Anteil Schülerinnen und Schüler, die im Schuljahr 2007/2008 eine Sonderschule oder eine Sonderklasse besucht haben (Quelle: Bundesamt für Statistik 2008)

Eine ähnliche Unausgeglichenheit besteht gemäß Häfeli & Walther-Müller (2005) bezüglich der Sonderschulung allgemein: Es konnte statistisch nachgewiesen werden, dass ein signifikanter Zusammenhang zwischen dem Vorhandensein von Sonderschulen und deren Nutzung besteht. Mit anderen Worten: Je mehr Sonderschulen bestehen, desto eher werden Kinder und Jugendliche diesen Angeboten zugewiesen.

Wie sieht es bezüglich der Chancen aus, nach der Grundschule einen höherwertigen Schultypus im Sekundarbereich besuchen zu können? Kronig (2007, 18) konnte in seinen auf die deutschsprachige Schweiz bezogenen Forschungen nachweisen, dass man als Grundschüler in einem bestimmten Kanton lediglich besser sein muss als 11 % der Gesamtstichprobe, um in einen anspruchsvolleren Schultypus der Sekundarstufe übertreten zu können. In einem anderen Kanton muss man für das gleiche Ziel besser sein als 40 % der Gesamtstichprobe – ein massiver Unterschied.

Diese Erkenntnisse dürfen nicht einfach bedauernd zur Kenntnis genommen werden: Hier geht es um einschneidende individuelle Entscheide, die für das weitere Leben der Betroffenen einen erheblichen Einfluss haben können.

Zusammenfassend lässt sich Folgendes festhalten:

- Die effektive Leistung von Schülerinnen und Schülern wird durch die Schulnoten wenig objektiv abgebildet.
- Die unterschiedlich häufige Zuweisung von Schülerinnen und Schülern in Sonderklassen, Förder- resp. Sonderschulen deutet darauf hin, dass die zugrunde liegenden Kriterien zu unscharf sind.
- Je nach Wohnort bestehen bei gleicher Leistung höchst unterschiedliche Chancen, nach der Grundschule in einen höheren Schultypus eingeteilt zu werden.
- Schülerinnen und Schüler mit Migrationshintergrund sind bei gleicher Leistung besonders gefährdet, von den erwähnten Benachteiligungen betroffen zu werden.

Man könnte nun angesichts dieser unbefriedigenden Situation auf die Idee kommen, die Diagnostik zu verfeinern und vermehrt standardisierte Schulleistungstests durchzuführen, um die Zuteilung der betreffenden Schülerinnen und Schüler möglichst zu objektiveren. Dieses Ansinnen dürfte aber kaum zum Ziel führen, weil weitere gewichtige Faktoren, beispielsweise die Bildungsorientierung des familiären Umfelds oder der schuladministrative Wunsch, bestimmte Typen von Schulklassen oder Schulen zu füllen, stark mit hineinspielen.

Welche Konsequenzen sind aus diesen Erkenntnissen und Überlegungen zu ziehen?

- Eine frühe Selektion in unterschiedliche Leistungszüge sollte vermieden werden, weil sie die Chancen-Ungerechtigkeit verstärkt.
- Auch Jahrgangsklassen sind heterogen zusammengesetzt. Entsprechend sollte sich jeder Unterricht durch differenzierende Elemente (z.B. Bearbeitung gemeinsamer Themen in unterschiedlicher Breite und Tiefe) auszeichnen.
- Jahrgangsübergreifende Unterrichtsformen bergen Chancen. Unterschiedliche Lernvoraussetzungen der Schülerinnen und Schüler sind hier normal, was unter anderem das Voneinander-Lernen erleichtert.

Besteht ein Recht auf integrative Förderung?

Es gibt Länder, die diese Frage in ihrer Gesetzgebung eindeutig beantwortet haben: In Italien beispielsweise ist schulische Integration gesetzliche Pflicht. Ein grober Blick auf die gesetzlichen Grundlagen in Deutschland, Österreich und der Schweiz zeigt das folgende Bild:

- Für die Bildung von Kindern und Jugendlichen mit Beeinträchtigungen sind sowohl Sonderschulen als auch integrative Formen vorgesehen.
- In allen drei Ländern ist das Bildungswesen stark föderalistisch organisiert. Entsprechend sind die Unterschiede bezüglich der Umsetzung integrativer Schulungsformen zwischen den einzelnen Bundesländern resp. Kantonen groß.
- In Österreich besteht ein Wahlrecht auf integrative Förderung in der Regelschule: Seit 1993 bestehen entsprechende gesetzliche Regelungen für die Grundschule, seit 1996 für die Sekundarstufe (vgl. Hafner 2003). Ähnlich verbindliche Regelungen bestehen weder in Deutschland noch in der Schweiz.

Daneben gibt es übergeordnete gesetzliche Grundlagen, die in allen drei Ländern gelten und sich erstaunlich ähnlich sind.

Gleichheit vor dem Gesetz

In allen drei Nachbarländern ist die Gleichheit aller Menschen vor dem Gesetz festgeschrieben.[2] Die entsprechenden gesetzlichen Regelungen stehen in Übereinkunft mit der Allgemeinen Erklärung der Menschenrechte der Vereinten Nationen: «Alle Menschen sind frei und gleich an Würde und Rechten geboren. Alle Menschen sind vor dem Gesetz gleich und haben ohne Unterschied Anspruch auf gleichen Schutz durch das Gesetz» (1948, Auszüge aus Art. 1 und 7).

Diskriminierungsverbot gegenüber Menschen mit Behinderung

Wie kann die Gleichheit aller Menschen vor dem Gesetz konkret umgesetzt und überprüft werden? Unter anderem dadurch, dass man die Diskriminierung von Menschengruppen, die von Ungleichbehandlung betroffen sein könnten, gesetzlich untersagt und diesen Menschen einen entsprechenden Schutz zuspricht. Dazu gehört explizit auch die Gruppe der Menschen mit einer Behinderung.

Die entsprechenden Gesetzestexte – sowohl auf der Ebene der Vereinten Nationen als auch auf Bundesebene in Deutschland, Österreich und der Schweiz – sind wiederum sehr ähnlich formuliert.[3] In der Bundesverfassung der Schweizerischen Eidgenossenschaft (Art. 8, Abs. 2) lautet der Text wie folgt: «Niemand darf diskriminiert werden, namentlich nicht wegen der Herkunft, der Rasse, des Geschlechts, des Alters, der Sprache, der sozialen Stellung, der Lebensform, der religiösen, weltanschaulichen oder politischen Überzeugung oder wegen einer körperlichen, geistigen oder psychischen Behinderung.»

Recht auf eine möglichst weitgehende Integration

Die Umsetzung der Gleichheit vor dem Gesetz und des Verbots von Diskriminierung ist ohne das Recht auf gesellschaftliche Teilhabe schwer

---

[2] Grundgesetz für die Bundesrepublik Deutschland, Art. 3, Abs. 1; Österreichisches Bundes-Verfassungsgesetz, Art. 7, Abs. 1; Bundesverfassung der Schweizerischen Eidgenossenschaft, Art. 8, Abs. 1.

[3] Allgemeine Erklärung der Menschenrechte der Vereinten Nationen 1948, Art. 7; UN-Konvention über die Rechte des Kindes 1989, Art. 1; Grundgesetz für die Bundesrepublik Deutschland, Art. 3, Abs. 3; Österreichisches Bundes-Verfassungsgesetz, Art. 7, Abs. 1; UN-Kinderrechtskonvention, Art. 2, Abs. 1.

vorstellbar. Dieses Recht ist beispielsweise in der Kinderrechtskonvention der Vereinten Nationen festgeschrieben. Aber auch nationale Gesetzgebungen – wie das «Schweizerische Bundesgesetz über die Benachteiligungen von Menschen mit Behinderung» – geben vor, wenn immer möglich integrative Schulungsformen umzusetzen: «Die Kantone fördern, soweit dies möglich ist und dem Wohl des behinderten Kindes oder Jugendlichen dient, mit entsprechenden Schulungsformen die Integration behinderter Kinder und Jugendlicher in die Regelschule» (Art. 20, Abs. 2).

Noch konkreter wird die Erklärung von Salamanca: Sie wurde von der UNESCO vorgeschlagen und an der Weltkonferenz «Pädagogik für besondere Bedürfnisse: Zugang und Qualität» Mitte der Neunzigerjahre von 92 Regierungsvertretungen unterzeichnet. Der zweite Artikel der Salamanca-Erklärung lautet wie folgt: «Wir glauben und erklären, dass jedes Kind ein grundsätzliches Recht auf Bildung hat und dass ihm die Möglichkeit gegeben werden muss, ein akzeptables Lernniveau zu erreichen, (…) dass jene mit besonderen Bedürfnissen Zugang zu regulären Schulen haben müssen, (…) dass Regelschulen mit dieser integrativen Orientierung das beste Mittel sind, um diskriminierende Haltungen zu bekämpfen, um Gemeinschaften zu schaffen, die alle willkommen heißen, um eine integrierende Gesellschaft aufzubauen» (UNESCO 1994).

In der Diskussion «pro und contra integrative Schulungsformen» fällt immer wieder auf, wie unterschiedlich juristische Texte verstanden und ausgelegt werden können. Weil auf Gesetzesstufe oftmals relativierende Begriffe verwendet werden (beispielsweise «soweit dies möglich ist und dem Wohl des behinderten Kindes oder Jugendlichen dient»), besteht ein erheblicher Interpretationsspielraum. Personen, die von der Überzeugung getragen sind, dass der Rahmen der Sonderschulung für Kinder mit Beeinträchtigungen grundsätzlich der bessere Förderort sei, haben die Tendenz, diese Paragrafen weitgehend zu ignorieren.

Wer so denkt und handelt, verkennt allerdings, dass hinter den erwähnten Gesetzen und Vereinbarungen ein bewusster Paradigmenwechsel steht: Das frühere Primat, bei der Förderung eines Kindes mit Beeinträchtigungen zuerst an eine separative Schulungsform zu denken, gilt nicht mehr. Die erwähnten gesetzlichen Vorgaben fordern von uns, vom Regelfall des gemeinsamen Lernens auszugehen. Mit anderen Worten: Es muss nicht mehr begründet werden, weshalb bei einem Kind mit Beeinträchtigungen eine integrative Lösung umgesetzt werden soll. Vielmehr ist gegebenenfalls zu begründen, weshalb eine integrative Lösung für ein bestimmtes Kind nicht sinnvoll erscheint oder nicht realisiert werden kann.

Auch nach diesem Paradigmenwechsel bleibt ein gewisser Interpretationsspielraum der juristischen Vorgaben bestehen: Nicht jede sonderpädagogisch relevante Problemstellung lässt sich eindeutig einschätzen. Hier öffnet sich ein weites Feld an fachlichen und insbesondere auch ethischen Fragen – und diesen gilt es sich zu stellen.

Gibt es ethische Gründe für oder gegen gemeinsames Lernen?

Sollen Sarah und Daniel integrativ geschult werden?

Im Folgenden werden zwei kurze Fallbeispiele skizziert. Beide der beschriebenen Kinder sind neun Jahre alt.

> Sarah besucht die vierte Grundschulklasse. Weil sie in der ersten Klasse unterfordert war, wechselte sie anschließend gleich in die dritte. In der vierten Klasse gehört sie nun wieder zu den Besten. In dieser Situation entschließen sich die Eltern, eine Abklärungs- und Beratungsstelle für Hochbegabte beizuziehen. Die abklärende Psychologin schlägt eine spezielle Schule für Hochbegabte vor: Nur in diesem Rahmen könne Sarah ihr enormes Begabungspozential wirklich umsetzen und eine für sie stimmige Persönlichkeit entwickeln. Der Vater unterstützt diese Sichtweise. Die Lehrerin und die Mutter sind der Ansicht, dass sie im Rahmen der Regelschule eher besser für ihr späteres Leben vorbereitet werde. Man müsse einfach schauen, wie man ihren Begabungen und Neigungen besser entgegenkommen könne – wobei die Lehrerin zu bedenken gibt, dass sie noch 20 andere Kinder in der Klasse habe.

> Daniel besucht die zweite Grundschulklasse. In seinem Schülerdossier steht die Diagnose «geistige Behinderung mit autistischen Zügen». Der bisherige schulische Verlauf verlief relativ problemlos. Derzeit wird er während rund der Hälfte der Schulzeit von einer Heilpädagogin integrativ begleitet. Daniel kennt die meisten Buchstaben und rechnet im Zahlenraum bis 20. Er ist in der Klasse akzeptiert, spielt und arbeitet aber am liebsten für sich allein. Im Hinblick auf die nächste Klassenstufe findet ein Standortgespräch statt. Der zukünftige Lehrer der dritten Klasse ist eingeladen. Er hat Daniel im Unterricht der zweiten Klasse besucht und vertritt die Meinung, dass es unverantwortlich sei, den Jungen weiterhin integrativ zu schulen. In einer Sonderschule hätte er die Chance, unter

Gleichgesinnten Erfolgserlebnisse zu machen und Freundschaften zu schließen. Die Eltern sehen das anders: Der tägliche Kontakt zu nicht behinderten Kindern verschaffe ihm unverzichtbare Erfahrungen für die gesellschaftliche Integration. Dafür nähmen sie bewusst in Kauf, dass einzelne Förderaspekte weniger intensiv angeboten würden als in einer Sonderschule – die Anregungen im integrativen Umfeld würden dies mehr als aufwiegen. Die Schulpsychologin gibt keiner Lösung den Vorzug und vertritt die Ansicht, dass sich die direkt Betroffenen einigen sollen.

Diese Beispiele zeigen auf, was Praktikerinnen und Praktiker aus dem schulischen Alltag kennen: Die Suche nach dem optimalen Förderumfeld ist oftmals komplex und vielschichtig. Im Vordergrund stehen meist pädagogische und psychologische Begründungen und Argumente. Bei genauerem Hinschauen wird allerdings klar, dass es auch um sehr viel grundsätzlichere Fragen geht – vielleicht um solche wie diese:

- Hat Sarah das Anrecht auf eine spezifische Förderung in einer Hochbegabtenschule? Hat die Gesellschaft die Pflicht, einen solchen Schulplatz, auch wenn er um ein Mehrfaches teurer ist als ein regulärer, mit öffentlichen Geldern zu finanzieren?
- Gehört Daniel zu uns – oder ist er etwas Besonderes, etwas Anderes? Wie viel Rücksicht und Anpassung kann von der Regelschule, den anderen Schülerinnen und Schülern erwartet werden?

Es geht hier offensichtlich auch um ethische Fragestellungen, insbesondere um Fragen der Chancen- und Verteilgerechtigkeit, aber auch um Fragen unterschiedlicher Menschenbilder.

Chancengleichheit oder Chancengerechtigkeit?

Die Volksschule wurde vor allem mit der Absicht ins Leben gerufen, für alle Kinder und Jugendlichen Chancengleichheit bezüglich ihrer Bildung zu ermöglichen. Ein Blick in einen beliebigen Kindergarten – für die meisten Kinder die Eingangsstufe ins staatliche Bildungswesen – zeigt jedoch, dass der Begriff der Chancengleichheit relativiert werden muss: Die eintretenden Kinder sind keine unbeschriebenen Blätter. Ihr Stand bezüglich Vorerfahrungen, Wissen und Fertigkeiten deckt bereits eine große Bandbreite ab. Für ihren weiteren Bildungsverlauf sind Kindergarten und Schule zwar wichtige Einflussfaktoren, aber bei Weitem nicht die einzigen. Vor allem die Frage, ob das Kind in einem bildungsnahen oder in einem bildungsfernen familiären Umfeld aufwächst, beeinflusst seine diesbezüglichen Chancen in erheblichem Maße mit. Daneben wirken sich selbstverständlich auch unterschiedliche Begabungen oder Funktionseinschränkungen aus.

Chancengleichheit bezüglich Bildung erreichen zu wollen, ist demnach ein nicht einlösbarer Anspruch. Passender erscheint der Begriff der *Chancengerechtigkeit.* Dieser geht von unterschiedlichen Voraussetzungen aus, betrachtet diese aber nicht als unveränderlich gegeben. Vielmehr betont er, dass bei jedem einzelnen Kind oder Jugendlichen alle ersichtlichen oder denkbaren Entwicklungsmöglichkeiten wahr- und ernst genommen werden müssen – ob es sich nun um ein Mädchen oder einen Jungen, ein Arbeiter- oder Akademikerkind, ein Schüler oder eine Schülerin mit oder ohne Beeinträchtigungen handelt.

Zusammenfassend: Der Anspruch, Chancengleichheit erzeugen zu wollen, überfordert die Schule. Es ist aber ihre ureigene Aufgabe, für ein chancengerechtes Bildungsangebot zu sorgen. Weil die Schule nicht der einzige Einflussfaktor ist, der Chancengerechtigkeit ermöglicht oder hemmt, muss jede Schule immer neu darum ringen, wie sie dieses Ziel möglichst gut erreichen kann. Sie ist dann eine optimale, chancengerechte Schule, wenn sie aufmerksam einbezieht, welche Voraussetzungen ihre Schülerinnen und Schüler mitbringen und in welchen Bezügen sie leben. Die Schule hat sich mit ihrem Bildungsangebot an diese Gegebenheiten anzupassen – und nicht umgekehrt.

Alles im Interesse des Kindeswohls und der Menschenwürde

Die meisten Schulen dürften sich in der Lage fühlen, für eine einigermaßen chancengerechte Bildung von Kindern und Jugendlichen mit Lernschwierigkeiten, moderaten Verhaltensauffälligkeiten oder leichten körperlichen Beeinträchtigungen zu sorgen. Schwieriger wird es, wenn Chancengerechtigkeit bei Kindern und Jugendlichen mit tief greifenden Funktionseinschränkungen, beispielsweise einer geistigen Behinderung, gewährleistet werden soll. Hier stellen sich anspruchsvolle Fragen, die in den Bereich der Moral und Ethik hineinreichen: Welche Bildungsziele sollen für sie in Betracht gezogen werden? Worauf haben diese Menschen Anspruch? Und dann konkreter: In welchem Setting soll die Förderung geschehen? Was ist die Gesellschaft bereit, dafür zu bezahlen?

Das sind schwierige, komplexe Fragen, die leicht überfordern können. Eine mögliche «Entlastungsreaktion» besteht darin, moralisch besetzte Begriffe hinzuzuziehen – am besten solche, bei denen jedes Gegenargument fachlich und ethisch verwerflich erscheint. So kann es sein, dass eine sonderpädagogische Maßnahme schwergewichtig mit der Begründung vorgeschlagen wird, dass sie «dem Wohl des Kindes» diene. In einem anderen Fall wird vorgebracht, dass die Durchführung einer bestimmten Maßnahme schlicht und einfach «ein Gebot der Menschenwürde» sei. Diese Argumente sind oft darauf angelegt, allfällige kritische Gegenfragen zu vermeiden. Das Problem dabei ist, dass diese Begriffe nur vermeintlich klar sind, wie das folgende Beispiel zeigt.

Abbildung 6: Streitgespräch zwischen Riccardo Bonfranchi, Leiter einer Sonderschule für Kinder und Jugendliche mit geistiger Behinderung, und Peter Lienhard, Dozent für Sonderpädagogik (Foto: Barbara Steiner, Curaviva)

Auf Einladung der Journalistinnen Wenger und Steiner (2009) haben sich zwei sonderpädagogische Fachpersonen zu einem Streitgespräch getroffen. In diesem Gespräch ging es unter anderem um die Frage, in welche Art von Kindergarten ein 5-jähriges Mädchen mit Down-Syndrom zugewiesen werden soll.

– Für den Leiter einer Sonderschule kommt es einer Missachtung der Menschenrechte und einer Verletzung der Menschenwürde gleich, wenn dieses Mädchen integrativ in einem Regelkindergarten gefördert wird. Es werde dadurch in einen Exotenstatus gezwungen und erhalte kaum die gleiche spezifische Förderung wie in einem Sonderkindergarten.

- Sein Gegenpart argumentiert dahin gehend, dass es gerade ein Gebot der Menschenwürde sei, diesem Kind die Chance zu geben, die breiten Anregungen eines regulären Kindergartens nutzen zu können. In diesem Rahmen könnten Kommunikation, Verhaltensweisen und Lernanlässe vielfältiger erfahren werden als im Schonraum einer Sonderschule.

Mit dem Begriff der Menschenwürde lässt sich offenbar ganz Unterschiedliches - sogar Gegensätzliches - argumentativ untermauern. Tatsächlich sind sich selbst Philosophinnen und Philosophen uneinig, was unter Menschenwürde zu verstehen sei (vgl. Lienhard 2005, 17–24):

- Die «Imago-Dei-Konzeption» vertritt die christlich geprägte Ansicht, dass der Mensch ein Ebenbild Gottes sei. Aus diesem Grund sei ausnahmslos allen Menschen, selbst einer befruchteten menschlichen Eizelle, Menschenwürde zuzusprechen.
- Nach Immanuel Kant kommt nur «vernünftigen Personen» Menschenwürde zu, weil die Vernunft den Menschen von anderen Lebewesen unterscheidet. Kleinkinder, Demenzkranke oder Menschen mit geistiger Behinderung sind von der Zuschreibung dieser Menschenwürde ausgeschlossen.
- Der Utilitarismus setzt die Nützlichkeit ins Zentrum: Alles, was das Glück von möglichst vielen Menschen erhöht, ist positiv zu werten. Menschen mit Behinderung werden nicht als «glücksvermehrend» betrachtet. In diesem Sinne kommt ihnen weniger Wert und Würde zu als Menschen ohne Behinderung.

Menschenbilder beeinflussen Haltungen und Handlungen

Was haben nun diese grundlegenden Moraltheorien mit der Frage der konkreten Förderung von Schülerinnen und Schülern mit Beeinträchtigungen zu tun? Auch wenn es im schulischen Alltag seltener um existenzielle Situationen geht, die einen in ein moralisches Dilemma bringen: Im Kleinen geschieht dies ständig. Auch Kinder und Jugendliche mit moderaten Beeinträchtigungen, solche mit schwierigem Verhalten oder ausgeprägten Begabungen können die an der Schule tätigen Personen an ihre Grenzen bringen. Je höher der Problemdruck steigt, desto weiter entfernt sich das betreffende Kind aus dem persönlich empfundenen Normbereich.

Erinnern wir uns an die eingangs vorgestellten Fallbeschreibungen von Sarah und Daniel. Je nach moralischer Einschätzung können sich unsere Menschenbilder und unsere Entscheidungen verändern:

- Ist es für mich wichtig, dass Sarah in erster Linie eine Sozialisation in der «normalen» gesellschaftlichen Bandbreite erlebt?
  Betrachte ich es geradezu als moralische Pflicht, Sarahs großes Potenzial in einem spezifischen Rahmen zu fördern, damit sie für sich und für die Gesellschaft optimale Leistungen erbringen kann?
- Betrachte ich Daniel als gleichwertigen Menschen wie seine Kameradinnen und Kameraden oder als etwas Anderes?
  Scheint mir der Aufwand für seine Förderung zu hoch und im Grunde nutzlos zu sein, weil er voraussichtlich doch nie ganz selbständig leben und sich selbst finanzieren kann?

In jedem Fall ist es sinnvoll, die unterschiedlichen moralischen Standpunkte zu reflektieren und offenzulegen, damit sie gegeneinander abgewogen und gemeinsam diskutiert werden können. Schlagworte wie «Es ist aus ethischen Überlegungen angezeigt, dieses Kind in einer Sonderschule zu fördern» genügen definitiv nicht.

Separation muss begründet werden, nicht Integration

Am Anfang dieses Kapitels stand eine Frage: «Gibt es ethische Gründe für oder gegen gemeinsames Lernen?» Diese lässt sich zunächst nur so beantworten, dass wohl in den meisten Fällen für beide Positionen unterstützende ethische Argumente gefunden werden können. Die Frage ist allerdings, wo die «Beweispflicht» anzusiedeln ist. Hier ist es genau gleich wie bei der Interpretation der gesetzlichen Vorgaben: Es ist in jedem Fall vom Dazugehören – und damit vom gemeinsamen Lernen – auszugehen. Nicht die integrative Förderung verlangt nach ethischen Begründungen, sondern eine allfällige separative Schulung.

Nach rechtlichen und ethischen Überlegungen wird nun die folgende Frage ins Zentrum gerückt: Was kann die Wissenschaft zu den Effekten integrativer Förderung aussagen?

Das sagt die Wissenschaft zu den Effekten integrativer Förderung

Es liegen etliche Forschungsarbeiten vor, die auf die Wirkung integrativer und separativer Schulungsformen fokussieren. Die Erkenntnisse dieser Forschungsresultate könnten an dieser Stelle in Form eines zusammenfassenden Berichts dargestellt werden. Ein solcher läuft jedoch Gefahr, trocken und mühsam lesbar zu sein.

Wir haben deshalb die Form eines fiktiven Interviews gewählt – mit dem folgenden Szenario: Eine sonderpädagogische Fachperson, die sich mit zahlreichen Studien zur Wirksamkeit der schulischen Integration befasst hat, wird vom Redaktionsteam einer pädagogischen Zeitschrift befragt.

Zum Einstieg eine eher allgemeine Frage: Sie haben sich durch verschiedene Forschungsberichte[4] gekämpft. Wurden Sie durch die Erkenntnisse dieser Forschungen überrascht?

Eigentlich nicht, abgesehen von einigen bemerkenswerten Details. Im Großen und Ganzen sind die Erkenntnisse einleuchtend und nachvollziehbar. Sie decken sich auch weitgehend mit Erfahrungen und Einschätzungen, die von aufmerksamen Praktikerinnen und Praktikern im Schulfeld gemacht werden.

Kommen wir doch gleich zur wohl wichtigsten Frage: Welche Schülerinnen und Schüler lassen sich in der Schule gut integrieren, welche nicht?

Diese Frage ist zwar wichtig, weil sie alle Beteiligten brennend interessiert. Sie hat aber einen Pferdefuß, weil sie suggeriert, dass die Integrationsfähigkeit vor allem vom betroffenen Kind abhängt. So einfach ist es aber nicht. Ich möchte anhand von kurzen Beispielen aufzeigen, weshalb:

Stellen wir uns zwei Kinder vor – zwei gleichaltrige Mädchen mit Down-Syndrom. Beide haben den Kindergarten integrativ im Quartier besucht. Die Frage der Einschulung steht an. Aufgrund ihrer Behinderung ist absehbar, dass sie das Lesen, Schreiben und Rechnen nicht im gleichen Tempo und in gleichem Maße erlernen werden wie ihre Kame-

---

4 Die Aussagen in diesem fiktiven Interview beziehen sich vor allem auf die folgenden Quellen (die detaillierten Angaben sind im Literaturverzeichnis auf Seite 179 zu finden): Bless 2007; Bless et al. 2010; Dyson et al. 2004; Häfeli & Walther-Müller 2005; Joller-Graf et al. 2009; Klemm 2009; Lindsay 2007; Mettauer Szaday & Szaday 2005; Peetsma et al. 2001; Preuss-Lausitz 2009; Venetz et al. 2010.

radinnen und Kameraden. Beide Mädchen sind gesellig und fröhlich; sie gehen offen auf andere Menschen zu. Wenn ihnen etwas nicht passt, können sie aber auch ganz schön stur sein.

Das eine Mädchen wohnt in einer Stadt. Eine heilpädagogische Schule ist in zehn Autominuten oder mit der Straßenbahn zu erreichen. Die Regelschule im Quartier zeigt keine Bereitschaft für eine Aufnahme: Jedes zweite Kind in der zukünftigen ersten Klasse habe einen Migrationshintergrund; eine weitere Belastung halte die Schule nicht aus. Die Schulbehörde unterstützt die Einschätzung der Schule.

Das andere Mädchen wohnt in einem Dorf in einem dünn besiedelten, ländlichen Gebiet. Die heilpädagogische Schule ist so weit weg, dass ein Internatsplatz unumgänglich wäre. Die Eltern möchten das nicht. Unter der örtlichen Bevölkerung herrscht die Überzeugung, dass wenn immer möglich alle Kinder im Dorf zur Schule gehen sollen. In der Folge wird die Integration in die erste Regelklasse mit zusätzlicher sonderpädagogischer Unterstützung ganz selbstverständlich umgesetzt.

Ein anderes Beispiel: Zwei zehnjährige Jungen zeigen identische Lern- und Verhaltensauffälligkeiten. Der eine geht zu einem frisch ausgebildeten Lehrer zur Schule. Dieser schlägt nach kurzer Zeit Alarm: Der Schüler sei im Unterricht nicht mehr tragbar, es müsse dringend eine andere Lösung gefunden werden.

Der andere Schüler besucht den Unterricht bei einer erfahrenen, ruhigen Klassenlehrerin. Sie gibt dem Jungen Struktur und Hilfestellungen. Zudem erkennt sie bei ihm auch Ressourcen: «Doch, er braucht schon mehr Energie als andere Kinder – aber er ist mit seinen Ideen immer auch eine Bereicherung für den Unterricht.» Diesen Schüler aus der Klasse wegzugeben, kommt ihr nicht in den Sinn.

Diese Beispiele zeigen, dass die Frage der «Integrationsfähigkeit» nie allein am betreffenden Kind oder Jugendlichen festgemacht werden darf.

Sie sagen also, dass nicht nur das Kind, sondern auch sein Umfeld für das Gelingen der Integration wichtig ist?

Ja, das ist auf jeden Fall so. Ich möchte das anhand einer Darstellung aufzeigen:

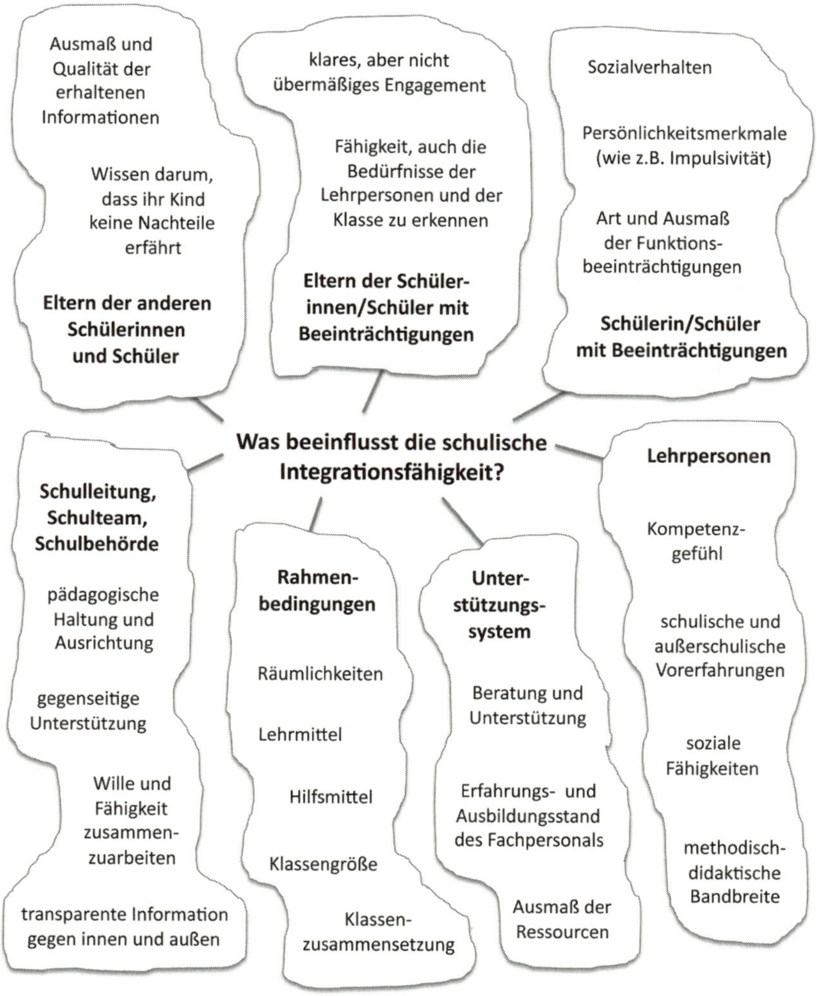

Abbildung 7: Faktoren, welche die schulische Integrationsfähigkeit beeinflussen

Bei jeder Integrationssituation müssen verschiedene Faktoren beachtet und einbezogen werden. Alle sind wichtig – wobei es durchaus sein kann, dass einzelne Elemente nicht ganz optimal sind: Vielleicht ist eine Lehrperson etwas unsicher und braucht besondere Unterstützung, die Räumlichkeiten sind nicht sehr ideal, oder die behinderungsspezifische Beratung ist vorübergehend nicht im vereinbarten Ausmaß verfügbar. Solche «Optimums-Abweichungen» sind normal – das kann jedes integrativ arbeitende Schulteam bestätigen. Geraten jedoch mehrere dieser Elemente deutlich und über eine längere Zeit aus dem Lot, muss innert nützlicher Frist gehandelt werden. In solchen Situationen könnte die Reflexion der einzelnen Elemente der Abbildung helfen, die Ursachen der problematischen Situation zu eruieren.

Allerdings will ich mich Ihrer vorherigen Frage nicht vollständig entziehen. Es gibt tatsächlich Beeinträchtigungen, die für eine Integration erfahrungsgemäß weniger oder eben deutlicher problematisch sein können.

Also doch – lassen Sie die Katze aus dem Sack!

Die meisten Forschungen beziehen sich auf die folgenden Beeinträchtigungen:

- Lern- und Verhaltensauffälligkeiten
- leichte bis mittelgradige geistige Behinderung
- Körper- oder Sinnesbehinderungen (Hör- oder Sehbehinderung)

Die Forschungslage bezüglich der Wirkungen der Integration ist bei diesen Gruppen gut. Da lässt sich wirklich einiges aussagen, was allgemeingültige Wirkung hat – ich werde gleich darauf zu sprechen kommen. Anders sieht es bei den folgenden Schülergruppen aus:

- schwere geistige Behinderung; schwere mehrfache Behinderung
- schwere Verhaltensstörung; schwere psychische Beeinträchtigung

Hier ist die Forschungslage recht dünn. Zwar gibt es zahlreiche Einzelfallberichte. Aus diesen jedoch allgemein gültige Aussagen abzuleiten, wäre unseriös. Mir ist aber wichtig festzuhalten, dass letztere Gruppen deswegen nicht aus der Integration «weggedacht» werden dürfen: Deren schulische Integration soll genauso ernsthaft geprüft und wenn immer möglich realisiert werden. Nur kann man hier noch viel weniger nach vorgefertigtem Rezept vorgehen: Jeder dieser Einzelfälle muss wie ein komplexes Bild betrachtet werden, dessen Einzelteile vernebelt oder verzerrt sind. Man muss hier besonders sorgfältig hinschauen und versuchen, dieses Bild gemeinsam so gut es eben geht zu erfassen.

Bei Schülerinnen und Schülern mit Verhaltensauffälligkeit ist es generell wichtig, dass eine allfällige Separation als zeitlich begrenzt deklariert wird. Das Ziel der Rückkehr in eine integrative Schulungsform ist hier besonders deutlich in den Vordergrund zu stellen. Das lohnt sich erfahrungsgemäß: Zeitlich klar begrenzte Separationen infolge schwierigen Verhaltens verbessern die Chancen für eine erfolgreiche Re-Integration entscheidend.

Konzentrieren wir uns zunächst also auf diejenigen Forschungsresultate, die gesicherte Aussagen liefern.

Besonders wertvoll sind sogenannte Meta-Studien. Diese Studien beziehen sich nicht auf eine einzelne Forschungsarbeit. Vielmehr werden sehr viele Studien, die einen ähnlichen Forschungsfokus haben, aufgearbeitet und verglichen. In einigen Meta-Studien sind die Erkenntnisse von über hundert Forschungsarbeiten enthalten.

Die nachfolgenden Aussagen beziehen sich auf mehrere Meta-Studien, aber auch einzelne große Einzelstudien (siehe Fußnote Seite 39 sowie Literaturverzeichnis Seite 185).

Wie ist die soziale Einbindung von integrierten Schülerinnen und Schülern im Vergleich zu solchen, die in einer Sonderklasse, einer Förder- oder Sonderschule unterrichtet werden?

Die soziale Einbindung, das Gefühl, dazuzugehören oder nicht, hängt nicht allein von der Schulungsform ab. Persönliche und charakterliche Eigenschaften des einzelnen Kindes spielen selbstverständlich auch eine Rolle. Aufgrund der Forschungsresultate lassen sich dennoch gewisse Zusammenhänge erkennen. Diese unterscheiden sich je nach Beeinträchtigung der betreffenden Schülerinnen und Schüler. Ich habe versucht, die diesbezüglich wichtigsten Forschungserkenntnisse zusammenfassend grafisch darzustellen (vgl. Abbildung 8).

Wie sieht es mit der Klasse aus? Verändert sich deren Sozialverhalten, wenn Schülerinnen und Schüler mit Beeinträchtigungen integriert werden?

Diese Frage ist wichtig, doch scheint sich hier die Forschung etwas die Zähne auszubeißen. Vielleicht hängt das daran, dass es forschungsmäßig nicht ganz trivial ist, das Sozialverhalten einer Klasse zu messen. Die Forschungserkenntnisse gehen in die folgende Richtung: Es ist diesbezüglich kein eindeutiger Effekt nachweisbar. Das heißt auf der einen Seite: Integration scheint den sozialen Umgang innerhalb der Klasse nicht zu belasten. Auf der anderen Seite scheint er ihn aber auch nicht objektiv nachweisbar zu fördern. Interessant ist jedoch, dass zahlreiche Lehrpersonen von einem positiven Effekt berichten: Der Umgang in der Klasse sei durch die Integration von Schülerinnen und Schülern rücksichtsvoller und sozialer geworden. Bei der Integration Hörbehinderter wird beispielsweise oft berichtet, dass die Regelung, dass in Klassengesprächen immer nur eine Person spricht – für Hörbehinderte eine Notwendigkeit – die Diskussionskultur der ganzen Klasse positiv beeinflusst habe.

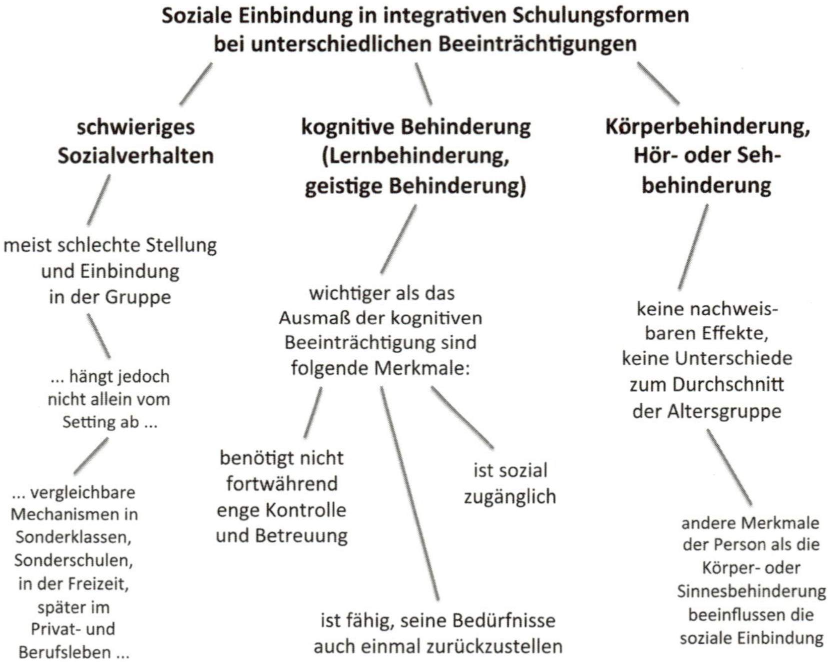

Abbildung 8: Forschungserkenntnisse zur sozialen Einbindung in integrativen Schulungsformen bei unterschiedlichen Beeinträchtigungen

Falls dieser Effekt doch ein wenig wirkt: Erachten Sie es als richtig, dass man Kinder mit einer Behinderung mit der Absicht integriert, den Umgang in der Klasse sozialer werden zu lassen?

Eine solche Absicht ist klar abzulehnen. Kein Mensch darf in dieser Weise instrumentalisiert werden. Das wäre genauso verwerflich, wie wenn jemand sagen würde: «Die lernbehinderte Lea, die momentan die Regelschule besucht, würde einer Klasse in der Sonderschule gut tun: Sie würde den Unterricht beleben und das Sozialverhalten der Lerngruppe durch ihr ausgleichendes Wesen stabilisieren. Teilen wir sie also der Sonderschule zu.» Das darf nicht sein.

Lassen sich Aussagen zur emotionalen Befindlichkeit und zur Selbsteinschätzung der integrierten Schülerinnen und Schüler machen?

In diesem Bereich hat die Forschung einiges zu sagen. Viele Studien kommen zu ähnlichen Ergebnissen:

Schülerinnen und Schüler, die eine Klein- oder Sonderklasse resp. eine Förder- oder Sonderschule besuchen, haben eine etwas bessere Befindlichkeit als solche, die integrativ gefördert werden. Auch ist die Selbsteinschätzung ihres Könnens zunächst positiver, wenn auch oft nicht realistisch. Gegen Ende der Schulzeit findet in der Regel eine massive Korrektur nach unten statt. Und dann gibt es noch einen interessanten Nebenbefund der Forschungen: Die oft im Laufe der Schulzeit eintretende Schulunlust tritt bei diesen Kindern und Jugendlichen eher später ein als bei integrativ Geschulten.

Diese Erkenntnisse haben eine hohe Plausibilität: Der viel zitierte «Schonraum» dieser Förderformen scheint zu wirken: Er schützt vor der ständigen Konfrontation, «anders» zu sein und bestimmte Leistungen auch mit besonderer Anstrengung nicht erreichen zu können. Schonräume haben aber auch ihre Schattenseiten: Sie bilden die gesamtgesellschaftliche Realität nur ungenügend ab. Das kann zu einer wirklichkeitsfernen Selbsteinschätzung führen. Je näher die Frage der nachschulischen Ausbildung kommt, desto härter wird die entsprechende Konfrontation. Dieses Phänomen betrifft übrigens nicht nur Jugendliche mit einer geistigen Behinderung. Gerade auch solche mit milderen Lern- und Verhaltensproblemen, die in einem schulischen Schonraum aufgewachsen sind, haben oft nur ungenügende Möglichkeiten, eine realistische Selbsteinschätzung der eigenen Leistungsfähigkeit aufzubauen.

Doch nun zurück zur eigentlichen Frage: Wie sieht es mit der emotionalen Befindlichkeit der integriert geförderten Schülerinnen und Schüler mit Beeinträchtigung aus? Hier unterscheidet die Forschung zwischen solchen, die für einzelne Fächer in spezielle Lerngruppen eingeteilt sind (nennen wir diese Form «teilintegriert»), und solchen, die großmehrheitlich in der Klasse gefördert werden. Beide haben im Gegensatz zu den separiert Unterrichteten eine realistischere Selbsteinschätzung, jedoch tiefere Werte in der Befindlichkeit. Interessanterweise zeigen die Teilintegrierten durchschnittlich eine noch tiefere Befindlichkeit sowie weniger Vertrauen in die eigene Leistungsfähigkeit als die Vollintegrierten. Dies könnte mit dem tagtäglichen «Beweis» zu tun haben, dass ihnen ein gemeinsames Lernen in der Klasse nicht zugetraut wird. Wenn es also gelingen würde, diesen Schülerinnen und Schülern einen unterstützenden und differenzierenden Unterricht innerhalb der Klasse anbieten zu können, hätte dies erwiesenermaßen Vorteile.

Wie ist die Akzeptanz der Eltern derjenigen Kinder, die keine besonderen Beeinträchtigungen haben?

Auch diese Forschungserkenntnisse sind plausibel: Wenn schulische Integration erstmals als Thema auf die Elternschaft zukommt, dominieren Skepsis und Ängste: «Wird mein Kind weniger lernen, weil die Lehrpersonen durch die Schwächsten und Schwierigsten absorbiert sind? Wird unter diesen Bedingungen eine echte Klassengemeinschaft noch möglich sein?»

Solche Befürchtungen müssen ernst genommen werden. Das bedeutet für die Schule, dass sie bereits im Vorfeld gut informieren und ein offenes Ohr haben muss. Es ist erwiesen, dass die Skepsis von Eltern umso größer ist, je weniger Erfahrung sie mit integrativ arbeitenden Schulen haben.

Nach einer gewissen Zeit – einzelne Forschungen sprechen von zwei bis drei Jahren – weicht die Skepsis häufig einer klaren Unterstützung. Besonders deutlich ändert diese Haltung, wenn Eltern nicht nur erlebt haben, dass ihr Kind keine Nachteile erfahren hat, sondern durch die zusätzliche sonderpädagogische Förderung auch profitieren konnte.

Auch hier gilt das Gleiche, was ich in einer vorherigen Abbildung (Seite 44) aufzuzeigen versuchte: Lernbehinderte, leicht geistig Behinderte, Körper- und Sinnesbehinderte lösen auf Seiten der Gesamtelternschaft selten Ablehnung aus. Deutlich anders ist das bei der Integration von Schülerinnen und Schülern mit schwererer geistiger resp. mehrfacher Behinderung – und insbesondere bei solchen mit sehr auffälligem Verhalten: Wenn die Schule nicht plausibel aufzeigen kann, dass sie gut für diese Herausforderungen gerüstet ist, wird kaum Akzeptanz aufzubauen sein.

Oft wird davon gesprochen, dass Integration nur dann umsetzbar sei, wenn die Regelklassen sehr klein sind.

Dies scheint nur bedingt zu stimmen. Auch in einer kleinen Klasse von beispielsweise 17 Schülerinnen und Schülern kann ich einen konventionellen, eindimensionalen Unterricht anbieten, welcher der Heterogenität der Klasse kaum entgegenkommt. Da geht es einem lernbehinderten Kind nicht besser als in einer 25er-Klasse. Zudem kann ein verhaltensauffälliges Kind auch eine kleine Klasse auf den Kopf stellen – und hat vielleicht ein noch stärkeres Gewicht als in einer etwas größeren Klasse.

Tragfähiger als kleine Klassen mit nur einer Lehrperson sind Klassen, in denen über eine längere Zeit mehrere Personen anwesend sind, wobei das entsprechende Team möglichst konstant bleiben sollte. Eine diesbezügliche Studie kommt zum Schluss, dass in einer 24er-Klasse mit zwei bis drei Kindern mit erhöhtem Förderbedarf eine Doppelbesetzung zu 70 % der Zeit optimal sei. Sitzen zusätzlich einzelne Schülerinnen und Schüler mit Verhaltensauffälligkeit oder schwerwiegender Behinderung in der Klasse, ist eine durchgängige Doppelbesetzung unumgänglich.

Hier kommt natürlich sofort die Frage auf, wie das finanziert werden soll. Dazu gibt es Folgendes zu sagen: Jede vermeidbare Schulung in einer Sonderschule spart Geld – viel Geld. Wenn dieses in der Regelschule eingesetzt werden kann, ergeben sich oft erstaunliche Möglichkeiten. Zudem ist von Fall zu Fall zu entscheiden, welche Kompetenzen die zweite Person im Klassenzimmer haben muss. Das kann je nach Situation eine zweite Regellehrperson, eine sonderpädagogische Lehrperson, eine Fachperson in Sozialpädagogik oder eine Assistenzperson sein. Vor allem im letzteren Fall ist jedoch sicherzustellen, dass der Einbezug sonderpädagogischer Fachkompetenz, beispielsweise in Form eines Coachings, stundenweisen Beizugs oder Unterstützung bei Fragen der Förderplanung.

Klassenlehrpersonen sind in integrativen Schulen mit einem breiteren Rollenverständnis konfrontiert. Welche Fähigkeiten sind hier besonders gefragt?

Untersuchungen, die auf diese Frage fokussieren, zeigen etwas Interessantes auf: Nicht in erster Linie die methodisch und didaktisch absolut hochstehend arbeitenden Lehrpersonen sind für eine integrative Schule am wertvollsten. Wichtiger sind Kooperationsfähigkeit und Offenheit. Natürlich: Je vielfältiger eine Lehrperson unterrichten kann, desto besser. In den entsprechenden Untersuchungen wird aber betont, dass eine integrative Schule mit einer offenen, sozialkompetenten, methodisch-didaktisch lediglich durchschnittlich arbeitenden Lehrperson weit besser bedient ist als mit einem Methodik- und Didaktik-Genie, das unflexibel ist und mit anderen Lehrpersonen nicht kooperieren kann.

Spezifische Erkenntnisse ergab insbesondere auch eine Untersuchung von Bless und anderen (2010): Er erforschte unter anderem die Einstellung von Regellehrpersonen der schulischen Integration gegenüber. Keine Unterschiede zeigten sich zwischen weiblichen und männlichen Lehrpersonen, und interessanterweise haben auch besuchte Weiterbildungen zum Thema Integration keinen Effekt auf die persönliche Einstellung, oder mit anderen Worten: Bestehende Einstellungen werden durch den Besuch einer Weiterbildung nicht verändert. Die Einstellung der schulischen Integration gegenüber ist hingegen erwiesenermaßen positiver, wenn die Lehrperson

- bereits konkrete Erfahrungen im Unterricht von Schülerinnen und Schülern mit Beeinträchtigungen hat,
- seit weniger als 20 Jahren unterrichtet,
- ein gutes Kompetenzgefühl hat und sich den Unterricht von Kindern mit Beeinträchtigungen grundsätzlich zutraut
- sowie wenn außerhalb des schulischen Kontextes Kontakte mit Menschen mit Beeinträchtigung bestehen.

Noch eine Frage zum Schluss: Wenn Sie ein Forschungsprojekt im Themenkreis der schulischen Integration durchführen könnten: Welche Forschungsfrage würden Sie aufgreifen?

Ich würde auf jeden Fall eine Längsschnittstudie durchführen, weil die langfristigen Effekte die wirklich wichtigen sind. Jede Förderform hat letztlich das Ziel, alle Kinder und Jugendlichen zu einem möglichst selbständigen und persönlich stimmigen Leben zu verhelfen. Rückblickend und im Kontrast zu Vergleichsgruppen könnten wir die Vorteile und Gefahren der verschiedenen Förderformen noch besser kennenlernen und so für die Zukunft lernen.

Ich danke Ihnen für dieses Gespräch. *[Ende des fiktiven Interviews]*

Versuch einer Zwischenbilanz

Belegen Forschungsresultate, dass die integrative Förderform immer und in jedem Fall die bessere, die wirkungsvollere ist? Ist es aus ethischer Sicht angezeigt, eine bestimmte Förderform grundsätzlich zu favorisieren, eine andere zu ächten? Sind die gesetzlichen Vorgaben diesbezüglich eindeutig?

Keine dieser Fragen lässt sich mit einem eindeutigen «Ja» oder «Nein» beantworten. Wie so oft, wenn es um Menschen geht, verlangt es die Situation, differenzierter betrachtet zu werden. Im Sinne einer Zusammenfassung lassen sich die folgenden Punkte festhalten:

Tabelle 3: Zusammenfassende Gründe, gemeinsamem Lernen den Vorzug zu geben

Kernaussage	Erläuterungen und mögliche Konsequenzen
1. Homogene Lerngruppen sind eine Fiktion.	Auch in Jahrgangsklassen sind differenzierte Lernangebote nötig. Jahrgangsübergreifende Lerngruppen sind besonders günstig, weil heterogene Lernvoraussetzungen von allen Beteiligten als normal betrachtet werden.
2. Ein hoher Anteil an separierenden Angeboten schwächt die Regelschule.	Je geringer der Anteil derjenigen Kinder und Jugendlichen ist, die in Sonderklassen und Sonderschulen geschult werden, desto mehr Ressourcen stehen potenziell für das Regelschulsystem zur Verfügung. Fachpersonal (sonderpädagogisch, sozialpädagogisch, therapeutisch, ...), das regelklassennah tätig ist, kommt nicht nur den Schülerinnen und Schülern mit Beeinträchtigungen zugute, sondern auch den Lehrpersonen und der ganzen Klasse.
3. Der Grundsatz der Nicht-Diskriminierung kann in integrativen Förderformen plausibler umgesetzt werden.	Nichtintegrative Schulung geht oft mit einer erschwerten Teilhabe an üblichen Lebensformen einher. Die Möglichkeiten, vielfältige Kontaktnetze aufzubauen, können stark eingeschränkt sein. Die Gefahr der Diskriminierung wird dadurch erhöht. Dies bedeutet, dass vor dem Entscheid einer nichtintegrativen Förderung plausibel nachgewiesen werden muss, mit welchen Maßnahmen einer allfälligen Diskriminierung begegnet wird. Auf der anderen Seite ist auch in integrativen Schulungsformen bewusst für nicht diskriminierende Rahmenbedingungen zu sorgen.

Kernaussage	Erläuterungen und mögliche Konsequenzen
4. Hoch selektive Schulsysteme sind nicht chancengerecht, weil die Selektionskriterien nachweislich wenig objektiv sind.	Untersuchungen zeigen, dass Schülerinnen und Schüler mit der gleichen Schulleistung in unterschiedlichen Schulen hochgradig voneinander abweichende Noten erhalten. Entsprechend ungerecht fällt die Zuteilung zu weiterführenden Schultypen aus. Deshalb soll eine Selektion in unterschiedliche Leistungszüge oder Schultypen im Laufe der obligatorischen Schule – wenn überhaupt – möglichst spät erfolgen.
5. Die Effekte der schulischen Integration sind mehrheitlich positiv. Sie sind allerdings nicht für alle Beeinträchtigungen gleich gut untersucht.	Es ist wissenschaftlich erwiesen, dass die schulische Integration von Schülerinnen und Schülern mit Lernbehinderung, leichter geistiger Behinderung, moderater Verhaltensauffälligkeit sowie Körper- oder Sinnesbehinderung überwiegend positive Effekte zeigt. Das Lernen der Mitschülerinnen und Mitschüler wird nicht beeinträchtigt. Entsprechende Nachweise fehlen bei schwerer Verhaltensauffälligkeit, hochgradiger geistiger Behinderung oder schwerer mehrfacher Behinderung. Diese Integrationen stellen eine besondere Herausforderung dar und müssen entsprechend noch sorgfältiger geplant und begleitet werden. Stößt die Integration aufgrund einer Verhaltensauffälligkeit an ihre Grenzen, ist darauf zu achten, dass bei einer allfälligen separativen Schulung von Anfang an eine zeitliche Begrenzung mit dem Ziel der möglichst baldigen Re-Integration vorgesehen wird.
6. Die Entwicklung hin zu einer integrativen Schule führt zu einer Auseinandersetzung mit Themen, die für die Schule als Ganzes wertvoll sind.	Die Integrationsfähigkeit hängt nicht in erster Linie vom betreffenden Kind oder Jugendlichen ab. Entscheidend sind insbesondere auch Eigenschaften der betreffenden Schule. Dabei ist Folgendes zu bedenken: Eine gute Zusammenarbeit, ein differenzierter Unterricht und flexible Unterstützungsangebote kommen nicht nur Kindern und Jugendlichen mit Beeinträchtigung, sondern sämtlichen Schülerinnen und Schülern zugute. Wenn also eine Schule durch eine konkrete Integration mit solchen Entwicklungsthemen konfrontiert wird, dient das der Schule als Ganzem.

Diese Aufstellung zeigt, dass es einerseits viele gute Gründe gibt, das gemeinsame Lernen stark und prioritär zu verfolgen. Andererseits wird auch deutlich, dass gute integrative Lösungen nicht einfach vom Himmel fallen, sondern mit bestimmten Bedingungen und Entwicklungen auf unterschiedlichen Ebenen verbunden sein müssen: Es geht unter anderem um Schulentwicklung, Haltungsänderung und generell den Mut, neue Wege auszuprobieren – nicht nur im Schulteam selbst, sondern insbesondere auch auf Seiten der Schulbehörden und der Bildungsverwaltung. In diesem Zusammenhang möchten wir noch die folgenden beiden Gedanken anbringen:

- Die Erkenntnis, dass eine gute schulische Integration gute Bedingungen braucht, kann problemlos als «Killerargument» missbraucht werden: «Wir tun erst etwas in Richtung integrative Schule, wenn wirklich alles 100%-ig stimmt … die personellen Ressourcen, die Ausbildung der Beteiligten, die Haltung des Schulteams, die Infrastruktur.» Ein solcher Idealzustand wird sich nie einstellen. Schulische Integration hat immer auch Anteile des gemeinsamen Suchens, Ausprobierens, Optimierens – und gerade das macht oftmals die Stärke integrativer Schulteams und Schulbehörden aus: Sie entwickeln sich gemeinsam und fortwährend weiter.
- Integrativ arbeitende Schulen werden immer wieder an Grenzen stoßen. Die Frage ist, welche Reaktions- und Erklärungsmuster im Team in den Vordergrund rücken. Wenn die Ursache für die Schwierigkeiten vor allem bei der betreffenden Schülerin oder beim betreffenden Schüler gesehen wird, steht wohl die Separation dieses Einzelfalls zuoberst auf der inneren Wunschliste: Das Kind oder der Jugendliche «passt» nicht mehr, «zu seinem Wohl» wird eine andere Förderumgebung vorgeschlagen. Bei genauerem Hinsehen geht es aber oftmals mehr um die Entlastung der Lehrpersonen und der Klasse – vielleicht weil die integrative Unterstützung zu schwach, die Klassenzusammensetzung zu schwierig oder die methodisch-didaktische Kompetenz der Lehrpersonen begrenzt sind. In solchen Situationen wäre zu wünschen, die Überforderung der Schule in ehrlicher Weise offenlegen zu können, anstatt ein vermeintliches «individuelles Wohlergehen des Kindes in einem anderen Umfeld» zu postulieren. Nur mit dieser Ehrlichkeit können sich die Bedingungen einer Volksschule, in der möglichst alle ihren Platz finden, Schritt für Schritt verbessern.

Gleich nach dem fünften Geburtstag in die Schule vor Ort – das gilt in Neuseeland für sämtliche Kinder

Timothy wohnt in Brighton, einem kleinen Dorf auf der Südinsel Neuseelands. Er wird in einem halben Jahr fünf Jahre alt. Seit einiger Zeit besucht er zusammen mit seiner Mutter jeweils am Montagnachmittag die Dorfschule. Die Lehrerin Margaretha Cambridge hat diesen Nachmittagen den Namen «Magic Monday» gegeben. Alle Schülerinnen und Schüler der Eingangsstufe – diese umfasst die Altersspanne von 5 bis maximal 7 Jahren – wissen, dass an diesen Halbtagen immer wieder jüngere Kinder «schnuppern» kommen.

Einen Tag nach seinem fünften Geburtstag wird Timothy als «richtiger» Schüler in die Dorfschule eintreten – unabhängig davon, ob das im März, Juni oder Oktober ist. «Wir haben sehr gute Erfahrungen mit diesem Eintrittssystem gemacht», erzählt Margaretha Cambridge. «Die neu eintretenden Schülerinnen und Schüler kennen die Schule bereits. Sie kommen in eine funktionierende Lerngruppe und laufen einfach mit. So hat kaum je ein Kind Anlaufschwierigkeiten.»

Was wäre nun geschehen, wenn Timothy beispielsweise eine hochgradige Hörschädigung oder andere Beeinträchtigungen hätte? Der Principal Andrew Watson – die von ihm geleitete Primarschule liegt in Lumsden im Südwesten des Landes – spricht aus konkreter Erfahrung: «Wir richten unsere Schule nach den pädagogischen Erfordernissen dieser Kinder aus, das ist unser Auftrag. Derzeit haben wir beispielsweise einen Schüler, der an einer angeborenen Immunschwäche leidet. Es mussten verschiedene Vorkehrungen getroffen werden, damit eine Infektion dieses Jungen möglichst vermieden werden kann: Wir haben automatisch öffnende Türen eingebaut, so dass niemand den Türgriff anfassen muss, und wir führten verschiedene Desinfektionseinrichtungen und Hygienemaßnahmen ein. Es war auch nötig, eine Schulassistentin für diese Klasse einzustellen. Diese behinderungsbedingten Zusatzkosten übernimmt das staatliche Bildungsministerium.»

Kleinkinder mit einer Behinderung erhalten in der Regel heilpädagogische Früherziehung. Ab dem Alter von vier Jahren wird mit der Schule im Dorf oder im Quartier Kontakt aufgenommen, um den Schuleintritt zu planen. Die Alternative «Sonderschule» besteht praktisch nicht, und zwar aus zwei Gründen: Einerseits favorisiert das Bildungsministerium klar den integrativen Weg. Andererseits sind die Distanzen in diesem dünn besiedelten Land oft so groß, dass zu einer wohnortnahen Schulung kaum praktikable Alternativen bestehen – trotz der grundsätzlich freien Schulwahl.

In der Regel werden die Klassen bewusst mit mehreren Jahrgängen geführt. Die Primarschulen in Brighton und in Lumsden haben sich für die folgende Aufteilung entschieden: Es werden vier Klassen geführt, beginnend mit der Eingangsstufe für rund 5- und 6-jährige Kinder und endend mit einer Klasse mit rund 11- und 12-jährigen Kindern.

Eine wichtige Voraussetzung, damit die Integration funktionieren kann, ist ein differenzierter Unterricht. «Wir führen eigentlich nur dasjenige konsequent weiter, was in jeder Klasse ohnehin Realität ist: Die Kinder stehen an verschiedenen Orten – und wir müssen sie eben dort abholen», meint

Andrew Watson. Der Unterricht erfolgt selten frontal. Die Lehrpersonen nehmen immer wieder einzelne Gruppen zusammen, um einen Lernstoff zu vertiefen. Individuelles Arbeiten wechselt mit Lernen in verschiedenen Gruppen ab. Die Lehrpersonen haben einen guten Überblick über den Lernstand der einzelnen Kinder. Es ist offensichtlich: Differenzierendes Unterrichten hat in diesem Land eine lange, gefestigte Tradition.

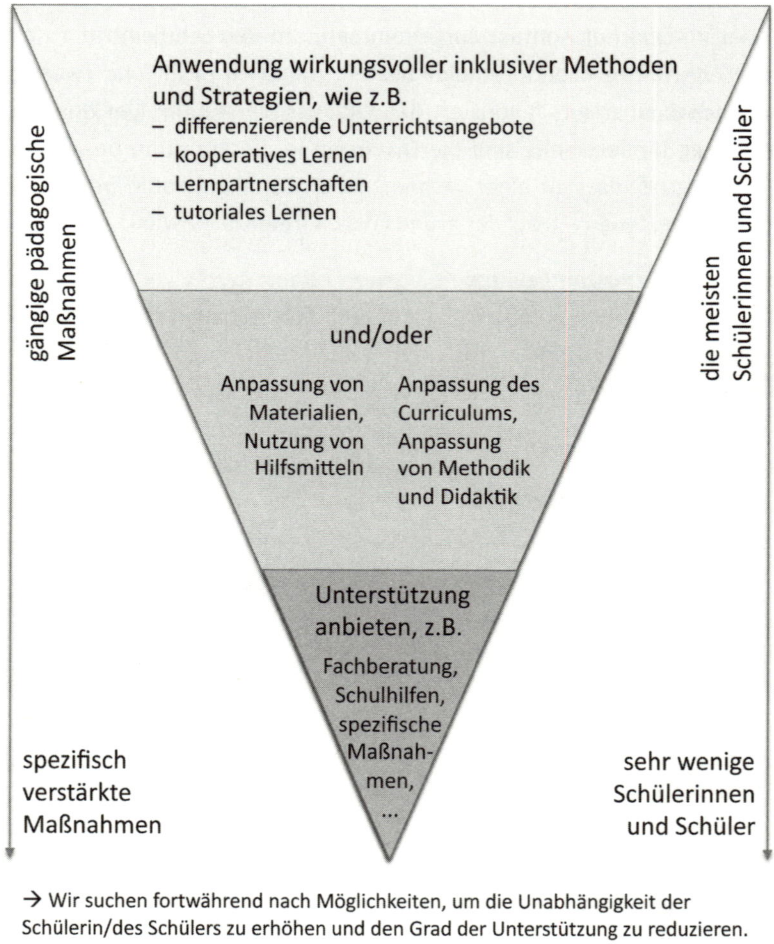

Abbildung 9: Hilfsschema für die Anpassung des Unterrichts und der Unterstützung (Anhang zu den IEP Guidelines, Ministry of Education NZ [vgl. Link am Ende dieses Abschnitts], übersetzt und leicht modifiziert von Peter Lienhard)

Obwohl eine gewisse Flexibilität bezüglich des besten Zeitpunkts eines Übertritts besteht, kommt ein «Sitzenbleiben» nicht vor. «Wenn ein Kind Lernschwierigkeiten zeigt, sind wir als Lehrpersonen verpflichtet, ein IEP zu erstellen und zweimal jährlich ein Standortgespräch zu führen», erklärt Margaretha Cambridge. IEP steht für «Individual Education Programme». In einer gut verständlichen Anleitung des Bildungsministeriums ist aufgeführt, was in einem IEP enthalten sein muss:

- Lehrmethoden, die dem Kind ein ihm angemessenes Lernen ermöglichen
- allfällige notwendige Anpassungen der Lernziele des Lehrplans
- hilfreiche Materialien und Hilfsmittel
- Angaben dazu, wie die Eltern zu einem guten Lernen beitragen können
- Zeitpunkt der Überprüfung des Lernerfolgs

Das Bildungsministerium hat Kriterien dafür formuliert, welche Kinder anspruchsberechtigt für zusätzliche Unterstützungsmaßnahmen sind. Jedes Kriterium ist mit kurzen Fallbeschreibungen erläutert. «Es ist nicht einfach, zusätzliche Ressourcen zu erhalten», so die Erfahrung des Schulleiters Watson. «Die Hürden sind relativ hoch. Wir sind verpflichtet, Schülerinnen und Schüler mit Lern- oder Verhaltensschwierigkeiten mit den an unserer Schule vorhandenen Mitteln und Kompetenzen zu unterstützen. Nur bei einem sehr hohen Förderbedarf werden vom staatlichen Bildungsministerium zusätzliche Ressourcen zu gesprochen.»

Es mag erstaunen, dass in Neuseeland Klassenlehrpersonen mit Aufgaben betraut werden, die andernorts an sonderpädagogische Fachpersonen delegiert werden. Unweigerlich taucht die Frage auf, was geschieht, wenn ein Kind mit einer schwerwiegenden Beeinträchtigung integrativ geschult wird. «In diesen Fällen wird in jedem Fall eine zweite Person in der Klasse anwesend sein. Deren Ausbildung kann unterschiedlich sein. Ich bin als Schulleiter dafür zuständig, eine fachlich vertretbare und praktikable Lösung zu finden», betont Andrew Watson. «Unsere Lehrpersonen besuchen oft Weiterbildungen, die direkt mit einem bestimmten Kind zu tun haben. Wie bereite ich den Lernstoff für ein Kind mit schwerer Rechenschwäche auf? Was muss ich wissen, wenn ein schwerhöriger Schüler in meine Klasse kommt? Auch ich besuche immer wieder solche Weiterbildungen, um meine Kenntnisse zu erweitern. Das kommt der ganzen Schule zugute.»

Bei selteneren Behinderungen stellt das Bildungsministerium spezifische Fachpersonen zur Verfügung. Diese haben vor allem die Aufgabe der Beratung und des Coachings – sie arbeiten also nicht mit dem Kind, sondern mit den Lehrpersonen. «Das ist auch richtig so», betont der Schulleiter, «denn wir sind es, die für die Bildung dieser Kinder verantwortlich sind.»

Informationen zur Sonderpädagogik in den Schulen Neuseeland:
http://www.minedu.govt.nz/NZEducation/EducationPolicies/SpecialEducation/AboutSpecialEducation.aspx

4 Integrative Schulen machen guten Unterricht

Es sei gleich vorweggenommen: Nein, was in diesem Kapitel zum Unterricht angeboten wird, unterscheidet sich nicht grundlegend von jedem guten Unterricht. Integrative Klassen zu unterrichten, bedeutet nicht, dass man sich einer völlig neuen oder speziellen («integrativen») Didaktik bedient. Alle Klassen sind aus ganz unterschiedlichen Kindern und Jugendlichen zusammengesetzt. Ob mit oder ohne Integration: Unterricht kann nicht mehr so organisiert werden, dass alle Schülerinnen und Schüler zur gleichen Zeit mit der gleichen Methode die gleichen Ziele erreichen müssen. Zu verschieden sind Vorwissen der Lernenden, ihre Lern- und Handlungsmöglichkeiten, ihre Vorlieben und Interessen. So macht die Integration von Kindern mit individuellen Lernzielen lediglich sichtbar, was in jeder Klasse schon vorhanden ist.

Lehrpersonen, welche die Vielfalt und Verschiedenheit der Schülerinnen und Schüler ernst nehmen und auf sie im Unterricht eingehen, haben eine große Herausforderung zu meistern, die in der Literatur oftmals mit dem Begriff der Passung umschrieben wird. Auch Sie würden wohl vorbehaltlos dem Grundsatz zustimmen, dass alle Schülerinnen und Schüler im Unterricht dort abzuholen sind, wo sie in ihrer persönlichen Entwicklung stehen. Die didaktischen Antworten auf diese Herausforderung sind klar und vielfach beschrieben (vgl. Joller-Graf 2010): Über Binnendifferenzierung werden unterschiedliche Niveaus angesprochen, und offene Unterrichtsformen ermöglichen es dann, die Anforderungen individuell an die unterschiedlichen Lernmöglichkeiten der Schülerinnen und Schüler anzupassen.

Die Heterogenität der Schülerinnen und Schüler sowie die Individualisierung im Unterricht bringen aber noch eine zweite Herausforderung mit sich: Schülerinnen und Schüler sollen in der Schule auch erleben, was es bedeutet, in einer Gemeinschaft zu leben, zusammenzugehören, auch füreinander da zu sein. Dem Eingehen auf individuelle Bedürfnisse und Unterschiede muss mit einer gezielten Gemeinschaftsbildung die Balance gehalten werden.

Im integrativen Unterricht geht es also darum, miteinander dafür zu sorgen, dass individuell optimal gelernt werden kann. Aber hören wir uns doch zuerst an, wie ein Schüler integrativen Unterricht erlebt. Leonardo erzählt:

«Also: Am Morgen holen wir immer zuerst unseren Plan und gehen dann gleich in den Kreis. Dort sagen wir ‚Guten Morgen!', schauen, ob wir alle da sind und ob es allen gut geht. Wenn es jemandem nicht so gut geht, fragt die Lehrerin: ‚Möchtest du darüber erzählen?' Und manchmal erzählt dann dieses Kind etwas oder auch nicht.

Und dann sagt uns die Lehrerin, was während dem Tag so läuft, und wir singen manchmal noch ein Lied. Dann planen wir den Tag. Auf dem Board, das ist so eine Tafel mit den Zeiten des ganzen Tages, dort trägt die Lehrerin zuerst die Fixzeiten ein. Zum Beispiel Turnen oder Musik oder manchmal auch etwas aus dem Fach ‚Mensch und Umwelt' – einfach alles, was wir alle zusammen machen … ja und der Rest ist dann Planarbeit. Wir schauen in unserem Plan, was die nächsten Arbeiten sind. Dann müssen wir zum Beispiel sagen, wenn wir zu einem Input kommen, zum Beispiel zum Input I-15, oder auch, wenn wir eine Lernkontrolle machen wollen. Diese sind im Plan speziell gekennzeichnet, das sieht man dann sofort. Und dann fragt die Lehrerin, wer auch noch bald so weit ist, und meistens sind noch andere auch so weit, weil wir die Lernkontrollen immer mindestens zu dritt machen müssen. Ja, und dann trägt die Lehrerin in ihrer Spalte auf dem Board ein, dass sie – also sagen wir um Viertel nach neun – den Input I-15 gibt und wer da teilnimmt und wie lang. Das nennen wir Sperrzeit, das heißt, man kann dann nicht die Lehrerin fragen, wenn man nicht weiterkommt. Manchmal fragt sie aber auch jemanden, vielleicht Jasmin, ob sie den Input machen wolle. Und wenn sie will, dann trägt die Lehrerin das auch ein, und gleich nach dem Morgenkreis muss dann Jasmin zu ihr, und sie gibt ihr dann das Material und bereitet mit ihr den Input kurz vor. Und H. [die sonderpädagogische Fachperson] trägt auf dem Board auch seine Zeiten ein, wann er mit wem was arbeitet, und so haben wir dann den ganzen Tagesplan. So sehen wir immer, was läuft.

Und dann wünschen wir uns ‚Gute Arbeit!' und gehen an einen Arbeitsplatz. Dann muss ich zuerst meine Planung machen. Ich muss planen, was ich in der Planarbeitszeit – die sehe ich ja auf dem Board – machen soll, auch mit den Inputs und so. Das mache ich jetzt alleine. Alle, die das nicht allein machen wollen oder können, die machen das mit H. Er hilft dann eben, wenn es nötig ist.

Ja, und dann mache ich mich möglichst schnell an die Arbeit: Ich hole das Material, arbeite, gehe korrigieren und so. Wenn ich irgendwo nicht nachkomme, dann muss ich immer zuerst selber nochmals studieren, und wenn ich dann immer noch nicht nachkomme, dann frage ich meinen Lernpartner. Und wenn er mir nicht helfen kann, dann schaue ich auf dem Board, ob die Lehrerin oder unser Sonderpädagoge nicht gerade Sperrzeit hat, und dann kann ich sie fragen. Im Notfall kann ich immer noch die Klammer mit meinem Namen an den Spechtbaum klammern und bei der nächsten Aufgabe weiterarbeiten. Sobald jemand Zeit hat, kommen sie dann sofort. Ja, und so geht das eigentlich jeden Tag – aber immer auch ein bisschen anders … ».

Leonardo arbeitet weitestgehend in seinem Tempo und seinen Möglichkeiten entsprechend. Die Lernmaterialien sind jederzeit für alle verfügbar, meistens korrigiert er seine Arbeiten selbst, und er legt fest, wann er für eine Lernkontrolle bereit ist. Doch nicht immer kommt er allein zurecht. Manchmal braucht er Hilfe. Er holt sie sich bei einem für eine gewisse Zeit festgelegten Lernpartner, bei der Lehrperson oder bei der sonderpädagogischen Fachperson, welche etwa während der Hälfte aller Lektionen mit der Lehrperson zusammen im Teamteaching unterrichtet und in dieser Zeit auch die Kinder mit speziellem Förderbedarf unterstützt.

Aber Leonardo macht nicht alles alleine: Neben dem Morgenkreis treffen sich auch alle wieder bei gemeinsamen Aktivitäten, die in den Tagesverlauf eingeplant werden. Zudem achtet die Lehrperson darauf, dass die Lernkontrollen jeweils mindestens zu dritt gemacht werden. So wird erreicht, dass die Schülerinnen und Schüler nicht als «Solo-Lernende» unterwegs sind: Zum Lernen gehört immer auch wieder der Austausch mit anderen, das gegenseitige Helfen und auch das Rücksichtnehmen.

Der Anteil an individualisierenden Lehr- und Lernformen ist in Integrationsklassen sehr hoch. Unterricht wird so verstanden, dass Schülerinnen und Schüler mit ihren individuellen Lern- und Verhaltensmöglichkeiten sehr selbständig in einer vorbereiteten Lernumgebung (vgl. Joller-Graf 2006) agieren.

Eine Lernumgebung umfasst alle von der Lehrperson arrangierten Problemstellungen, Hilfsmittel, Lösungen und Anwendungs-/Übungsmöglichkeiten. Sie sind bewusst so gestaltet, dass sie von den Schülerinnen und Schülern selbständig genutzt werden können und sind sowohl von der Gestaltung als auch von den Anforderungen her vielfältig aufbereitet. Das schließt nicht aus, dass sich die Lehrperson als Teil dieser Angebotsstruktur einplant, beispielsweise indem sie eine Einführung («Input») anbietet oder die Korrektur selber übernimmt. Beides geschieht aber ganz gezielt und an wohlüberlegten Stellen.

Diese Lernumgebung bietet unterschiedliche Themen mit unterschiedlichen Aufgaben an, welche unterschiedlich schwierig sind und unterschiedliche Herangehensweisen erfordern: Während bei gewissen Aufgaben mit handwerklichem Geschick agiert werden muss, verlangen andere beispielsweise ein gutes Gefühl für Töne, Formen und Farben, eine hohe Konzentration oder kreatives Denken.

So treffen nun Problemstellungen, Themen sowie Denk- und Handlungsmöglichkeiten auf der einen Seite auf die Kompetenzen, die Interessen und die Persönlichkeiten der Lernenden auf der anderen Seite. Die folgenden Fragen sind nun ganz zentral dafür, ob es zwischen Lernangebot und den Lernenden «funkt»:

1 Fordern die angebotenen Problemstellungen heraus? Können die Kompetenzen wirkungsvoll eingesetzt und weiterentwickelt werden?
Kern der Lernumgebung sind die Aufgaben. Attraktive Problemstellungen haben einen hohen Aufforderungscharakter. Sie irritieren – und im besten Fall möchten Lernende diese Irritation gerne auflösen. Es entsteht das Gefühl, dass sich hinter dem Problem etwas verbirgt, und die Schülerinnen und Schüler möchten den Schleier lüften. Dazu dürfen die Probleme aber weder zu leicht noch zu schwierig sein: Ein bisschen schwierig ist interessant. Die Lernenden haben Aussicht auf Erfolg, sehen aber auch, dass sie sich dafür anstrengen müssen. Das mobilisiert Kräfte.

2 Sind die Themen interessant?
Lehrpersonen haben einerseits die Aufgabe, sich auf die Seite der Gesellschaft zu stellen und Themen zu setzen und zu vertreten, welche die Kinder und Jugendlichen bearbeiten sollen, um ihren Platz in der Gesellschaft zu finden oder zu festigen. Zudem sollen sie sich aber auch auf die Seite der Lernenden stellen und sensibel sein für das, was die Schülerinnen und Schüler lernen wollen. So machen diese wichtige Erfahrungen: Lernen hat etwas mit mir zu tun, ich werde ernst genommen, meine eigenen Interessen sind relevant. Eine attraktive Lernumgebung ist also stark interessenorientiert, ohne dabei den gesellschaftlichen Auftrag zu vernachlässigen.

3 Bieten die angebotenen Aufgaben attraktive Denk- und Handlungsmöglichkeiten?
Auch im Alltag treffen wir auf unterschiedlich attraktive Problemstellungen. Wer gerne Verantwortung übernimmt und organisiert, wird die Aufgabe, eine große Geburtstagsfeier vorzubereiten, ganz anders ange-

hen, als eine Person, der das nicht so liegt. Eine Person, die gerne handwerklich arbeitet und davon überzeugt ist, dass es für sie in diesem Bereich keine unlösbaren Probleme gibt, wird sich sofort an die Arbeit machen, wenn es darum geht, ein Regal aufzustellen oder ein Fahrrad zu reparieren. Eine andere Person wird dieser Arbeit vielleicht eher aus dem Weg gehen. Für uns ist es ein Vorteil, dass wir ab und zu unattraktiven Aufgaben aus dem Weg gehen können oder diese uns gar nicht angeboten werden. Schülerinnen und Schüler haben diese Möglichkeit selten.

Lernumgebungen, die ein relativ enges Spektrum an Problemlösetypen bevorzugen und andere entsprechend benachteiligen, führen dazu, dass bei einem Teil der Schülerinnen und Schüler über kurz oder lang die Motivation sinkt. Eine Lernumgebung muss also bewusst variantenreich gestaltet werden. Dabei ist es wichtig, dass die Unterschiede zwischen den Lernangeboten wirklich als Unterschiede wahrgenommen werden und so unterschiedliche Problemlösetypen ansprechen.

Wo die Lernenden den Zugang zum Angebot finden und Lernprozesse in Gang kommen, braucht es die Lehrperson eigentlich nicht mehr. Selbstgesteuert setzen sich die Lernenden mit Problemstellungen auseinander, suchen nach Lösungen. Lernen findet selbstgesteuert statt. Allerdings besteht eine Klasse aus derart unterschiedlichen Nutzerinnen und Nutzern, dass es fast nicht möglich ist, eine Lernumgebung anzubieten, die allen passt. In diesen Fällen liegt es an der Lehrperson, der sonderpädagogischen Fachperson oder an Mitschülerinnen und Mitschülern, «Brücken zu bauen». Sie vermitteln also zwischen einer Schülerin, einem Schüler und den Aufgaben und Herausforderungen des Lernangebots. Entsprechend verwenden wir für diesen Teil des Unterrichts den Begriff der Vermittlung.

Abbildung 10 stellt die Grundstruktur des hier skizzierten Unterrichts in einem Modell dar.

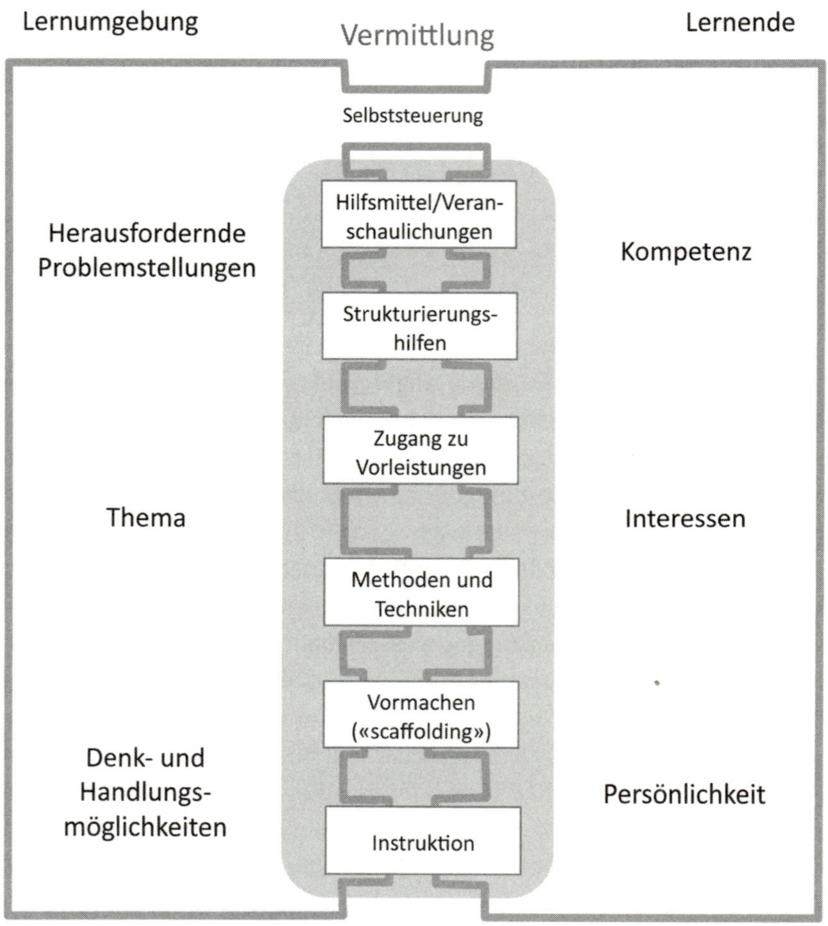

Abbildung 10: Grundstruktur von Unterricht

Die Art und Weise, wie dieses Modell in der Praxis umgesetzt wird, kann sehr verschieden sein: Je nach eigenen Stärken, Vorlieben und Rahmenbedingungen kommen unterschiedliche methodische Formen und Techniken zum Einsatz. Ein Versuch, das Charakteristische des integrativen Unterrichts zu beschreiben, kann also nicht auf der konkreten Unterrichtsebene ansetzen. Wir beschreiben im Folgenden eine integrative Ausrichtung auf der Ebene der didaktischen Prinzipien.

Zehn didaktische Prinzipien für den integrativen Unterricht

Wenn wir von jemandem sagen, er oder sie habe klare Prinzipien, so kann das durchaus einen zwiespältigen Eindruck hinterlassen. Vielleicht wird die Assoziation zu einer Person geweckt, die stur auf dem eigenen Standpunkt beharrt und in der Situation unflexibel ist.

Positiv interpretiert, kann es aber auch heißen, dass man bei Personen mit Prinzipien weiß, woran man ist: Man weiß, welche Erwartungen sie haben und was man umgekehrt von ihnen erwarten darf. Sie sind verlässlich und transparent. Diese Eigenschaften sind für den integrativen Unterricht nützlich. Gerade Schülerinnen und Schüler mit Schulschwierigkeiten können oft die eigene Lehrperson nicht gut genug «lesen», fühlen sich unverstanden und entwickeln ein gewisses Misstrauen.

Als Lehrperson Prinzipien zu haben, bedeutet also, dass einem etwas wichtig ist und man sich dafür aktiv einsetzt. Wer die eigenen Prinzipien kommuniziert und sie konsequent vorlebt, sorgt für Vertrauen im Umfeld. Und wer weiß: Vielleicht lassen sich auch Kolleginnen und Kollegen vom einen oder anderen (integrativen) Prinzip anstecken. Unter didaktischen Prinzipien verstehen wir mit Wember (2000, 350 f.):

> «(...) elementare Grundsätze, die pädagogisch begründete, ethisch und wissenschaftlich legitimierbare Handlungsorientierung bieten sollen. Sie enthalten normative Vorstellungen und kausale Annahmen und sollen in der praktischen Arbeit Sicherheit geben.»

Basierend auf dem, was man gemeinhin als integrative Haltung («normative Vorstellungen») bezeichnet und eigenem Erfahrungswissen («kausale Annahmen»), werden persönliche Handlungsgrundsätze formuliert, die einer pädagogischen, ethischen und wissenschaftlichen Prüfung standhalten. Diese Handlungsgrundsätze leiten die Lehrperson im Unterricht – insbesondere auch in Situationen, in denen rasches Handeln nötig ist. Durch das gute Fundament in der Theorie und in der eigenen Erfahrung sind didaktische Prinzipien gekennzeichnet durch eine hohe Identifikation und eine hohe Konstanz. Die integrative Haltung wird so auf eine verlässliche Art konkretisiert. Oder kurz: Didaktische Prinzipien sind persönliche Überzeugungen und Leitlinien, an denen man den eigenen Unterricht orientieren will.

Mit den nachfolgend formulierten Prinzipien erheben wir nicht den Anspruch, integrativen Unterricht in seinen Unterschieden zum Unterricht in Nicht-Integrationsklassen zu beschreiben. Aber wir treffen in der Praxis von Integrationsklassen immer wieder auf Lehrpersonen, die mit großem Engagement – manchmal auch mit Hartnäckigkeit und gegen widrige Umstände – tagtäglich daran arbeiten, diese Prinzipien umzusetzen, und sie vorleben.

Zu jedem didaktischen Prinzip bieten wir Anregungen für den Alltag an, die zum Ausprobieren und Weiterdenken animieren sollen.

Lebenswelten der Lernenden einbeziehen

> «Ich wähle Inhalte für meinen Unterricht aus, die eng verbunden sind mit den Interessen und den Lebenswelten der Schülerinnen und Schüler. So fließt die Verschiedenheit der Lernenden ganz direkt in den Unterricht ein, und ich mache es ihnen einfacher, einen Bezug zu den Unterrichtsinhalten zu finden.»

Menschen können sehr schlecht auf Vorrat lernen. Neuartige Informationen werden nur relativ kurze Zeit gespeichert, dann droht unweigerlich das Vergessen. Um Gelerntes nachhaltig verfügbar zu machen, ist es unbedingt nötig, dass es mit bestehendem Wissen und Erfahrungen verknüpft und im Alltag immer wieder angewendet wird. Die besten Chancen haben Informationen, mit denen wir in unserem Alltag immer wieder «etwas anfangen» können. Je besser es Lehrpersonen gelingt, die Lerninhalte auf die Lebenswelt der Lernenden abzustimmen, desto größer ist die Chance, dass diese immer wieder erinnert und so nachhaltig gespeichert werden.

Ähnlich verhält es sich mit Lerninhalten, die sich an den Interessen der Schülerinnen und Schüler orientieren. Die individuellen Interessen bestimmen, mit welchem Engagement die Lernenden bestimmte Inhalte immer wieder aufsuchen und sich mit ihnen gern befassen. Auch das führt dazu, dass neue Informationen reflektiert und neu verknüpft werden.

Dieses Prinzip verlangt also, dass die Interessen und die lebensweltlichen Erfahrungen der Schülerinnen und Schüler wo immer möglich als Ausgangspunkt für Lernprozesse genommen und entsprechend in die Lernumgebung integriert werden.

Zum Beispiel so:

1. Nutzen Sie Eltern- bzw. Standortgespräche bewusst, um die Schülerinnen und Schüler mit echtem Interesse gründlich kennenzulernen. Hören Sie auch Eltern von Kindern, welche sie schon länger kennen, so zu, als würde es sich um eine fremde Person handeln, die sie kennenlernen wollen. Überlegen Sie sich während der Schilderungen immer wieder: «Wie müsste Unterricht für eine solche Schülerin, einen solchen Schüler optimal gestaltet werden?» Seien Sie dabei auch sensibel für nichtkognitive Aspekte. Diese sind für den Schulerfolg sehr bedeutsam – dazu gehören beispielsweise ein positives Selbstverständnis, eine realistische Selbsteinschätzung oder die Fähigkeit, an langfristigen Zielen zu arbeiten (vgl. Sedlacek 2004). Vergegenwärtigen Sie sich in der Unterrichtsplanung immer wieder das nichtkognitive Potenzial Ihrer Schülerinnen und Schüler. Pflegen und erweitern Sie es und nutzen Sie die vorhandenen Ressourcen bewusst.
2. Lassen Sie anfangs Schuljahr alle Schülerinnen und Schüler drei Bereiche nennen, in denen sie selbst Fachfrau oder Fachmann sind. Die Bereiche dürfen durchaus auch aus dem außerschulischen Bereich stammen. So erfahren Sie viel über die Interessen und das Potenzial der Schülerinnen und Schüler. Machen Sie es sich zur Aufgabe, von jeder Schülerin und jedem Schüler im Verlauf der Schulzeit mindestens einen Bereich für den Unterricht genutzt zu haben.
3. Vor der Planung einer neuen Unterrichtseinheit muss umfassend untersucht werden, welcher Bezug zwischen dem Lehrinhalt und der Lebenswelt der Schülerinnen und Schüler besteht. Dabei können die folgenden Fragen hilfreich sein (vgl. Yelon 1996, zit. nach Jackson 2010, 70):
   - Wie werden die Lernenden das Gelernte in ihrer Welt umsetzen?
   - Wie wird es den Lernenden helfen, ihre eigenen Erfahrungen zu erklären?
   - Inwiefern wird das Thema die derzeitigen Interessen der Schüler bereichern oder vertiefen?
   - Wie kann das Thema den Schülern helfen, ihre Ziele zu erreichen?
   - Wie kann das Thema dazu beitragen, die Ängste und Sorgen der Schüler abzubauen?
   - Was werden die Schüler gewinnen, wenn sie das Thema lernen – oder verlieren, wenn sie es nicht lernen?
   - Was wird passieren, wenn die Schüler diese neuen Fertigkeiten oder dieses neue Wissen gut nutzen, und was, wenn sie es nicht tun?

   Beziehen Sie die Schülerinnen und Schüler «echt» in die Unterrichtsplanung und die Themenwahl mit ein. Stellen Sie Ihre Themen vor, welche Sie im Unterricht bearbeiten wollen, und debattieren Sie über diese mit den Schülerinnen und Schülern. Bieten Sie Wahlmöglichkeiten an.
4. Geben Sie den Lernenden immer wieder die Möglichkeit, sich in Freiarbeitsphasen eigenen Interessen zu widmen. So lernen Sie die jeweiligen Vorlieben kennen und merken, welche Fragen die Lernenden interessieren. Versuchen Sie bewusst, diese in ihrer Unterrichtsplanung zu berücksichtigen.

5. Hören Sie den Schülerinnen und Schülern in den Pausengesprächen gut zu und beteiligen Sie sich von Zeit zu Zeit an ihnen. So bleiben Sie in einem engen Kontakt zur Lebenswelt und den Interessen der jungen Leute.

Inhalte variantenreich anbieten

> «Ich biete die Unterrichtsinhalte in unterschiedlichen Formen an: Mal mehr handelnd, mal abstrakter, etwas zum Hören oder dann zum Riechen, etwas zum Verweilen und Drin-Versinken, oder etwas für die schnellen Denker und mit ‚Action'.»

Personen finden unterschiedliche Aufgaben interessant. Während einige absolut keine Lust verspüren, hohe Berge zu erklettern, können andere nicht genug davon bekommen. Während sich einige sofort freiwillig melden, wenn es darum geht, ein Fest mit vielen Gästen zu organisieren, sind andere schon mit der Organisation einer kleinen Einladung überfordert. Nur in der Schule gehen offensichtlich immer wieder Lehrpersonen davon aus, dass alle Schülerinnen und Schüler zur gleichen Zeit die gleichen Aufgaben interessant finden. Dass die Heterogenität der Klasse ernst genommen wird, zeigt sich daran, dass Inhalte auf möglichst unterschiedliche Lernanregungen hin aufbereitet werden. So wird ein breites Spektrum an Fähigkeiten und Fertigkeiten angesprochen, und entsprechend finden mehr unterschiedliche Schülerinnen und Schüler einen eigenen Zugang zu den Aufgaben.

Zum Beispiel so:

1. Sicher haben Sie schon festgestellt, dass es in Ihrem Team Lehrpersonen gibt, welche Themen ganz anders für den Unterricht aufbereiten als Sie, viel offener und freier, unverbindlicher, vielleicht aber auch viel strukturierter, zielorientierter, präziser, verbindlicher oder stärker über sinnliche Wahrnehmungen – oder nochmals ganz anders. In der Regel sucht man die Zusammenarbeit mit solchen Personen nicht. Es scheint einem nicht effizient, man landet immer wieder in Grundsatzdiskussionen oder denkt sich, dass man dies und das dann halt im Nachhinein noch überarbeiten müsse. Suchen Sie die Zusammenarbeit mit solchen Personen bewusst und mit der Absicht, diese Zugänge kennenzulernen und allenfalls ins eigene methodisch-didaktische Repertoire aufzunehmen. Dadurch, dass Sie eine heterogene Klasse unterrichten, können Sie nämlich davon ausgehen, dass es Schülerinnen und Schüler gibt, die genau diese Zugangsweisen sehr schätzen werden. Und als Fachperson für Lernen und Lehren spricht es für Sie, wenn Sie auch das Spiel auf dieser Klaviatur beherrschen.

Tabelle 4: Lernstiltypologie nach Felder (vgl. Felder & Henriques 1995)

Aktiv Aktive Lerntypen verstehen Informationen besser, wenn darüber diskutiert wird oder sie ausprobiert bzw. angewendet werden. Sie arbeiten gerne in Gruppen, können auch gut Gruppenmitgliedern etwas erklären und Antworten ausarbeiten. Es fällt ihnen schwer, wenn sie im Unterricht nur sitzen und zuhören dürfen.	**Reflektiv** Reflektive Lerntypen arbeiten lieber allein und denken über das Gelernte nach. Sie lesen gerne nochmals nach, und es hilft ihnen, kurze Zusammenfassungen in eigenen Worten zu schreiben.
Sensorisch Sensorische Lerntypen lieben Fakten und können gut auswendig lernen. Sie mögen Überraschungen nicht, sind praktisch veranlagt, aber Neuem gegenüber eher vorsichtig. Mit herkömmlichen Lern- und Lehrmethoden fühlen sie sich wohl.	**Intuitiv** Intuitive Lerntypen lieben Neues und lehnen Wiederholungen ab. Sie entwickeln gerne neue Konzepte und kommen mit abstrakten Formen und Funktionen gut zurecht. Auswendiglernen mögen sie nicht. Sie brauchen den Bezug zur realen Welt. Aber Achtung: Sie neigen auch eher zu Flüchtigkeitsfehlern, weil sie schnell arbeiten und Details übersehen.
Visuell Visuelle Lerntypen lernen leichter mit Unterstützung von Bildern, Grafiken, Diagrammen, Filmen etc. Sie markieren Texte gerne mit Farbe und strukturieren den Lernstoff mit Tabellen, Pfeilen, grafischen Zeichen und Zeichnungen.	**Verbal** Verbale Lerntypen bevorzugen Worte als gesprochene oder geschriebene Information. Sie schreiben gerne Zusammenfassungen oder erklären gerne Gruppenmitgliedern das Gehörte oder Gelesene. Wenn sie etwas erklären, verstehen sie es selbst noch besser.
Sequenziell Sequenzielle Lerntypen lernen schrittweise. Wichtig für sie ist, dass sie den Lernstoff in eine logische Reihenfolge bringen, Verknüpfungen herstellen und erst dann auf andere Bereiche ausweiten.	**Global** Globale Lerntypen lernen gerne in großen Zusammenhängen. Sie können komplexe Probleme schneller lösen, wenn sie das Gesamtbild verstanden haben. Manchmal bleiben ihnen Details unklar, deshalb haben sie immer lieber den Überblick über das gesamte Kapitel, bevor sie sich mit einzelnen Lernschritten auseinandersetzen.

2. Analysieren Sie die Lernumgebung aus unterschiedlichen Schülerperspektiven, sobald eine Unterrichtseinheit klare Formen angenommen hat. Dazu können Sie sich gezielt drei oder vier Lernende aus Ihrer Klasse vorstellen, die sich von ihrer Herangehensweise oder ihrem Lerntyp unterscheiden. Aus dieser Optik können Sie sich nun die Frage stellen: Was genau würde dieser Schülerin, diesem Schüler gefallen? Was würde sie oder ihn besonders ansprechen, was besonders motivieren?

   Für diese Analyse kann auch eine Lernstiltypologie benutzt werden, wie sie beispielsweise von Felder (vgl. Felder & Henriques 1995) vorgeschlagen wird. Er unterscheidet aktive und reflektive, sensorische und intuitive, visuelle und verbale, sequenzielle und globale Lerner (vgl. Tabelle 4). Eine Lernumgebung ist dann nützlich für den integrativen Unterricht, wenn sie ein möglichst breites Feld von Herangehensweisen abdeckt.

Aufgabenstellungen in unterschiedlichen Schwierigkeiten anbieten

> «Ich überlege mir ganz bewusst, welches die zentralen Aufgaben innerhalb einer Unterrichtseinheit sind. Diese Aufgaben biete ich immer auf einem einfacheren, einem mittleren und einem anspruchsvollen Niveau an. So können alle Lernenden dort einsteigen, wo es für sie richtig ist.»

Neben dem Zugang, für den vor allem die äußere Form einer Problemstellung relevant ist, spielt auch die Schwierigkeit der Aufgabe eine wichtige Rolle – genauer gesagt, die Einschätzung der Schwierigkeit durch die Schülerin oder den Schüler. Aufgaben, die als zu schwierig beurteilt werden, schrecken ab. Lernende reagieren darauf oftmals mit einer der vielfältigen Formen der Verweigerung. Haben die Schülerinnen und Schüler aber das Gefühl, die Aufgabe sei viel zu einfach, so fühlen sie sich ebenfalls nicht herausgefordert, und sie werden versuchen, irgendwie dieser «Aussicht auf Langeweile» zu entrinnen.

Von einer Lernumgebung, die für sich in Anspruch nimmt, auf die Heterogenität in einer Klasse einzugehen, darf erwartet werden, dass sie Aufgaben auf mindestens drei Niveaus anbietet. Zwar lässt sich diese Zahl nicht wissenschaftlich begründen oder herleiten. Lehrpersonen bestätigen und zeigen mit ihrem Unterricht aber immer wieder, dass das Angebot von drei Niveaus im Alltag leistbar ist und sich damit bereits relativ breit unterschiedliche Kompetenzen der Lernenden ansprechen lassen. Zudem kann jedes dieser drei Niveaus in der individuellen Vermittlung noch variiert und so noch besser an einzelne Schülerinnen und Schüler angepasst werden.

Mit einem breiten Spektrum verschiedener Problemstellungen wird die Chance erhöht, dass sich alle Lernenden von bestimmten Aufgaben herausgefordert fühlen.

Zum Beispiel so:

1. Sorgen Sie dafür, dass die Ziele gegenüber den Schülerinnen und Schülern klar sind, indem sie beispielsweise bei Planarbeit auf dem Plan formuliert sind. Formulieren Sie messbare Ziele auf unterschiedlichen Niveaus. Einerseits müssen Sie sich selber dadurch Rechenschaft ablegen, ob ihre Lernangebote unterschiedliche Schwierigkeitsgrade aufweisen. Anderseits geben Sie den Lernenden so die Möglichkeit, den eigenen Lernstand individuell zu überprüfen («Kann ich schon alle Hauptstädte unserer Nachbarländer aufzählen, ohne Hilfsmittel zu benutzen?»).
2. Eine Lernumgebung ist immer nur so gut, wie sie von den Lernenden auch «gelesen» werden kann. Darum ist es wichtig, dass eine gute Orientierung geschaffen wird: Kennzeichnen Sie Aufgaben nach ihrer Schwierigkeit (zum Beispiel mit ★ / ★★ / ★★★ / ♛). Nutzen Sie unterschiedliche Farben und verwenden Sie diese pro Bereich immer gleich. Schaffen Sie ein Ordnungssystem, das selbsterklärend ist, und achten Sie darauf, dass es auch eingehalten wird.

Beim Vorwissen und den Erfahrungen der Lernenden ansetzen

> «Ich muss die Lernenden bei ihren Erfahrungen und ihrem Wissen abholen. Neues wird nur wirklich gelernt, wenn es aus dem Vorhandenen entwickelt wird!»

Ausgangspunkt für Lernprozesse bilden immer die vorhandenen kognitiven Strukturen der Lernenden. Sie werden durch neue Problemstellungen auf die Probe gestellt. Bewähren sie sich, so werden sie durch diese Erfahrung gefestigt. Bewähren sie sich nicht, so werden sie differenziert, erweitert, ergänzt, allenfalls sogar verworfen und ersetzt. Ziel des Unterrichts ist es, vorhandene Kompetenzen kontinuierlich zu entwickeln. Durch die Heterogenität der Klasse ergibt sich für die Lehrpersonen die Herausforderung, dass von unterschiedlichen Ausgangspunkten ausgegangen werden muss. Um diesem Anspruch gerecht zu werden, muss das Angebot vom Ausgangspunkt mit dem kleinsten Vorwissen und den wenigsten Vorerfahrungen Schritt für Schritt auf das gewünschte Niveau aufgebaut werden; vom Konkreten und Bekannten zum Neuartigen und Abstrakten.

Die Metapher einer Leiter dürfte einem Lernprozess kaum gerecht werden, ist aber als Vorstellung sehr hilfreich: Das Lernangebot besteht aus einer Reihung von kleinen Lernschritten, welche jede Schülerin und jeder Schüler zu bewältigen vermag. In der Umsetzung muss es so sein, dass die Lernenden auf der jeweils passenden Höhe einsteigen. Zudem muss es möglich sein, statt nur einen Schritt nach dem anderen zu nehmen, einzelne Sprossen auszulassen und so im individuellen Tempo zu lernen.

Zum Beispiel so:

1. Es ist ein Irrtum zu glauben, dass das Vorwissen der Schülerinnen und Schüler gleich ist, nur weil es allen irgendwann gleich vermittelt wurde. Setzen Sie zu Beginn einer neuen Unterrichtseinheit ausreichend Zeit ein, um das erforderliche Vorwissen zu aktualisieren. Zeigen Sie den Lernenden auf, welche Kompetenzen vorausgesetzt werden, und bieten Sie ihnen unterschiedliche Möglichkeiten an, allfällige Lücken zu schließen. Nur wer sich sicher fühlt, wendet sich den neuen Problemstellungen zu.
2. Integration bedeutet im Kern gewollte Heterogenität. Das bringt mit sich, dass man als Lehrperson Mitverantwortung dafür übernimmt, dass auch die schulleistungsschwächsten Schülerinnen und Schüler relevante Kompetenzen aufbauen können. Wenn Sie die Ziele festgelegt haben, die innerhalb einer Unterrichtseinheit erreicht werden sollen, dann versetzen Sie sich in die Situation der schwächsten Schülerin oder des schwächsten Schülers und notieren Sie sich die Lernschritte, die vollzogen werden müssen, um das gewünschte Ziel zu erreichen. Diese Abfolge könnte die Grundlage für einen Plan sein, wie er im Rahmen der Planarbeit eingesetzt werden kann. Dazu ist es vorteilhaft, wenn dieser Plan in einzelne Teilbereiche gegliedert wird, um die Orientierung zu erleichtern. Auf diesem «Grundplan» kann nun mit einem Farbstift oder einem Klebepunkt individuell für die Lernenden ein Start in die Planarbeit festgelegt werden. Je nach Leistungsfähigkeit können einzelne Schritte von den Lehrpersonen oder später auch von den Lernenden selber gestrichen werden. Überhaupt ist es wichtig, dass das geplante Vorgehen immer wieder kritisch beurteilt und allenfalls angepasst wird.
3. Unterrichtseinheiten werden mit einer Lernkontrolle abgeschlossen. Dagegen ist nichts einzuwenden. Doch warum nicht einmal eine Lernkontrolle zu Beginn einer Einheit? Sie werden staunen, über welche Kompetenzen die Lernenden bereits verfügen. Wenn Sie es Ihrer Lernumgebung zutrauen, dann können Sie aufgrund der Ergebnisse den Schülerinnen und Schülern einen flexiblen Einstieg möglich machen: An Lernzielen, die in diesem Einstufungstest bereits als erreicht ausgewiesen werden konnten, muss nicht mehr gearbeitet werden. In diesem Fall wenden sich die Lernenden sofort den Inhalten zu, die sie in der Lernkontrol-

le noch nicht konnten. So werden Lernfortschritte ganz direkt sichtbar, und die Lernenden arbeiten an Dingen, die sie vorher wirklich noch nicht konnten.

Lernende mit einer Lernumgebung herausfordern

> «Ich gestalte eine Lernumgebung mit großer Sorgfalt: spannende Informationen, interessante Aufgaben, ansprechende Materialien, nützliche Hilfsmittel ... Dann lasse ich die Schülerinnen und Schüler in dieser Lernumgebung ausgiebig denken und handeln.»

Bereits in der Ausbildung lernen die Lehrpersonen, dass man hohe Erwartungen an die Schülerinnen und Schüler haben und entsprechend anspruchsvolle Ziele formulieren soll. Lehrpläne und Lehrmittel mit viel Übungsmaterial im anspruchsvollen Segment machen es uns nicht schwer, diesem Grundsatz zu entsprechen.

Und was zeigt Ihre Erfahrung? Ist es so, dass alle Personen die beste Leistung erbringen, wenn man ihnen anspruchsvolle Ziele setzt? Gibt es nicht auch Personen, denen es sichtbar Freude macht, Ziele mit Leichtigkeit zu erreichen, ja die dadurch sogar motiviert werden, diese deutlich zu übertreffen?

Ziele zu erfüllen, ist für einen Lernprozess ohne Zweifel eine wichtige Funktion. Ziele geben die (gemeinsame) Richtung vor, dienen als Orientierungspunkt, um den Fortschritt festzustellen, und sie zu erreichen, vermittelt ein Erfolgserlebnis – sofern sie erreicht werden.

Grundsätzlich basiert eine Lernumgebung auf Zielen, die durch den Lehrplan vorgegeben sind. Es wäre naiv zu glauben, dass diese Ziele in heterogenen Klassen für alle Schülerinnen und Schüler gleichermaßen passen. Hilfreich ist hier das oben formulierte Prinzip, wonach die zentralen Aufgaben jeweils auf drei unterschiedlichen Niveaus angeboten werden (Binnendifferenzierung). Doch bei Bedarf müssen die Anpassungen auf Seiten der Lernumgebung noch weiter gehen und für einzelne Schülerinnen und Schüler ad hoc nochmals variiert werden (Individualisierung).

Wo die Möglichkeiten einer Anpassung auf Seiten der Lernumgebung ausgeschöpft sind, wird die jeweilige Schülerin oder der Schüler von einem Lernpartner oder der Lehrperson unterstützt.

Zum Beispiel so:

1. Gut erklären können ist eine Eigenschaft, welche für Lehrpersonen von großem Nutzen ist. Mit Worten und Veranschaulichungen sind Wege zu bahnen, denen die Lernenden gedanklich folgen können. Um das sicherzustellen, empfiehlt es sich, von Zeit zu Zeit innezuhalten und die Schülerinnen und Schüler zusammenfassen zu lassen, was bis jetzt gelernt wurde. Zudem lohnt es sich, die Lernenden dabei immer wieder aufzufordern, Bezüge zum eigenen Alltag herzustellen. So können Sie besser einschätzen, ob Ihre Erklärungen auch richtig bei den Lernenden ankommen.
2. Als Lehrperson ist es eine wichtige Aufgabe, den Lernprozess der Schülerinnen und Schüler zu überwachen und bei Bedarf zu intervenieren. Doch worauf achten Sie dabei? Woran erkennen Sie jeweils selber, dass etwas gut oder nicht gut läuft? Formulieren Sie für sich Indikatoren, die Ihnen sehr früh anzeigen, wie sich ein Lernprozess entwickelt. Das wird Ihnen helfen, während des Unterrichts sensibel zu sein für diese Anzeichen. Überlegen Sie sich in der Planung, welche Interventionen Ihnen im entsprechenden Fall zur Verfügung stehen und wie Sie voraussichtlich reagieren werden. Insbesondere das frühe Erkennen von Schwierigkeiten ist für Schülerinnen und Schüler mit Schulschwierigkeiten sehr wichtig. Schülerinnen und Schülern mit guten Fähigkeiten und einem hohen Selbstvertrauen darf man hier mehr zutrauen. So intervenieren Sie zielgerichtet und nicht flächendeckend.

Lernende nutzen ihr Wissen

> «Mir ist wichtig, dass die Lernenden ihr jeweiliges Vorwissen austauschen, einander ihre Ideen und Gedanken zu einem Problem erklären und so Lösungen kombinieren und gemeinsam an Lösungsmöglichkeiten arbeiten.»

Lernen ist ein sozialer Prozess. Über Austausch mit anderen bekommen Lernende Informationen, die in die eigene kognitive Struktur eingearbeitet werden können. Das eigene Wissen und Können wird auf diese Weise erweitert. Aber auch beim Erklären werden Wissen, Erfahrungen und eigene Ansichten immer wieder auf die Probe gestellt. Und: Einer anderen Person etwas zu erklären, ist ein Gradmesser, um festzustellen, wie gut man es selber verstanden hat.

Im bestmöglichen Fall lässt sich das Vorwissen von zwei und mehr Personen so kombinieren, dass miteinander ein Problem gelöst werden kann, welches für eine Person alleine nicht zu schaffen gewesen wäre. Wer überzeugt ist, dass Wissensaufbau ein sozialer Konstruktionsprozess ist, wird den Lernenden immer wieder die Möglichkeit geben, Problemstellungen kooperativ anzugehen – auch wenn Kooperation alleine keine Gewähr dafür bietet, dass ein Lernprozess gelingt.

Dann und wann werden im Zusammenhang mit dem integrativen Unterricht Bedenken geäußert, dass in kooperativen Lehr- und Lernformen die schulleistungsstärkeren Schülerinnen und Schüler ausgenutzt würden. Das kann der Fall sein, wenn diese eingesetzt werden, um schlicht anstelle der Lehrperson vorhandenes Wissen zu vermitteln. Wo diese Ausgangslage aber dafür genutzt wird, dass diese Helfer-Schülerinnen und -Schüler über den Inhalt hinaus eigene Kompetenzen aufbauen und erweitern können, wird Helfen zu einer Win-win-Situation. Dazu muss dieser Lernprozess von der Lehrperson aber auch seriös vorbereitet und unterstützt werden.

Zum Beispiel so:

1. Bei Problemen mit dem Lernen oder einer Aufgabe sind die Lehrpersonen oft die ersten Ansprechpersonen. Sie wissen sicher Bescheid und bieten Gewähr, dass es rasch und richtig erklärt wird. Wenn Ihnen eine Kultur des gegenseitigen Helfens wichtig ist, dann können Sie nicht auf jede Anfrage ohne Weiteres eingehen. Überlegen Sie sich, welche Schülerin oder welcher Schüler in dieser spezifischen Situation helfen könnte. Wenn ein Kind bereit ist, einem anderen zu helfen, dann besprechen Sie mit ihm das konkrete Vorgehen kurz vor. Natürlich: Wahrscheinlich wäre es effizienter, wenn Sie es gleich selber erklären. Doch Sie vergeben damit eine Lernmöglichkeit für das helfende Kind. Neben der Aufmerksamkeit kann das Kind vom didaktischen Wissen von Ihnen profitieren: Es lernt Sachverhalte zu strukturieren, zu präsentieren, auf mögliche Fehler zu achten und anderes mehr. Mit Blick auf den Profit der beiden Lernenden lohnt sich dieser scheinbare Umweg also durchaus!
2. Es bietet viele Vorteile, wenn das Lernen im integrativen Unterricht so weit als möglich unabhängig von der Lehrperson stattfinden kann. So haben Sie die Möglichkeit, genau dort zu unterstützen, wo Sie gebraucht werden. Dennoch gibt es in jeder Unterrichtseinheit Teile, die sinnvollerweise direkt vorgestellt, vorgezeigt oder instruiert werden. Wenn Sie mit Plänen arbeiten, kennzeichnen Sie diese Teile bereits im Plan selbst. Eingangs des Halbtags trifft sich die ganze Lerngruppe im Kreis, und die Schülerinnen und Schüler können anhand ihrer Pläne rasch feststellen, ob ihnen etwas erklärt werden muss – und sie können sich im Bedarfsfall melden. Ihre Planung (Wann? Wer? Was?) können Sie beispielsweise an die Wandtafel schreiben. So können Sie und die Lernenden sich stets rasch orientieren.
3. Klären Sie immer wieder, ob verschiedene Kinder ähnlich weit sind. Oft lassen sich sinnvolle Kleingruppen bilden. Klären Sie auch, ob allenfalls eine Schülerin

oder ein Schüler sich genug sicher fühlt, um an ihrer Stelle die Unterstützung einer Mitschülerin oder eines Mitschülers zu übernehmen.

Zeit nehmen für vollständige Lernprozesse

> «Ich baue Kompetenzen sorgfältig auf, und wir nehmen uns dann so viel Zeit wie nötig und sinnvoll, um das neue Wissen durchzuarbeiten, die Fertigkeiten zu üben und beides in unterschiedlichen Kontexten anzuwenden.»

Es macht keinen Sinn, Schülerinnen und Schüler Dinge üben zu lassen, die vorher nicht sorgfältig erarbeitet worden sind. Genauso verfehlt wäre es, erarbeitete Inhalte nicht einüben zu lassen. Lernen bedeutet, Wissen, Methoden und Haltungen bewusst aufzubauen und verfügbar zu machen. Das kann nur erfolgreich gelingen, wenn Lernprozesse vollständig durchlaufen werden. Dazu gehört, dass zuerst individuell ein Problem als solches erkannt wird. Dann müssen die nötigen Informationen und Fertigkeiten aufgebaut und allenfalls durch intensives Üben verfügbar gemacht werden.

Das Gelernte bleibt auf diese Art eng mit der konkreten Lernsituation verknüpft. Um das Überindividuelle der Situation zu erkennen und so das neu erworbene Wissen auch für ähnliche Anwendungskontexte verfügbar zu machen, ist es nötig, dass die Lernenden metakognitives Wissen zur Lernsituation aufbauen. Eine sorgfältige (Meta-)Reflexion des eigenen Lernprozesses ist im Unterricht nicht nur wünschbar, sondern unbedingt nötig – insbesondere auch für schwächere Schülerinnen und Schüler.

Diese Grundsätze sollten für den integrativen Unterricht handlungsleitend sein und im Alltag in unterschiedlichsten Methoden, Ritualen und Situationen konkret umgesetzt werden. Wie das geschehen kann, zeigen die nachfolgenden Anregungen für die Praxis.

Zum Beispiel so:

1. Eine große Herausforderung bildet im integrativen Unterricht immer der Faktor Zeit. Nur schon organisatorisch würde einiges einfacher, wenn die Lernenden im ungefähr gleichen Tempo im Stoff vorwärtsgehen würden. Doch das Ernstnehmen von Heterogenität erfordert auch Konsequenzen im Umgang mit der Zeit: Dem unterschiedlichen Lerntempo der Lernenden muss Rechnung getragen werden – allen muss ausreichend Zeit zur Verfügung stehen. Glauben Sie daran, dass es Ihnen gelingen wird, zusammen mit der Schülerin oder dem Schüler das Ziel

zu erreichen, mitzuhelfen, dass sie oder er erfolgreich ist und Gelerntes nachhaltig gesichert werden kann. Auch wenn es etwas mehr Zeit braucht: Die Qualität des Lernprozesses geht vor!

2. Lassen Sie die Schülerinnen und Schüler zu wichtigen Sachverhalten immer wieder Analogien bilden. Mit der Frage: «Habt ihr etwas Ähnliches schon einmal gesehen oder erlebt?» werden alle Schülerinnen und Schüler mit ihrem individuellen Erfahrungswissen angesprochen und verknüpfen die neuen Lerninhalte mit unterschiedlichen Situationen aus ihrem Erfahrungsbereich.
3. Bieten Sie verschiedene Anwendungsmöglichkeiten für neu Gelerntes an und lassen Sie den Lernenden die Wahl. So können sie die neu erworbenen Kompetenzen zuerst in Anwendungen einsetzen, die ihnen vertraut sind. In zunehmendem Maß ist es dann wichtig, die Anwendungen zu variieren.
4. Überlegen Sie sich verschiedene Varianten, wie die Schülerinnen und Schüler ihre Lernsequenzen sorgfältig reflektieren können (mit einem vorgegebenen Formular zum Ankreuzen, mit Leitfragen, frei in einem Lerntagebuch etc.). Zu Beginn ist allenfalls viel Unterstützung von Ihrer Seite nötig. Mit der Zeit können Sie diese gezielt abbauen und die Reflexion in die Eigenverantwortung der Lernenden übergeben. Hüten Sie dieses Thema aber weiterhin und stellen Sie bewusst die nötigen zeitlichen Ressourcen zur Verfügung.

Fertigkeiten und Wissen immer wieder repetieren

> «Ich nutze ganz bewusst jede Möglichkeit, dass die Schülerinnen und Schüler bereits erworbene Fertigkeiten und aufgebautes Wissen wieder nutzen können und es dabei repetieren. So bleibt es nachhaltig verfügbar.»

Natürlich würden sich viele Lehrpersonen wünschen, dass alles, was im Unterricht behandelt wurde, von den Schülerinnen und Schülern auch behalten wird – und zwar so, dass es für immer verfügbar bleibt. Die Realität sieht anders aus. Nun kann man sich auf den Standpunkt stellen, dass Vergessen halt ein individuelles Problem sei und alle selber dafür verantwortlich seien, die durchgenommenen Inhalte zu behalten («Wo kämen wir auch hin, wenn immer alles nochmals und nochmals behandelt werden müsste ...»). Oder es ist einem wichtig, dass Lernergebnisse nachhaltig verfügbar bleiben, und man macht das Üben und Wiederholen zu einem wichtigen Prinzip des eigenen Unterrichts. In diesem Fall wird jede Möglichkeit genutzt, um wichtiges Wissen und erworbene Fertigkeiten vergangener Unterrichtseinheiten (kurz) zu repetieren und zu üben.

Besondere Bedeutung kommt dem Wiederholen und Üben jeweils zu Beginn einer Unterrichtseinheit zu. Neue Lerninhalte greifen immer wieder früher aufgebaute Kenntnisse auf. Lernende, bei denen diese Kenntnisse in der Zwischenzeit verloren gegangen oder verblasst sind, verfügen entsprechend nicht mehr über das nötige Fundament, um neue Kenntnisse aufzubauen – es stehen keine Andockstellen für neue Wissensaspekte mehr zur Verfügung.

Allenfalls gelingt es diesen Lernenden noch, das neue Wissen während der Dauer der Unterrichtseinheit und mit Hilfe der Lehrperson verfügbar zu halten sowie in relevanten Teilen wiederzugeben. Je nach Prüfungsform kann damit sogar ein ausreichendes Resultat erzielt werden. Die Anwendung dieses Wissens ist allerdings sehr beschränkt, und insbesondere die nachhaltige Sicherung ist kaum möglich: Diese «schwebenden Kenntnisse» drohen rasch wieder vergessen zu gehen und werden ihrerseits für den weiteren Aufbau auch nicht mehr zur Verfügung stehen. Die Schulleistungsunterschiede zwischen den Schülerinnen und Schülern nehmen immer stärker zu.

Gerade wenn Kinder und Jugendliche mit Schulleistungsschwächen integriert werden, ist es wichtig, dass regelmäßig geübt und wiederholt wird und dass das nötige Vorwissen zu Beginn einer neuen Unterrichtseinheit sorgfältig aktualisiert wird.

Zum Beispiel so:

1. Üben ist ein wichtiger Teil eines Lernprozesses und nicht selten entscheidend für den nachhaltigen Schulerfolg. Üben ist aber auch Knochenarbeit, verlangt Disziplin und Durchhaltevermögen. Passen Sie Übungsphasen flexibel den Möglichkeiten der Lernenden an und planen Sie diese bewusst variantenreich. Holen Sie bei den Lernenden immer wieder auch Feedback und Ideen ein, wie etwas auch noch interessant geübt werden könnte.
2. Kinder mit Schulschwierigkeiten üben nicht zu wenig. Zum Teil üben sie – ob von sich aus oder unter Druck sogar sehr viel. Manchmal üben sie aber schlicht das Falsche. Hier ist es wichtig, dass nach einer Einführung nicht unmittelbar zum intensiven selbständigen Üben gewechselt wird. Planen Sie in Ihren Unterricht bewusst Phasen des Durcharbeitens ein. Hier wenden die Schülerinnen und Schüler das neuerworbene Wissen oder die neuen Fertigkeiten an. Jetzt muss sich zeigen, ob der Inhalt wirklich verstanden wurde und ob die selbständige Anwendung klappt. Diese Phase wird von der Lehrperson sorgfältig überwacht, denn: Fehler, die sich jetzt einschleichen und intensiv eingeübt werden, halten sich hartnäckig.
3. In einer Lernumgebung stehen immer viele Lernangebote bereit, die im herkömmlichen Unterricht zeitlich hintereinander angeboten würden. Das macht es

einfacher, immer wieder auch Fertigkeiten und Kenntnisse anzubieten, die eigentlich schon behandelt wurden. Doch machen Sie sich keine Illusionen: Nur weil es vorhanden ist, wird es Lernenden noch nicht unbedingt einfallen, solche Übungen von sich aus in den Alltag einzubauen. Führen Sie doch irgendwo gut sichtbar im Schulzimmer eine «Schatzkarte». Darauf werden Dinge notiert, die Sie oder die Schülerinnen und Schüler (vielleicht führen alle individuell ja noch eine kleine, persönliche Schatzkarte) wichtig finden. Dazu geben Sie vor, dass alle Schülerinnen und Schüler pro Schulwoche eine bestimmte Zeitdauer in die Schatzkarte investieren müssen. Das heißt: Sie sind aufgefordert, etwas Sinnvolles aus einer bereits bearbeiteten Unterrichtseinheit wieder zu üben. Diese Arbeit kann in einem eigenen «Logbuch» listenartig eingetragen werden (Wann? Dauer? Was? Wie gelaufen? Wann wieder einplanen?).

Ziele vereinbaren und den Erfolg positiv verstärken

«Ich vereinbare mit den Lernenden immer wieder ohne großen Aufwand individuell passende Ziele und feiere mit ihnen den Erfolg, wenn sie diese Ziele erreichen.»

Erfolg ist nicht immer offensichtlich. Wenn Ihnen der selber gebackene Kuchen schmeckt oder das neu eingerichtete Zimmer gefällt, dann braucht es keine Bestätigung mehr von außen: Sie waren erfolgreich! Wenn Sie ein Kreuzworträtsel vollständig gelöst haben oder für Ihre Freunde eine Kurzgeschichte aufgeschrieben haben, ist es bereits etwas schwieriger: Sie sind zufrieden mit dem Ergebnis. Aber vielleicht hätte man das Ganze noch etwas schneller erledigen können, allenfalls sind noch Fehler drin. Und: Ob die Geschichte Ihren Freunden wohl gefällt? Vielleicht kennen Sie sogar Situationen, in denen Sie nicht beurteilen konnten, ob Ihre Leistung nun erfolgreich war oder nicht, beispielsweise nach einer Prüfung.

Auch Schülerinnen und Schüler nehmen eigenen Erfolg unterschiedlich wahr. Aber etwas ist allen gemeinsam: Alle sind sie verliebt in den Erfolg und können kaum genug davon bekommen. Es sind genau diese Erfolgserlebnisse, die sie wiederum erfolgreich machen. Oft ist es aber so, dass ausgerechnet diejenigen Lernenden, welche Erfolg am nötigsten hätten, am wenigsten Erfolg erleben.

Als Lehrperson kann ich das als logische Konsequenz hinnehmen: «Natürlich erleben schulleistungsschwächere Schülerinnen und Schüler weniger Erfolg.» Oder aber ich kann Erfolgsorientierung zu einem persönlichen Prinzip für alle machen und besonders sensibel sein für erfolgreiche Anteile in Lernprozessen.

Vereinbaren Sie mit den Lernenden immer wieder individuell leist- und messbare (Teil-)Ziele. Dabei gilt der Grundsatz, dass Ziele so zu wählen sind, dass sowohl Lernende als auch Lehrende daran glauben, dass sie erreicht werden können. Das bedeutet, dass sie immer auch angepasst und bisweilen sogar neu vereinbart werden müssen. So ermöglichen Sie den Lernenden Erfolgserlebnisse – ohne dass diese zuerst die Lehrperson fragen müssen, ob das nun gut sei. Verstärken Sie das Erreichen eines Ziels positiv und ohne falsche Zurückhaltung, denn echtes Lob schadet auch nicht, wenn es im Übermaß ausgeschüttet wird. Und echt ist das Lob ja: Es wurde ein gemeinsam gestecktes Ziel erreicht!

Eine Gefahr ist ungerechtfertigtes Lob oder Lob mit dem Nachsatz: «Aber ... ». Solches gilt es auf jeden Fall zu vermeiden.

Und die Misserfolge? Die Fehler? Auch sie gehören zum Lernen. Fehler sind Rückmeldungen zum Verlauf des Lernprozesses und darum wichtig. An Fehlern erkennen Lehrpersonen allfällige falsche Überlegungen oder Lücken in der kognitiven Struktur und können mit entsprechenden Angeboten oder Interventionen darauf reagieren. Diese Fehlerkultur ist von den Fehlern als Mittel zur Selektion dauernd gefährdet. Solange die Schule die Funktion der Selektion hat, lässt sich dieses Dilemma wohl nicht auflösen. Als einzige Möglichkeit bleibt, den Lernenden gegenüber immer zweifelsfrei deutlich zu machen, in welchen Situationen Fehler Lernchancen darstellen (und es entsprechend für die Unterstützung wichtig ist, diese offenzulegen), und wann alles zu unternehmen ist, um Fehler unbedingt zu vermeiden.

Zum Beispiel so:

1. Bei manchen Schülerinnen und Schülern scheitert selbstgesteuertes Lernen vor allem daran, dass ihnen die Bestätigungen fehlen. Ein Teil Ihrer Zeit für individuelle Unterstützung sollten Sie dafür einsetzen. Überlegen Sie sich schon bei der Planung, welche Indikatoren anzeigen, dass die Lernenden sich auf einem richtigen Lösungsweg befinden. Das können zum Beispiel Zwischenresultate sein oder Beispiele und Muster von dem, was Sie erwarten. So wird es weniger häufig vorkommen, dass die Bestätigung durch Sie gegeben werden muss.
2. Durch das spiralförmige Curriculum schließen Unterrichtseinheiten immer wieder an früher erworbene Kompetenzen an. Diese wurden sorgfältig aufgebaut und eingeübt und meist von einem großen Teil der Schülerinnen und Schüler

auch behalten. Dennoch kann es sein, dass gewisse Dinge vergessen wurden oder bestimmte Fertigkeiten nicht mehr in ausreichendem Maß vorhanden sind. Das verfügbare Vorwissen ist ein Aspekt der Heterogenität einer Klasse, auf den im Unterricht reagiert werden muss. Erfahrene Lehrpersonen wissen meist sehr genau, welches Wissen und welche Fertigkeiten zwar nötig sind, aber von den Lernenden oft vergessen werden. Zu diesen Aspekten lohnt es sich, eigentliche Tutorien anzubieten. So kann im individuellen Vermittlungsprozess einer Schülerin oder einem Schüler rasch geholfen werden, indem sie auf das entsprechende Tutorial hingewiesen werden und ihnen so die Möglichkeit geboten wird, die erforderlichen Kompetenzen selbständig (wieder) aufzubauen. Ein solches Angebot kann aus einem Arbeitsblatt bestehen oder den Umfang eines Leitprogramms aufweisen, je nach Komplexität des Sachverhalts. In der Regel braucht es gar nicht viel: Meist erinnern sich die Lernenden rasch wieder und gewinnen mit wenigen Übungsbeispielen die nötige Sicherheit zurück.

3. Denkprozesse finden unsichtbar statt. So können Schülerinnen und Schüler bei der Lehrperson oder bei den Kolleginnen und Kollegen zwar beobachten, was getan wird, nicht aber, welche Überlegungen genau hinter diesem Verhalten stecken. Über das «laute Denken» kann ein Einblick in die Denkprozesse gegeben werden. Legen Sie Ihre Strategien und Techniken offen und ermuntern Sie die Lernenden immer wieder, einander zu zeigen, wie sie etwas gemacht haben – und dabei möglichst klar zu formulieren, was sie dabei gedacht haben. Vermittlung können auch Schülerinnen und Schüler übernehmen, welche ein Problem bereits bewältigt haben und so ihren Lösungsweg vorstellen können. Das muss ja nicht unbedingt im Plenum an der Tafel geschehen, sondern kann sehr gut bei Bedarf individuell eingesetzt werden.
4. Sammeln Sie Unklarheiten! Beginnen Sie damit, systematisch zu jeder Unterrichtseinheit Fragen der Lernenden und Fehler aufzuschreiben, sie nach der fachlichen Struktur zu ordnen und zu analysieren. Überlegen Sie sich, wie diese Fehler bereits im Aufbau vermieden werden können, und passen Sie den Unterricht entsprechend an. Nehmen Sie so mögliche Unklarheiten gleich vorweg – aber sammeln Sie weiter. So werden Sie feststellen, ob Ihre Anpassungen oder Ergänzungen etwas gebracht haben.

Minimale Unterstützung bieten

> «Ich unterstütze die Schülerinnen und Schüler bei Lernschwierigkeiten – aber immer nur gerade so, dass sie selber den größten Teil der Lösung selber realisieren können.»

Zeit ist ein knappes Gut. Auch im Zusammenhang mit Unterricht hört man sehr häufig Bedauern über fehlende Zeit. Unter diesen Umständen ist die Versuchung groß, Lernprozesse von weniger schnellen Schülerinnen und Schülern durch intensive Unterstützung etwas zu «beschleunigen». Das geschieht ohne großen Aufwand, erleichtert das Vorankommen der Lernenden und stellt den Anschluss an die Klasse sicher.

Lernen ist letztlich immer ein selbsttätiger Prozess und Lehren als Unterstützung zum Lernen damit immer in Gefahr, zur Gängelei zu verkommen. Es erfordert eine erhebliche Disziplin der Lehrperson, mit großer Zurückhaltung und nur ganz subtil zu unterstützen. Das kann beispielsweise heißen (vgl. Abbildung 10 auf Seite 62: Grundstruktur von Unterricht), dass man sich als Lehrperson in einer konkreten Situation die Frage stellt, welches Hilfsmittel oder welches Veranschaulichungsmittel der Schülerin oder dem Schüler helfen könnte. Wenn dieses «Nicht-Helfen» nicht möglich oder wirkungslos ist, könnte versucht werden, die Aufgabe neu zu formulieren und so anders zu strukturieren. Die Lernenden bekommen damit lediglich Strukturierungshilfen angeboten, um die Komplexität des Problems reduzieren zu können.

Bereits stärker auf den Lösungsweg fokussiert ist eine nächste Stufe der Vermittlung: Die Lernenden bekommen hier Hinweise auf ähnliche, bereits erfolgreich bearbeitete Problemstellungen, und die Herausforderung besteht darin, diesen Lösungsweg an die aktuelle Aufgabenstellung zu adaptieren.

Eine weitere Stufe dieses Kaskadenmodells stellt die Repetition oder direkte Vermittlung der nötigen Methoden und Techniken dar.

Noch näher an der Lösung ist das Vorzeigen eines möglichen Lösungswegs: Mittels Vormachen – kombiniert mit lautem Denken und Kommentieren – wird der Schülerin oder dem Schüler ein eigentliches «Denkgerüst» angeboten, welches dann selber auf weitere Aufgaben angewendet werden kann. In der Fachliteratur wird dieses Vorgehen «scaffolding» (vom engl. Gerüst) genannt.

Die geringste Form der Zurückhaltung in der Vermittlung stellt die eigentliche Instruktion dar: Schritt für Schritt wird die Schülerin oder der Schüler in der Lösung der Aufgabe angeleitet.

Das Ziel muss es immer sein, dem Kind zu helfen, es selber zu tun. Vermittlung ist immer Hilfe zur Selbsthilfe.

Zum Beispiel so:

1. Wie überarbeite ich einen geschriebenen Text? Wie ist der genaue Ablauf beim schriftlichen Dividieren? Welche Informationen gehören auf ein Buchporträt? Immer wiederkehrende Abläufe können in Heuristiken und Flussdiagrammen aufbereitet und so den Lernenden zur Verfügung gestellt werden. Für die Selbstkontrolle eignen sich Checklisten hervorragend. Grundsätzlich sollten die Lernenden solche Hilfsmittel selbständig einzusetzen lernen. Manchmal gelingt das nicht, und dann ist es gut, wenn in der Vermittlung auf solche Hilfsmittel hingewiesen wird. Rasch verfügbar, sind dies gute Werkzeuge, mit denen Lehrpersonen Hilfe zur Selbsthilfe bieten können.
2. Oben wurde beschrieben, dass es zu einer fördernden Unterrichtskultur gehört, die Informationen aus Fehlern zu nutzen: So lassen sich Lernprozesse besser unterstützen. Insbesondere wenn es um die Analyse mehrerer Fehler geht, fällt es gewissen Schülerinnen und Schülern oft schwer, den Informationsgehalt von Fehlern zu erfassen und die nötigen Konsequenzen daraus zu ziehen. Bieten Sie hier gezielte Hilfe für die Fehleranalyse an. Zum Beispiel mit einem Formular, auf dem Rechtschreibfehler nach vorgegebenen Kategorien gruppiert werden können. Versehen Sie jede Kategorie vielleicht noch mit Hinweisen, was unternommen werden kann, wenn sich die Fehler in dieser Kategorie häufen, und mit Übungsvorschlägen.
3. Meist werden Sie um Hilfe gebeten, wenn ein Lernprozess ins Stocken geraten ist, wenn es nicht mehr weitergeht. Rasch versuchen Sie sich einen Überblick über den Stand der Arbeiten zu verschaffen, um dann Hinweise für die Weiterarbeit zu geben. Dagegen ist nichts einzuwenden. Doch legen Sie den Fokus immer wieder auch auf den geleisteten Teil der Lösung. Lassen Sie die Schülerin oder den Schüler beschreiben, was schon verstanden wurde und wie diese Erkenntnisse gewonnen wurden. Vielleicht hilft nur schon das präzise Formulieren dieser Anteile und das damit verbundene Sich-selber-Zuhören den Lernenden, neue Möglichkeiten zu sehen.

Bei aller Individualisierung: Gemeinschaftsbildung gehört dazu

In allen unseren Beziehungen stehen wir immer wieder in einem Spannungsfeld zwischen Gleichheit und Verschiedenheit. Was für alle unsere Beziehungen Gültigkeit hat, zeigt sich auch vor dem Hintergrund heterogener Lerngruppen und noch etwas deutlicher im integrativen Unterricht: Bei integriert geschulten Kindern und Jugendlichen mit Beeinträchtigungen ist deren Verschieden-Sein meist offensichtlich oder wird namentlich bei Lernkontrollen oder Prüfungen sichtbar. Dies kann Ausgrenzung begünstigen oder sogar verursachen. Gleichheit und Verschiedenheit in einem Gleichgewicht zu halten, ist im integrativen Unterricht a priori erschwert: Das Verschieden-Sein droht in Beziehungen immer die Oberhand zu gewinnen und Ausgrenzung zu begünstigen, wenn nicht das Gleich-Sein und damit das Verbindende aktiv unterstützt wird. Im integrativen Unterricht geht es darum, eine Kultur des Dazugehörens zu etablieren: Bei aller Verschiedenheit und Individualisierung, welche für die Identitätsbildung auch wichtig ist, muss es gerade hinsichtlich der Sozialisationsfunktion der Schule (Fend 1981) darum gehen, ein Gemeinschaftsgefühl auszubilden. Dieses stellt das Fundament für gegenseitigen Respekt, Bereitschaft zur Kooperation und letztlich für Solidarität dar. Gemeinschaftsbildung ist damit nicht nur für den integrativen Unterricht selber zentral, sondern leistet darüber hinaus einen wichtigen Beitrag für unser gesellschaftliches Zusammenleben.

Beziehungsarbeit als Fundament

Kern aller Lernprozesse sind Beziehungen (vgl. Miller 2002): Die Beziehung zu anderen Menschen, zu Dingen und zu sich selbst bildet gewissermaßen die Grundstruktur zur Kompetenztriade mit der Sozial-, der Sach- und der Selbstkompetenz. Im integrativen Unterricht kommt diesem Aspekt eine besondere Bedeutung zu, weil sich integrierte Schülerinnen und Schüler oft in belasteten Beziehungen befinden oder solche zu verarbeiten haben. Vielleicht misstrauen sie Lehrpersonen, weil sie diese in der eigenen Biografie stark und immer wieder im Zusammenhang mit Niederlagen, Fehlern, ungenügenden Noten, Tadel und Vorwürfen erlebt haben. Vielleicht spüren sie auch eine gewisse Enttäuschung auf Seiten der Eltern, weil sich diese für ihr Kind (und auch sich selbst) eine reibungslose und erfolgreiche (Schul-)Karriere erhofft haben. Vielleicht führen die Schulschwierigkeiten auch zu einer schlechten Position innerhalb der Klasse, was die Beziehungen zu den Mitschülerinnen und Mitschülern belastet. Oder sie vertrauen sich selber und den eigenen Fähigkeiten nicht mehr und haben abgeschlossen mit der Welt der Zahlen und Buchstaben.

Diesen Schwierigkeiten müssen Lehrpersonen über das eigene Vorbild, aber auch durch ihre Arbeit etwas entgegensetzen können.

Bezogen auf die Gemeinschaftsbildung, geht es darum, aktiv an den Beziehungen zu den Mitschülerinnen und Mitschülern zu arbeiten – sowohl auf Seiten der Klasse, wie auch auf Seiten der einzelnen Individuen. Ein offenes Unterrichtskonzept bietet sehr gute Möglichkeiten, an Beziehungen zu arbeiten: Der Kontakt zwischen den Lernenden, aber auch zwischen ihnen und den Lehrpersonen, ist direkter und damit verbindlicher als über die Ansprache der ganzen Klasse. Für die Beziehungsarbeit lassen sich zwei Ziele formulieren:

1. Alle Lernenden sollen in der Lage sein, Beziehungen ihren jeweiligen Bedürfnissen entsprechend und passend zum Umfeld zu gestalten. Sie müssen über Techniken und Methoden verfügen, um tragfähige Beziehungen aufbauen und aufrechterhalten zu können.
2. Die Schülerinnen und Schüler müssen aber auch lernen, damit umzugehen, wie andere die Beziehungen gestalten. Ihr Anspruch kann nicht sein, dass sie von allen geliebt werden. Aber sie dürfen gegenseitige Akzeptanz im Sinn von Wertschätzung erwarten.

Gegenseitige Wertschätzung als Ziel

Dazu ein konkretes Beispiel: Im Film «Elenas Chance – Eine Schule für alle» von Bernard Weber wird die Integration von Elena, einem Mädchen mit Trisomie 21, in die Regelschule porträtiert. Eine Sequenz zeigt, wie die rund dreizehnjährigen Mitschülerinnen Anouk und Aline anlässlich ihres Geburtstags mit ihren Klassenkolleginnen eine Party feiern. Höhepunkt dieser Party ist der Auftritt von Mike, dem Cousin von Aline. Er tanzt für die Mädchen den Tectonic-Dance und lässt damit ihre Herzen höher schlagen. Elena ist zu dieser Party nicht eingeladen.

Diese Situation eignet sich sehr gut, um Diskussionen über Möglichkeiten und Grenzen der Integration anzuregen. Entscheidend ist dabei aus unserer Sicht nicht, dass Elena nicht eingeladen wurde, sondern wie dies von den Mädchen begründet wird. Im Film sagen sie dazu: «Wir haben Elena nicht eingeladen, weil wir andere Interessen haben (...). Sie würde lieber Dinge machen, wie wir sie früher gemacht haben. Sie findet das wohl nicht so toll, was wir hier machen.»

Dass Elena nicht eingeladen wird, hat also nicht damit zu tun, dass sie eine Behinderung hat. Der Grund liegt vielmehr in der Feststellung der Mädchen, dass Elena andere Interessen und Bedürfnisse hat. Über die

Wertschätzung gegenüber der Person Elena wird damit nichts und bestimmt nichts Abwertendes ausgesagt. Es scheint, als hätten sich die beiden Mädchen bewusst in die Lage von Elena versetzt und ihre Bedürfnisse wahrzunehmen versucht.

Wie Elena die Situation beurteilt, wird im Film nicht thematisiert. Unter dem Deckmantel Gemeinschaftsbildung darf es aber nicht die Erwartung an die (integrative) Schule sein, dass sie dafür zu sorgen hätte, dass Elena eingeladen würde. Aber die Schule muss ihren Anteil leisten, dass einerseits die Mitschülerinnen und Mitschüler eine reflektierte Beziehung zu Elena aufbauen können, die geprägt ist von Chancengerechtigkeit (andere Szenen im Film zeigen, dass dies über weite Strecken gelungen ist). Und anderseits muss Elena Strategien erlernen, die ihr helfen, konstruktiv mit dem Spannungsfeld Gleichheit und Verschiedenheit und den sich daraus ergebenden Folgen umzugehen.

Dazu müssen Erfahrungsmöglichkeiten in vier Bereichen geschaffen werden:

- Hauptsächlich geht es um einen wertschätzenden Umgang zwischen den Schülerinnen und Schülern, aber auch zwischen Lehrkräften und Lernenden, Lehrkräften und Eltern etc. Dabei spielen die Entwicklung der Empathiefähigkeit und der Aufbau entsprechender Umgangsformen eine wichtige Rolle.
- Dann soll eine hohe Identifikation mit der Gruppe und ihren Themen aufgebaut werden. Wichtig ist dabei, dass gemeinsame Ziele gefunden und formuliert werden, die in gemeinsamen Aktivitäten eine Fortsetzung finden und etwas beitragen können zu einem «Teamgeist».
- Ein dritter Bereich bildet die direkte Zusammenarbeit. Hier sind Möglichkeiten zu schaffen, um kooperative Arbeitsformen zu erproben und konkrete Erfahrungen zu machen. Eine wichtige Bedeutung kommt dabei dem Geben und dem Entgegennehmen von Hilfe zu.
- Weiter müssen Lernende die Möglichkeit erhalten, Erfahrungen im Umgang mit Gruppen zu machen. Dazu gehören Aspekte des Führens und des Geführt-Werdens. Bedeutungsvoll sind hier gemeinsame Regeln, der Aufbau von Konfliktlösefähigkeiten und die Ausgestaltung einer Feedback- und Streitkultur.

Gemeinschaftsbildung leistet so einen zentralen Beitrag zum Schulklima oder der Schulkultur und hat damit gemäß einer quantitativen Analyse der PISA-Studie eine größere Wirkung auf die Lernleistung der Schülerinnen und Schüler als beispielsweise die materiellen und personellen Ressourcen einer Schule (vgl. OECD 2005).

Gemeinschaftsbildung bedeutet also, das Spannungsfeld von Gleichheit und Verschiedenheit zum Inhalt zu machen. Anders als bei Sachinhalten muss dazu nicht eine bestimmte Lernumgebung bereitgestellt werden. Durch die Beziehung zwischen Schülerinnen, Schülern und Lehrpersonen ist die soziale Lernumgebung gewissermaßen immer vorhanden. Gemeinschaftsbildung ist damit nicht an eine bestimmte Methode gebunden, sondern begleitet als Spiel von Gleichheit und Verschiedenheit den ganzen Unterricht. Sie kommt bei der Frage, ob nur eine bestimmte Lösung einer Aufgabe als richtig angesehen wird oder ob verschiedene Lösungswege möglich sind, genauso zum Tragen, wie bei der Frage, ob die Lehrperson alle Schülerinnen und Schüler gleich («gerecht») behandelt. Ein paar ausgewählte Beispiele sollen Möglichkeiten für den Bereich der Gemeinschaftsbildung aufzeigen und zum Weiterdenken ermuntern.

Zum Beispiel so:

1. In vielen Klassen gehört es zum festen Morgenritual, dass man sich im Kreis trifft. Ein solcher Morgenkreis bietet gute Möglichkeiten, ein gemeinsames Ankommen zu gestalten. Hier wird wahrgenommen, wie es einem selber und anderen geht, sei das nun mithilfe von Gefühlsuhren, mit Gefühlskärtchen oder mit einem Blitzlicht (jedes Kind sagt kurz, wie es ihm im Moment geht; allenfalls kann die Lehrperson nachfragen: «Willst du uns dazu noch etwas erzählen?»). Neben der Selbstwahrnehmung kann dabei auch die Feststellung gemacht werden, dass Kinder unterschiedliche persönliche Geschichten haben, damit unterschiedlich umgehen, nicht für alle das Gleiche gleich gut ist, etc. Bei Bedarf können auch kleinere Konflikte in der Klasse angesprochen werden, oder es lässt sich zumindest klären, wie damit verfahren werden soll. Es lohnt sich, der Befindlichkeit der Lernenden Raum zu geben. Die konkrete methodische Ausgestaltung soll dabei nach dem Grundsatz geschehen: So wenig Variation wie möglich, so viel wie nötig. So kann eine gewisse Routine entstehen, und die Kinder können sich über die Methode hinaus auf das Eigentliche, nämlich die eigene Befindlichkeit und die Befindlichkeit der Mitschülerinnen und Mitschüler, konzentrieren. Wenn sich aber eine Methode – beispielsweise der Einsatz einer Gefühlsuhr – erschöpft hat, dann sollte auf eine andere Form gewechselt werden.

2. Der Morgenkreis bietet gute Möglichkeiten, um den Morgen oder allenfalls den ganzen Tag zu planen: Die Lehrperson gibt bekannt, welche Angebote (Einführungen, geführte Repetitionen etc.) sie fest einplant und moderiert. Dazu kommen als Ergänzung noch die bereits bekannten individuellen Bedürfnisse der Schülerinnen und Schüler. Diese Planung wird schriftlich festgehalten und gut sichtbar im Schulzimmer platziert. So sehen die Lernenden, wann die Lehrpersonen für individuelle Unterstützung zur Verfügung stehen. Das Zusammenleben bekommt eine unterstützende Ordnung. Im Morgenkreis kann auch die Zusammenarbeit zwischen den Schülerinnen und Schülern geplant werden («Tobias möchte heute gerne das Partnerdiktat machen. Wer ist auch noch so weit? Wer macht das mit ihm zusammen?»). Der Morgenkreis dient somit sowohl dem (informellen) Austausch als auch der gemeinsamen Arbeitsorganisation.
3. Gegenüber dem Morgenkreis ist der Klassenrat stärker strukturiert. Hier lernen die Kinder und Jugendlichen die Grundlagen der Demokratie: Es gilt Probleme des Zusammenlebens zu erörtern, es gibt eine Phase des Argumentierens und Debattierens, es gilt, einen Entscheid zu treffen und die Umsetzung zu planen. Dieser Prozess wird geleitet und in einem Protokoll dokumentiert. Auch hier erleben die Schülerinnen und Schüler konkret, dass verschiedene Personen unterschiedliche Bedürfnisse haben, ihnen unterschiedliche Dinge wichtig sind, sie unterschiedlich viel aushalten.
4. Sehr oft geht es im Klassenrat darum, allgemeine Probleme so zu lösen, dass es nicht auf Kosten einzelner Kinder geht. Auch behinderungsbedingte Verschiedenheiten können im Klassenrat Thema sein – aber nicht lediglich als Problem eines einzelnen Kindes, sondern als Herausforderung für die ganze Gruppe. Das Leiten und das Protokollieren des Klassenrats ist anspruchsvoll und muss gelernt werden. Nach einem sorgfältigen Aufbau können diese Tätigkeiten aber sehr gut an die Lernenden übergeben werden. Insbesondere in der Leitungsposition sind sie immer wieder herausgefordert, sowohl das Verbindende als auch das Individuelle im Blick zu behalten, und werden so sensibilisiert für Verschiedenheit und Gleichheit.
5. Eine konkrete Form der längerfristigen Zusammenarbeit sind Lernpartnerschaften. Dabei gelten die folgenden wichtigen Grundsätze:
   - Lernpartnerschaften werden für eine angemessene Zeitdauer gebildet und bleiben über diese Zeit hinweg stabil. Die Dauer ist mit Rücksicht auf die Klassenstufe und die Lernenden angemessen zu wählen.
   - Lernpartnerschaften erhalten einen konkreten Auftrag. Hier bieten sich verschiedene Möglichkeiten: Sie können von einer einfachen Zweckgemeinschaft (alle Aufgaben in Partnerarbeit werden mit der Lernpartnerin oder dem Lernpartner gemacht) bis hin zu einer umfassenden Beauftragung reichen, zu der auch die gegenseitige Lernberatung und gemeinsame Reflexion gehören. Es ist darauf zu achten, dass eine weiterführende Beauftragung immer auch mit den nötigen Lernschritten und der entsprechenden Unterstützung durch die Lehrperson verbunden ist.

6. In Lernpartnerschaften kann die konkrete Zusammenarbeit geübt werden. Damit das gut funktioniert, sind gemeinsame Regeln zu formulieren. Von Zeit zu Zeit sind diese miteinander zu überprüfen und allenfalls anzupassen. Besonders interessant sind für Lernpartnerschaften Aufgaben, die arbeitsteilig gelöst werden können. Hier gilt es sorgfältig zu klären, wer welche Stärken optimal einbringen kann (es gilt einen eigenen, selbstverantworteten Beitrag zu einem gemeinsamen Ganzen zu leisten, man muss klar und präzis miteinander kommunizieren und sich gegenseitig aufbauende Kritik geben etc). Für die Lehrpersonen ist es wichtig, dass sie mit ihren Schülerinnen und Schülern nicht nur über das jeweilige Produkt oder die Lösung austauschen, sondern immer wieder auch den gemeinsamen Prozess mit seinen Chancen und Grenzen ansprechen.
7. Der Raum, der uns umgibt, prägt unser Lernen und unser Zusammenleben stark, sodass er bisweilen sogar als dritter Pädagoge bezeichnet wird (Kahl 2006). Welchen Anteil die Schule als Lebensraum für die Gemeinschaftsbildung haben kann, hängt primär von der zeitlichen Verfügbarkeit und der räumlichen Ausgestaltung ab. Gehen wir dieses Thema mit einem Gedankenexperiment einmal von der anderen Seite an: Wie müsste denn eine Schule sein, die möglichst gut *verhindert*, dass eine Gemeinschaft entstehen kann?
   - Es ist verboten, sich mehr als fünfzehn Minuten vor Schulbeginn bereits auf dem Schulgelände aufzuhalten. Entsprechend braucht es auch keine Spielgeräte oder Aufenthaltsmöglichkeiten. Die Rasenflächen zu betreten, ist verboten.
   - Eingelassen werden die Schülerinnen und Schüler genau sieben Minuten vor Schulbeginn. So bleibt keine Zeit, sich in den Gängen der Schule aufzuhalten und sich auszutauschen. Die blickdichten Schulzimmertüren werden zu Unterrichtsbeginn geschlossen, und so bleibt es bis zur Pause.
   - Die Schulhausgestaltung entspricht höchsten ästhetischen Ansprüchen. Darum dürfen Veränderungen jeglicher Art weder von Lehrpersonen noch von Schülerinnen und Schülern vorgenommen werden. Dazu gehört insbesondere das Anbringen von Bildern, Postern, Plakaten oder Ähnlichem. So stellt sich auch das Problem nicht, dass die Kinder und Jugendlichen auf die Idee kommen, bei der Gestaltung der Schule mitzureden oder gar selbst Hand anzulegen.
   - Die Pause ist zeitlich so bemessen, dass es mit dem Umziehen und dem Korridor nach draußen gerade reicht, einen Apfel zu essen – wenn man sich beeilt.
   - Nach Schulschluss ist das Schulgelände unverzüglich zu verlassen. Der Zugang wird fünfzehn Minuten nach Schulschluss verschlossen und bleibt dies bis am nächsten Morgen. Auch am Wochenende ist der Aufenthalt auf dem Schulareal untersagt. Für Feste und Veranstaltungen aller Art steht das Schulgelände nicht zur Verfügung.
   - Begegnungen zwischen Lernenden und Lehrpersonen sind nur zum Zweck des Unterrichts erwünscht. Weiterführende Kontakte oder Gespräche über private Aspekte sind ausdrücklich zu unterlassen.

Eine solche Schule hat weder ein Interesse daran, dass sich die Lehrenden und die Lernenden mit ihren Räumen und Plätzen identifizieren und so bei aller Verschiedenheit im Lebensraum Schule etwas Verbindendes finden, noch dass die Schule für sie mehr wird als bloßer Arbeitsraum.

8. Gemeinsam Feste zu feiern, leistet einen wichtigen Beitrag, um das Spannungsfeld zwischen Gleichheit und Verschiedenheit aufzulösen. Die wichtigen Feste im Jahreslauf stellen gemeinsame Fixpunkte dar, an denen man sich als Klasse orientieren kann. Zu einzelnen Festen gehören gemeinsame Rituale und feste Abläufe. Gemeinsame Feste machen aber auch die Verschiedenheit sichtbar. Am offensichtlichsten wird das natürlich an kulturell und religiös geprägten Festen, wo sich zeigt, dass unterschiedliche Anlässe als Ausgangspunkt für ein Fest genommen werden oder dass der gleiche Anlass mit unterschiedlichen Ritualen gefeiert wird. Zu Festen gehört auch offener Raum für Begegnung: Lernende, Lehrpersonen, Eltern können sich so auf eine Art und Weise kennenlernen, wie es im Alltag nur schwer möglich ist. Das Nicht-Alltägliche fördert Facetten von Personen zutage, die sonst gar nie sichtbar werden.
9. Von den methodischen Großformen bietet wohl die Projektarbeit am meisten Möglichkeiten für Erfahrungen im Bereich der Gemeinschaftsbildung. Die Ausgangslage bildet dabei ein gemeinsames Rahmenthema, das in Gruppen bearbeitet wird. Dabei ist darauf zu achten, dass ausreichend Raum von den Gruppen eigenverantwortlich gestaltet werden kann. So bietet das gemeinsame Thema viele Möglichkeiten für verschiedene Interessen, Vorlieben, Begabungen und unterschiedliche Vorgehensweisen. Um zu einem guten Ergebnis zu kommen, muss die Gruppe geleitet werden, was Möglichkeiten für Erfahrungen im Führen einer Gruppe und im Geführt-Werden bietet. Unterschiedliche Varianten müssen in der Gruppe diskutiert werden, und es gilt Entscheidungen zu treffen, mit denen sich alle einverstanden erklären können. Die zentrale Ausrichtung eines Projekts muss sein, miteinander das bestmögliche Ergebnis zu erzielen. Gerade im integrativen Unterricht müssen die Lernenden unterschiedliche Leistungsmöglichkeiten mitdenken. Der Fokus muss dabei auf die vorhandenen Ressourcen gerichtet sein, die es optimal zu nutzen gilt.

Unterricht stark individualisiert zu gestalten, bedingt eine hohe Selbständigkeit der Lernenden. Das fordert Lehrpersonen aus didaktischer Sicht gleich doppelt heraus:

- Erstens muss die nötige Selbständigkeit entwickelt werden. Vom Kindergarten über die Unterstufe bis zur Oberstufe muss kontinuierlich das selbständige Arbeiten der Schülerinnen und Schüler aufgebaut werden. Es muss sorgfältig überlegt werden, welche Kompetenzen in diesem Bereich vorhanden sind und wie diese Vorarbeiten optimal genutzt und kontinuierlich weiterentwickelt werden können.

Diese Entwicklung müsste in einem schuleigenen Curriculum formuliert und von allen Lehrpersonen umgesetzt werden.
- Zweitens muss in der Unterrichtsplanung festgelegt werden, wie selbständiges Lernen mit lehrpersongebundenem Lernen kombiniert werden kann. Wann sind Phasen hoher Selbständigkeit sinnvoll? Wann ist es wichtig, dass die Lehrperson steuert? Wie kann in selbständigen Arbeitsphasen die nötige Unterstützung gewährleistet werden?

Und damit schließt sich dieser Kreis wieder: Integrativ unterrichten bedeutet, miteinander dafür zu sorgen, dass individuell optimal gelernt werden kann.

Dario gehört dazu

Dario besucht die vierte Klasse in der Dorfschule Trin, einer kleinen Ortschaft in den Bündner Bergen. Er ist ein Bewegungsmensch und treibt gerne Sport – unter anderem fährt er gut Ski. Dario liebt den Kontakt zu anderen Menschen und geht gerne zur Schule. Er hat das Down-Syndrom.

«Es sind viele günstige Faktoren, die hier zusammengekommen sind», betont Christof Loher, sein Klassenlehrer. «Hier in unserem Dorf kennt man einander. So hat auch Dario von klein auf dazugehört. Er hat das Glück, in einer Familie aufzuwachsen, die ihn sehr unterstützt, und unsere Dorfschule ist klein und fast familiär. Trotzdem wurde die Integration in den Kindergarten und die Primarschule sorgfältig vorbereitet.»

Bereits in einer frühen Phase kam das «Zentrum für Sonderpädagogik Giuvaulta» ins Spiel: Diese Institution bietet neben Sonderschulung auch Beratung und Begleitung bei integrativen Lösungen an. Gemeinsam mit den Eltern, dem Schulteam, der Fachperson für Frühförderung, dem Schulpsychologischen Dienst und der Schulbehörde wurde intensiv diskutiert, geprüft und abgewogen. «Bei uns hat das gesamte Schulteam und auch die Schulbehörde Ja zur Integration gesagt. Das finde ich absolut wichtig», so Christof Loher, «schließlich gibt es im Laufe der Schulzeit Lehrerwechsel, und wir arbeiten teilweise auch klassenübergreifend. Da genügt es nicht, wenn nur eine einzelne Lehrperson hinter dieser Sache steht.»

Vor Beginn der Integration wurden die Eltern sämtlicher Schülerinnen und Schüler der Dorfschule informiert. «Manche Eltern haben Bedenken, dass ihre Tochter oder ihr Sohn wegen der Integration eines Kindes mit Behinderung Nachteile erfährt. Diese Bedenken darf man nicht unter den Teppich kehren», ist Theres Lötscher überzeugt. Sie ist pädagogische Leiterin des Sonderpädagogischen Zentrums Giuvaulta, begleitet die Integration von Dario und leitet die halbjährlichen Standortgespräche. «Gerade vor Beginn einer Integration kann es klärend sein, wenn wir vom Sonderpädagogischen Zentrum von anderen Integrationen erzählen und ganz praktisch aufzeigen können, wie die integrative Förderung im Alltag aussehen kann und worauf zu achten ist.»

Viele können sich die Integration eines Down-Syndrom-Kindes im Kindergarten oder in den ersten Grundschulklassen noch einigermaßen vorstellen. Aber wie soll das in der vierten Klasse gehen – gerade bei einem Buben wie Dario, der zwar gerne und lebhaft erzählt, dessen Lautsprache jedoch auch für Personen, die ihn gut kennen, oftmals schwer verständlich ist?

«Dario hat in vielen Bereichen sein eigenes Stoffprogramm. Dafür bin ich verantwortlich», betont die Heilpädagogin Marlies Blumenthal. Sie ist am Sonderpädagogischen Zentrum angestellt, arbeitet aber an der Dorfschule. «Es ist wichtig, dass man die Rollen sauber klärt. Christof ist als Klassenlehrer der Chef des Unterrichtsgeschehens. Ich finde das zentral: Integration muss vom gemeinsamen Unterricht ausgehen. Bei seiner Unterrichtsvorbereitung denkt er aber nicht nur an die anderen Kinder, sondern immer auch an Dario. Wir besprechen jeweils, wie er den Tag geplant hat und wo er denkt, dass Dario thematisch voll, teilweise oder eher nicht beteiligt sein könnte. Ich richte mich nach dieser Planung und flechte die von mir vorbereiteten Fördersequenzen dort ein, wo sie passen und Sinn machen. Im Lesen steht Dario beispielsweise noch ganz am Anfang. Hier und in anderen Bereichen mache ich mit ihm ein eigenes Programm, wobei wir meist integriert im Klassenzimmer arbeiten.» Der Klassenlehrer ergänzt: «Manchmal ist viel mehr gemeinsames Lernen möglich, als wir das gedacht hätten – und manchmal ist das Gegenteil der Fall. Das ist aber kein Problem. Wir sind ein eingespieltes Team, das auch ohne viele Worte gut funktioniert.»

Wer einen Besuch in der Klasse von Dario macht, ist einerseits beeindruckt von der sichtlich unkomplizierten Zusammenarbeit der beiden Lehrpersonen. Andererseits fällt aber auch die Normalität und Selbstverständlichkeit des Umgangs der Schülerinnen und Schüler mit Dario auf. Man spürt: Er gehört hier einfach dazu.

War es für den Klassenlehrer Christof Loher von Anfang an einfach und problemlos, einen Schüler mit Down-Syndrom in seiner Klasse zu haben? «Nein, natürlich war nicht alles klar und einfach. Ich wurde zwar gut informiert im Vorfeld, aber vieles lernt man erst, wenn man es konkret tut. Am Anfang erlebte ich etliche Lektionen, in denen Dario ohne Begleitung in der Klasse war, als recht schwierig. Ich wurde ja nicht ausgebildet für den Unterricht mit Kindern mit einer geistigen Behinderung. So war ich öfter verunsichert: Was kann ich von ihm fordern? Wo braucht er einen gewissen Freiraum? Wie finde ich eine gute Balance, damit sich alle Kinder in meiner Klasse fair behandelt fühlen? Mit der Zeit haben wir aber gemeinsam einen guten Weg gefunden, auch dank des Austauschs mit meiner Kollegin.»

Welches sind für Fachfrau Theres Lötscher die wichtigsten Punkte, die zu einer erfolgreichen Integration führen? «Neben einer guten Information und Vorbereitung muss eine klare Vereinbarung über die Rollenverteilung und die Art der Zusammenarbeit gemacht werden. Wir helfen den Klassenlehrpersonen und den sonderpädagogischen Lehrpersonen dabei – und wir lassen sie eine schriftliche Vereinbarung unterzeichnen.» Im Alltag seien es dann verschiedene kleine, aber wichtige Dinge, die über eine gelingende Zusammenarbeit entscheiden: Wie gehen wir mit unserem Material um, den Lehrmitteln, den selbst erarbeiteten Unterrichtsmaterialien? Besteht eine Feedbackkultur – oder darf gegenseitige Kritik nicht sein?

Eine wichtige Frage ist auch diejenige der zur Verfügung stehenden zusätzlichen Ressourcen. Weil die Heilpädagogin noch ein zweites Kind mit Sonderschulstatus im Schulhaus betreut, ist sie während 18 Lektionen im Schulhaus anwesend. Durch eine geschickte Planung schafft sie es, dass beide Kinder nur wenige Lektionen ohne Begleitung in ihrer Klasse sind. Klassenlehrer Loher: «Diese relativ starke Begleitung ist sehr wichtig. Wenn Dario nur einige wenige Lektionen begleitet wäre, würde er klar zu wenig profitieren – er würde dann eben mehr zeichnen oder spielen. Das wäre aber nicht ideal. Ich denke, dass er sich so nach kurzer Zeit nicht mehr richtig integriert fühlen würde. Durch die wohldosierte Unterstützung meiner Kollegin – immer nur so viel, wie es für seinen Lernprozess nötig ist – wird er gemäß seinen Möglichkeiten gefördert und gefordert. Wohl deshalb fühlt er sich hier wohl und ist auch stolz auf seine Leistungen.»

Ganz klar: Diese positive Einstellung zum Leben und zum Lernen ist nicht nur das Verdienst der Schule oder von Dario selbst. Auch die Familie trägt Wesentliches dazu bei. Neben den Eltern bedeutet ihm sein um ein Jahr älterer Bruder Marco besonders viel. Dieser zeigt und erklärt ihm vieles. Dario eifert seinem Bruder nach und lernt so durch Nachahmen und Mitmachen.

Welche Gelingensbedingungen sind aus der Sicht von Darios Eltern für die schulische Integration bedeutsam? «Es ist wichtig, dass wir als Eltern nicht nur an unser eigenes Kind denken, sondern an die ganze Klasse und auch an die Lehrpersonen – das gilt eigentlich genau gleich, ob das Kind nun eine Behinderung hat oder nicht. Alle sollen gute Bedingungen für das Lehren und Lernen haben. In unserem Fall heißt das: Niemand soll wegen Dario zu kurz kommen. Das würde nicht lange gut gehen», ist sein Vater überzeugt. «Wichtig ist uns auch, dass Dario in unserer Familie eigentlich alles mitmachen kann. Wir veranstalten für ihn keine Sonderbehandlung. So fällt es auch den anderen Leuten leichter, ihn so zu nehmen, wie er eben ist.»

Und was erachten die Eltern auf der Seite der Schule als besonders wichtig? «Die Lehrpersonen müssen sich untereinander gut verstehen. Beide müssen sich mitverantwortlich fühlen, aber trotzdem flexibel sein – und auch eine Prise Humor haben», ist Darios Mutter überzeugt. «Was hier besonders gut klappt, ist der Kontakt zwischen uns und der Schule. Weil Dario sich nicht immer präzise ausdrücken kann, wandert ein Kontaktheft zwischen uns und der Schule hin und her. So sind wir mit wenigen Worten informiert, was Thema war und ob etwas Besonderes vorgefallen ist.» Wie die Lehrpersonen auch finden es die Eltern sehr wichtig, dass man bei Schwierigkeiten oder Fragen rasch aufeinander zugeht. «Weil wir Schwierigkeiten bereits dann besprechen, wenn sie noch klein sind, sind bisher noch nie schwerwiegende Probleme entstanden.»

Im Alter, in dem Dario und seine Klassenkameraden sind, entwickeln sich die Interessen zunehmend auseinander. «Das ist ganz normal, und das wussten wir auch. Dario besucht nun seit einiger Zeit eine Jugend-Sportgruppe im Sonderpädagogischen Zentrum Giuvaulta. Es ist uns wichtig, dass er auch Kontakt mit anderen Kindern und Jugendlichen mit einer Behinderung hat.»

Wie wird es schulisch mit Dario weitergehen, wenn die Frage der Oberstufe (7. bis 9. Schuljahr) ansteht? «Wir finden es sehr gut, dass wir anlässlich des vergangenen Standortgesprächs bereits darüber gesprochen haben», erklärt Darios Mutter. «Wir haben sowohl integrative Lösungen als auch eine Oberstufenklasse im Sonderpädagogischen Zentrum geprüft. Weil Dario die Oberstufe ohnehin nicht im Dorf besuchen könnte, haben wir uns eigentlich heute schon dafür entschieden, dass er nach der Primarschule ans Sonderpädagogische Zentrum wechselt.»

Wäre es nicht einfacher gewesen, Dario gleich von Anfang im Sonderpädagogischen Zentrum in einer Sonderschulklasse zu fördern? «Dario hat hier enorm viel profitiert», ist seine Mutter überzeugt. «In der Dorfschule ist er mit dem öffentlichen Alltag konfrontiert. Hier findet er viele gute Vorbilder. Er muss sich aber auch den ganz normalen Konflikten mit anderen Kindern stellen – und er bewältigt seinen Schulweg selbständig.» Der Vater ergänzt: «Was wir hier für eine Schule für Dario vorgefunden haben, ist einfach ideal. Ich weiß aber aus Gesprächen mit anderen Eltern, dass andere Schulen noch lange nicht so weit sind. Die Aus- und Weiterbildung der Lehrpersonen wird darauf vermehrt Rücksicht nehmen müssen. Und wenn ich an die Berufswelt denke: Da ist bezüglich der Integration von Menschen mit einer Behinderung noch viel zu tun. Wir werden uns auch weiterhin dafür einsetzen, damit Dario ein erfülltes und möglichst selbstbestimmtes Leben führen kann.»

Link zu Unterlagen zu schulischer Integration im Kanton Graubünden: http:// www.gr.ch/de/institutionen/verwaltung/ekud/avs/projekte/seiten/integration.aspx

Link zum Sonderpädagogischen Zentrum Giuvaulta: http://www.giuvaulta.ch

5 Förderdiagnostik und Förderplanung

In der Sonderpädagogik herrscht wenig Konsens darüber, wie eine gute Förderplanung auszusehen hat

Kinder und Jugendliche mit Beeinträchtigungen stellen die Schule – unabhängig davon, ob es sich um eine Regelschule oder eine Sonderschule handelt – vor besondere Herausforderungen: Mit einem regulären, an Klassen- resp. Stufenzielen orientierten Unterricht werden diese Kinder und Jugendlichen mit großer Wahrscheinlichkeit nicht zu einem ihnen angemessenen Lernerfolg kommen. Entsprechend gilt es zunächst herauszufinden, wie die individuell besonderen Entwicklungs- und Bildungsbedürfnisse genau aussehen (→ Förderdiagnostik) und wie das Lernangebot für diese Schülerin oder diesen Schüler gestaltet werden muss (→ Förderplanung).

Man könnte nun davon ausgehen, dass diese Ausgangslage zu mehr oder weniger einheitlichen Vorgehensweisen führt – dass also die Förderdiagnostik und Förderplanung in den meisten Schulen nach breit abgestützten und bewährten Verfahren und Standards erfolgt. Die Realität sieht anders aus: Wer Einblick in Sonderschulen oder in integrativ arbeitende Regelschulen nimmt, bekommt eine breite Palette dessen zu sehen, was unter Förderdiagnostik und Förderplanung verstanden werden kann (vgl. dazu auch Hillenbrand 2009, 140 f.). Besonders auffällig ist, dass die entsprechenden Vorgaben von Nation zu Nation, von Bundesland zu Bundesland, von Kanton zu Kanton außerordentlich unterschiedlich sind.

All das macht es nicht einfach, ein knappes und klares Kapitel über Förderdiagnostik und Förderplanung zu schreiben. Wir versuchen diese Herausforderung wie folgt zu lösen:

- Zunächst wird eine Systematik, ein Rahmen vorgeschlagen, an dem sich der Prozess der Förderdiagnostik und der Förderplanung orientieren kann.
- Anschließend wird ein Förderplanungszyklus vorgestellt, dessen einzelne Elemente Schritt für Schritt praxisnah erläutert werden.

Förderdiagnostik und Förderplanung brauchen einen Rahmen

Bevor wir in diese Thematik eintauchen, ist eine sehr grundsätzliche Frage zu klären: Braucht es in integrativen Schulen überhaupt eine Förderplanung? Sander (2008, 26) stellt diese Frage aufgrund einer interessanten Beobachtung: Im 534 Seiten starken «Handbuch Integrationspädagogik» (Eberwein & Knauer 2009) ist kein einziger Beitrag zu Förderdiagnostik oder Förderplanung zu finden. Lässt sich daraus schließen, dass in integrativen Schulen doch die regulären Unterrichtsangebote ausreichen?

Die These, in integrativen Schulen auf spezifische Förderplanungen bei Schülerinnen und Schülern mit Beeinträchtigungen zu verzichten, erhält beispielsweise von Boban & Hinz (2009, 34 f.) gewisse Unterstützung: Eine inklusiv gedachte Sonderpädagogik habe sich vom verengten Blick auf einzelne Schülerinnen und Schüler zu verabschieden. Vielmehr müsse sie sich auf die Klasse, die Stufe, die Schule als Ganzes beziehen.

Offenbar trauen viele einer solchen Vorgehensweise nicht so ganz: Wohl in allen Verordnungen und Konzepten zu integrativer Schulung von Kindern und Jugendlichen mit Beeinträchtigungen findet man die Verpflichtung zu einer Förderplanung, wobei die Bezeichnungen dafür vielfältig sind: Teilweise wird von einem «Entwicklungsplan» gesprochen, in sozialpädagogischen Bezügen gerne vom «Erziehungsplan» oder von der «Handlungsplanung». Häufig wird das Adjektiv «individuell» vorangestellt.

Fachliche Argumente, weshalb eine individuelle Förderplanung auch in integrativen Schulungsformen nötig erscheint, sind leicht zu finden:

- Für einen Schüler mit geistiger Behinderung gelten in etlichen schulischen Fächern individuell angepasste Lernziele. Diese müssen seinen Möglichkeiten entsprechend festgelegt, didaktisch umgesetzt und überprüft werden.
- Eine Schülerin mit auffälligem Verhalten ist auf eine für sie geeignete Lernumgebung und im Bedarfsfall auf besonderen Halt und Unterstützung angewiesen.
- Ein Schüler mit einer hochgradigen Sehschädigung benötigt besonderes didaktisches Material und Hilfsmittel, um die Unterrichtsinhalte aufnehmen und verarbeiten zu können.

Die Fokussierung auf die Diagnose verengt den Blick

Darüber dürfte Einigkeit herrschen: Förderdiagnostik und Förderplanung müssen gut aufeinander bezogen sein. Insbesondere macht eine Förderplanung ohne diagnostische Komponente keinen Sinn: Es ist wichtig zu wissen, welche Stärken und Beeinträchtigungen bei einem Kind oder einem Jugendlichen – sowohl bezüglich seiner Person als auch seines Umfelds – relevant sind. Nur so lassen sich ein spezifischer Förderbedarf und Förderziele ableiten.

Abbildung 11: Die Statusdiagnose allein sagt nicht, wie diesem Schüler geholfen werden kann – es braucht eine breitere, förderdiagnostisch orientierte Sicht

Eng verzahnt mit dem Prozess der Diagnostik ist der Begriff der Diagnose. Typische Diagnosen sind beispielsweise «Lernbehinderung», «Diabetes», «Down-Syndrom», «Herzfehler», «Autismus» oder «Legasthenie». Sie alle umschreiben entweder eine Schädigung oder ein Syndrom. Diese Art von Diagnostik wird oft als «Statusdiagnostik» bezeichnet: Sie reduziert den Menschen auf ein hervorstechendes Merkmal und schafft so verschiedene Gruppen. Im sonderpädagogischen Bereich haben solche Kategorisierungen eine lange Tradition. Sie dienen nicht nur dazu, Eigenschaften von Kindern, Jugendlichen und Erwachsenen zu beschreiben, sondern prägen auch die Struktur der sonderpädagogischen Angebote: Logopädische Therapie, Blindenschule, Sonderklasse für Lernbehinderte – um nur einige wenige zu nennen.

Im Hinblick auf die Planung einer individuell angepassten Förderung stößt die Statusdiagnostik an Grenzen. Die Information, dass beispielsweise ein Schüler die Diagnose «Lernbehinderung» hat, sagt allein, dass er Probleme in bestimmten Lernbereichen zeigt (vgl. Abbildung 11). Welche Ursache diese haben und wie tief greifend diese Problematik einzuschätzen ist, erfährt man durch die Statusdiagnose nicht. Ebenso wenig weiß man, welche Stärken dieser Junge hat oder wie es um sein Sozial- und Arbeitsverhalten bestellt ist. Vor allem aber: Die Diagnose «Lernbehinderung» sagt in keiner Weise, was dieses Kind braucht und wie eine allfällige spezifische Förderung ausgestaltet sein sollte. Dazu ist eine breitere diagnostische Sichtweise nötig.

Die breite Sichtweise der ICF kann hilfreich sein

Die Einschätzung der Entwicklungs- und Lebenssituation eines Menschen mit Beeinträchtigung ist eine komplexe Angelegenheit. Diese Komplexität gilt es in sinnvoller Weise zu strukturieren.

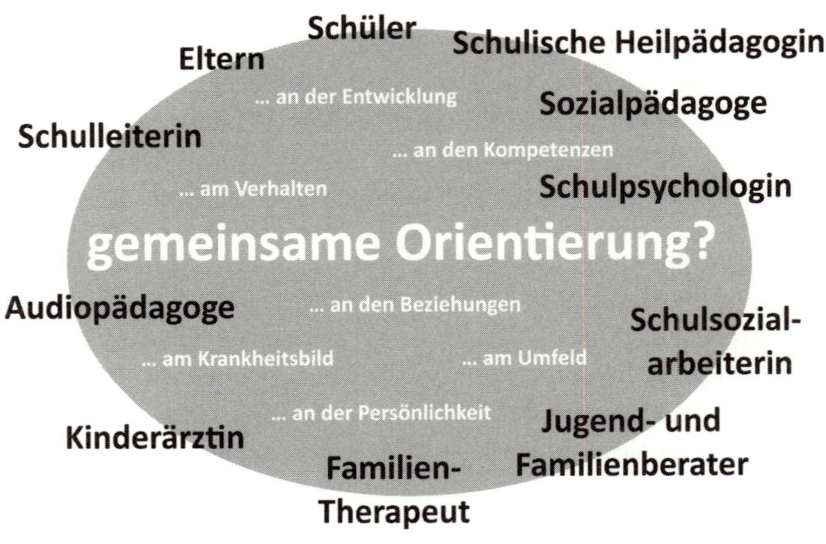

Abbildung 12: Herausforderung für die potenziell beteiligten Personen, eine gemeinsame Orientierung und eine gemeinsame Sprache zu finden

Eine besondere Herausforderung besteht darin, dass bei der Förderung der betreffenden Kinder und Jugendlichen immer mehrere Menschen beteiligt sind: Eltern, Lehrpersonen und oftmals etliche zusätzliche Fachpersonen. Gerade bei Letzteren besteht die Gefahr, dass die unterschiedlichen Sichtweisen in einer jeweils eigenen Fachsprache formuliert werden, die gegenseitig nur ungenügend verstanden wird.

Die Suche nach einer gemeinsam getragenen Sichtweise und einer gemeinsamen Sprache bedeutet nicht, dass die einzelnen Personen gleichgeschaltet und nivelliert werden sollen, im Gegenteil: Das spezifische Wissen sowohl der Eltern als auch der pädagogischen und anderweitigen Fachpersonen soll wahrgenommen und genutzt werden. Wichtig ist allerdings, dass alle ihre individuellen Kompetenzen im Rahmen eines gemeinsamen Bezugssystems einbringen können.

Eine im schulischen Bereich recht weit verbreitete Hilfsstruktur ist die Gliederung in Sach-, Selbst- und Sozialkompetenz. Viele Lehrpersonen machen damit gute Erfahrungen. Tatsächlich kann diese Dreigliedrigkeit helfen, Beobachtungen und Informationen zum Kind nach drei relevanten Bereichen zu ordnen und so Schwerpunkte für seine weitere Förderung zu setzen. Allerdings ist diese Systematik ausschließlich individuumszentriert: Auf den Einfluss von Umgebungsfaktoren (Familie, Lehrpersonen, Klassensituation etc.) wird nicht direkt fokussiert.

Hier kann das bio/psycho/soziale Modell der ICF Orientierung geben. Die ICF, die «Internationale Klassifikation der Funktionsfähigkeit, Behinderung und Gesundheit», ist eine Systematik, die von der Weltgesundheitsorganisation WHO entwickelt wurde. Weil sich immer mehr Berufsgruppen (Medizin, Sonderpädagogik, Pädagogik, Sozialarbeit etc.) an ihr orientieren, wird es einfacher, eine gemeinsame Sprache zu sprechen und «am gleichen Strick zu ziehen», wenn verschiedene Berufsgruppen mit dem gleichen Kind oder Jugendlichen zu tun haben.

Wenden wir uns dem Modell der ICF zu (vgl. Abbildung 13): Im Zentrum des Modells stehen die *Aktivitäten*. Diese lassen sich unter anderem in Form von sichtbaren Fähigkeiten und Leistungen beobachten und beschreiben. Um Aktivitäten ausführen zu können, müssen bestimmte Voraussetzungen gegeben sein. Wenn ein Kind beispielsweise ein Bild ausmalt, braucht es dazu geeignete *Körperstrukturen* – seine Hand. Darüber hinaus muss es in der Lage sein, mit der Hand bestimmte *Körper-*

funktionen auszuführen. Das Ausmalen wird ihm nur dann möglich sein, wenn ihm feinmotorische, aber auch kognitive und sensorische Funktionen zur Verfügung stehen.

Aktivitäten haben aber auch einen großen Zusammenhang mit *Umweltfaktoren*. Ein Kind, das seine ersten Lebensjahre hauptsächlich in einer engen Wohnung verbringen musste, kann mit großer Wahrscheinlichkeit schlechter balancieren, rennen und klettern als andere. Ein Kind, dem viele Geschichten erzählt werden und das Antworten auf seine Fragen bekommt, wird seine sprachlichen Aktivitäten besser entwickeln können als andere.

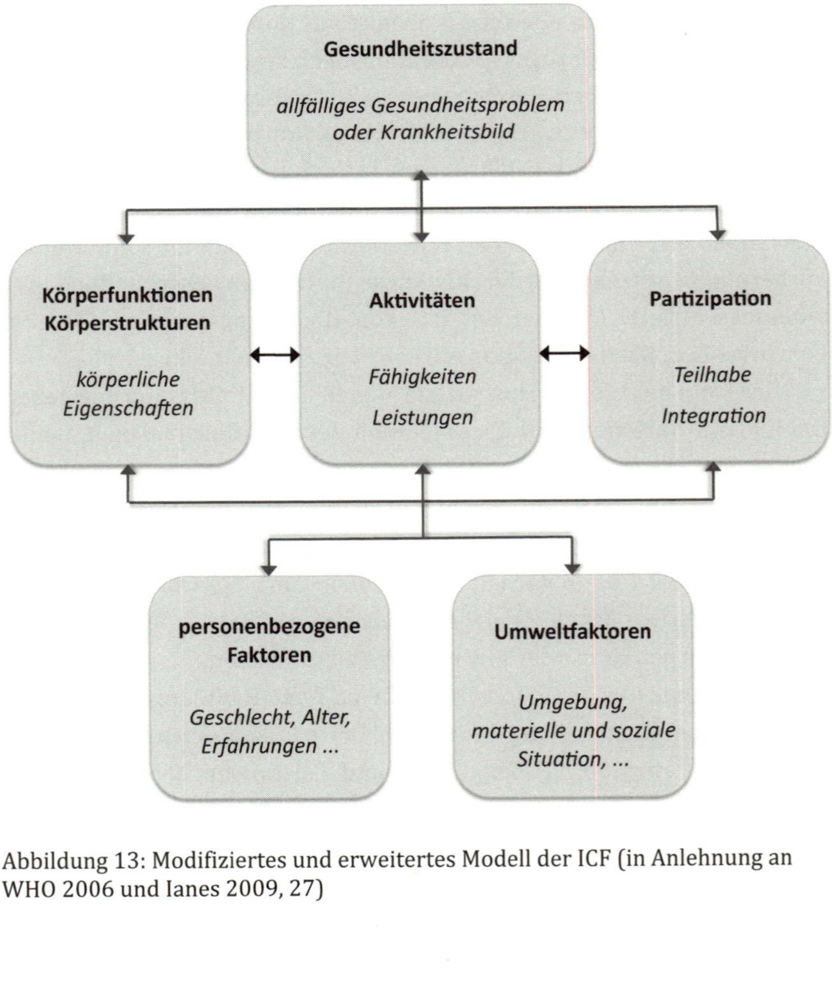

Abbildung 13: Modifiziertes und erweitertes Modell der ICF (in Anlehnung an WHO 2006 und Ianes 2009, 27)

Die *Partizipation* eines Menschen kann einerseits durch körperliche Faktoren beeinflusst werden: Eine im Gesicht entstellte Jugendliche hat allenfalls unter Gleichaltrigen Anschlussprobleme. Andererseits können sich auch Umweltfaktoren fördernd oder hemmend auswirken:

- Die Eltern von Jan, der eine hartnäckige Rechenschwäche hat, lieben ihn so, wie er ist, unterstützen ihn aber gleichzeitig engagiert.
- Das Schulhaus, in welches die auf einen Rollstuhl angewiesene Ronja eingeschult werden soll, ist nicht barrierenfrei gebaut.

Personenbezogene Faktoren betreffen Eigenschaften, die untrennbar mit dem betreffenden Menschen verbunden sind (wie Geschlecht, Lebensalter, spezifische Erfahrungen im bisherigen Leben). Je nach kulturellem Umfeld ist beispielsweise für die Entwicklungs- und Bildungschancen sehr bedeutsam, ob ein Kind als Mädchen oder als Junge geboren wird.

Die folgende Tabelle gibt einen groben Einblick in ausgewählte Elemente dieses Klassifikationssystems:

Tabelle 5: Hauptkapitel der Klassifikation der ICF (ausgewählte Komponenten: Körperfunktionen; Aktivitäten und Partizipation; Umweltfaktoren)

Körperfunktionen	Aktivitäten und Partizipation	Umweltfaktoren
Mentale Funktionen Sinnesfunktionen und Schmerz Stimm- und Sprechfunktionen Funktionen des kardiovaskulären, hämatologischen, Immun- und Atmungssystems Funktionen des Verdauungs-, des Stoffwechsel- und des endokrinen Systems Funktionen des Urogenital- und reproduktiven Systems Neuromuskuloskeletale und bewegungsbezogene Funktionen Funktionen der Haut und der Hautanhangsgebilde	Lernen und Wissensanwendung Allgemeine Aufgaben und Anforderungen Kommunikation Mobilität Selbstversorgung Häusliches Leben Interpersonelle Interaktionen und Beziehungen Bedeutende Lebensbereiche Gemeinschafts-, soziales und staatsbürgerliches Leben	Produkte und Technologien Natürliche und vom Menschen veränderte Umwelt Unterstützung und Beziehungen Einstellungen Dienste, Systeme und Handlungsansätze

Löst dieses Modell das Versprechen, ein umfassendes «bio-psycho-soziales» Modell zu sein, wirklich ein? Das lässt sich auf einfache Weise überprüfen:

- Stellen Sie sich einen Menschen vor, den Sie gut kennen.
- Versuchen Sie, verschiedene Informationen und Details, die Ihnen zu diesem Menschen und zu seiner Lebenssituation in den Sinn kommen, dem Modell zuzuordnen.

Wie das etwa aussehen könnte, zeigt das folgende Beispiel.

Tabelle 6: Informationen eines Fallbeispiels, geordnet nach ICF-Komponenten

Information	ICF-Komponente
Dilara ist ein vierzehnjähriges Mädchen. Sie wurde als zweieiiger Zwilling in der Türkei geboren.	Personenbezogene Faktoren
Sie kann sich sowohl auf Deutsch als auch auf Türkisch mündlich sehr gut ausdrücken. Im Lesen und Schreiben zeigt sie jedoch große Probleme: Ihre diesbezüglichen Leistungen liegen klar unter dem Altersdurchschnitt. Die restlichen Schulleistungen bewegen sich trotz der erwähnten Beeinträchtigungen im Klassendurchschnitt, wenn auch in der schwächeren Hälfte. Dilara kann gut mit Gleichaltrigen und Erwachsenen umgehen. Sie ist zuverlässig und hat eine gute Arbeitshaltung. Feinmotorische Aktivitäten sind nicht ihre Stärke; sie geht Bastel- und Handarbeiten gerne aus dem Weg. Grobmotorisch ist sie sehr geschickt, was sich sowohl im Sport als auch beim Tanzen zeigt.	Aktivitäten
Dilaras Kinderarzt geht bei ihr von einer minimalen cerebralen Dysfunktion aus. Das Mädchen kam als zweiter Zwilling zu früh und ohne Kaiserschnitt zur Welt. Die Geburt dauerte lange und war mit Komplikationen verbunden.	Körperfunktionen Körperstrukturen
Dilara ist gut in der Klasse integriert. Die Freizeit verbringt sie fast ausschließlich im Rahmen ihrer Verwandtschaft.	Partizipation
Das Mädchen ist vor sechs Jahren mit ihrer Familie aus der Türkei nach Deutschland gezogen. Sie ist in der Familie und in der Verwandtschaft gut aufgehoben. Dilara erhält im Rahmen des Unterrichts und teilweise auch einzeln besondere Unterstützung, um an ihren Lese-Rechtschreibschwierigkeiten zu arbeiten. Die Maßnahme wird von den Eltern mehr geduldet als unterstützt. In den Standortge-	Umweltfaktoren

Information	ICF-Komponente
sprächen wird deutlich, dass die Eltern für Dilara tiefere schulische Ziele setzen als bei ihrem Zwillingsbruder, der ähnliche Schwierigkeiten zeigt.	
Im Alter von neun Jahren hat Dilara nach einer schulpsychologischen Abklärung die Diagnose «Legasthenie» erhalten. Zwei Jahre später stellte der schulärztliche Dienst die Diagnose «minimale cerebrale Dysfunktion». Dilara ist selten krank und macht gesamthaft einen robusten Eindruck.	Gesundheitszustand

Dieses Beispiel mag zeigen, dass jeder Mensch in jedem Kontext – egal, ob es sich um ein sprachverzögertes Kleinkind, eine Schülerin mit einer Konzentrationsproblematik, einen gewaltbereiten Jugendlichen oder eine erwachsene Person mit Depressionen handelt – mit dem Modell der ICF in strukturierter Weise betrachtet werden kann. Ein großes Plus des Modells ist seine breite Sichtweise: Alles, was im Leben dieses Menschen relevant sein könnte, kann zugeordnet werden.[5]

Ein weiterer Vorteil der ICF besteht darin, dass sie in ganz unterschiedlichen Auflösungsgraden verwendet werden kann: Man kann sich auf das Modell beschränken oder aber an verschiedenen Stellen etwas tiefer in diese Klassifikation eintauchen. Dies wurde beispielsweise bei der Entwicklung des Verfahrens «Schulische Standortgespräche» getan (vgl. «Ein konkreter Vorschlag für die Durchführung von Standortgesprächen» ab Seite 107).

Orientierung an einem Förderplanungszyklus mit zwei Schwerpunkten

Die Planung und Durchführung einer individuellen Förderung beim Vorliegen von Beeinträchtigungen ist ein Prozess, der aus verschiedenen Phasen und Elementen besteht. Es ist wichtig, dass diese gut aufeinander bezogen sind.

---

[5] Wer die ICF vertieft kennenlernen möchte, ist mit dem folgenden Buch gut bedient: Schuntermann (2009) – siehe Literaturverzeichnis. Eine praxisorientierte Kurzeinführung in die ICF ist in Hollenweger & Lienhard (2010) zu finden.

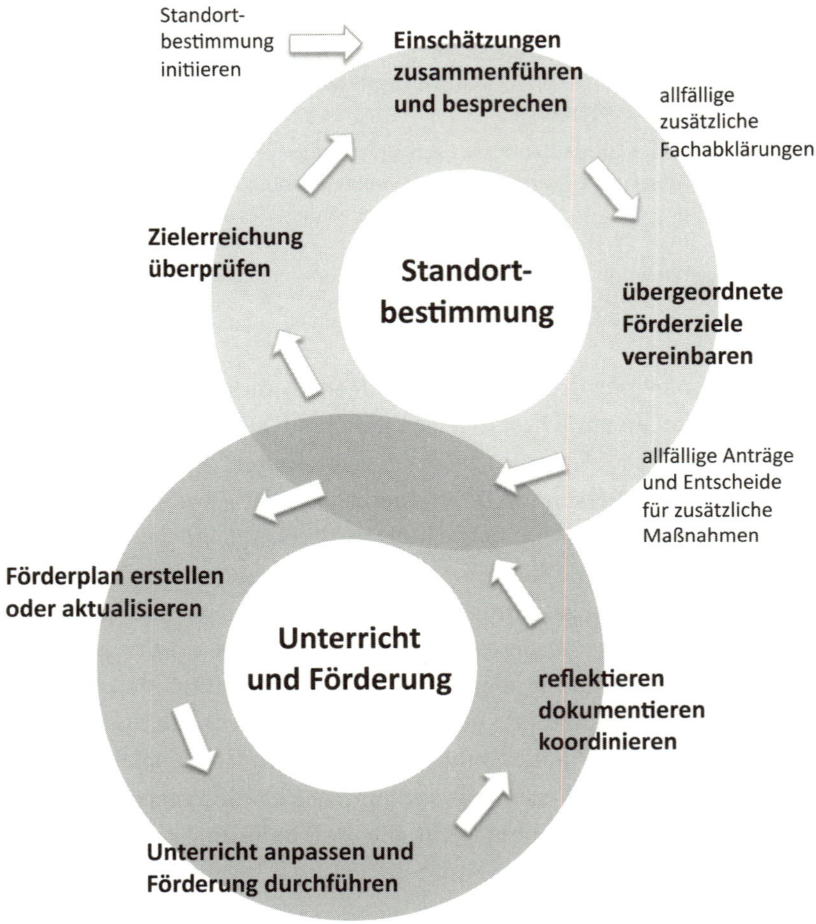

Abbildung 14: Förderplanungszyklus im Überblick

Wir schlagen zur Orientierung einen einfachen Förderplanungszyklus vor (vgl. Abbildung 14). Er beinhaltet zwei miteinander verbundene Kreise, die gemeinsam die Form einer Acht bilden. Jeder der beiden Kreise steht für einen Schwerpunkt im förderplanerischen Prozess:

– Der erste Fokus bezieht sich auf die Standortbestimmung. Hier geht es darum, das Kind oder den Jugendlichen in seiner Lernsituation zu erfassen und Ziele für die weitere Entwicklung, Bildung und Förderung abzuleiten.

– Mit der Formulierung von Zielsetzungen Förderung ist es noch nicht getan: Der zweite Fokus konzentriert sich auf die konkrete Umsetzung der vereinbarten Ziele in Unterricht und Förderung.

Der erste Schwerpunkt im Förderplanungszyklus: Die förderdiagnostisch ausgerichtete Standortbestimmung

Regelmäßige Standortbestimmungen sind für alle Schülerinnen und Schüler wichtig – sie müssen aber nicht alle gleich intensiv sein

Unabhängig davon, ob es sich um eine Schülerin, einen Schüler mit oder ohne Beeinträchtigung in einer Klasse handelt: Es ist wichtig, dass die beteiligten Lehrpersonen wissen, mit welchen Menschen sie es hier zu tun haben – schließlich tragen sie eine erhebliche Mitverantwortung für die Entwicklung und Bildung der ihnen anvertrauten Schülerinnen und Schüler. Selbstverständlich lernt man als Lehrperson seine Schülerinnen und Schüler im schulischen Alltag kennen. Dieses Kennenlernen ist jedoch nicht systematisch. So kann es vorkommen, dass eine Lehrperson – insbesondere bei eher zurückhaltenden, ruhigen Schülerinnen und Schülern – nach Jahren zufällig Dinge erfährt, die für das Verstehen von deren Lern- und Sozialverhalten sehr wichtig gewesen wären.

Es dürfte die Regel sein, dass einmal jährlich ein Gespräch mit den einzelnen Schülerinnen und Schülern und deren Erziehungsberechtigten durchgeführt wird. Häufig handelt es sich um Zeugnisgespräche – um Gespräche also, in denen die Schule eine individuelle Rückmeldung über die Leistungen und das Verhalten im vergangenen Schuljahr gibt. Bei diesen Gesprächen ist zu überlegen, ob der Fokus richtig gesetzt ist: Ein schülerinnen- oder schülerbezogenes Gespräch kann durchaus als zielorientiertes Standortgespräch gestaltet werden, das allen Beteiligten deutlich mehr bringt als eine bloße «Urteilseröffnung» von Seiten der Schule.

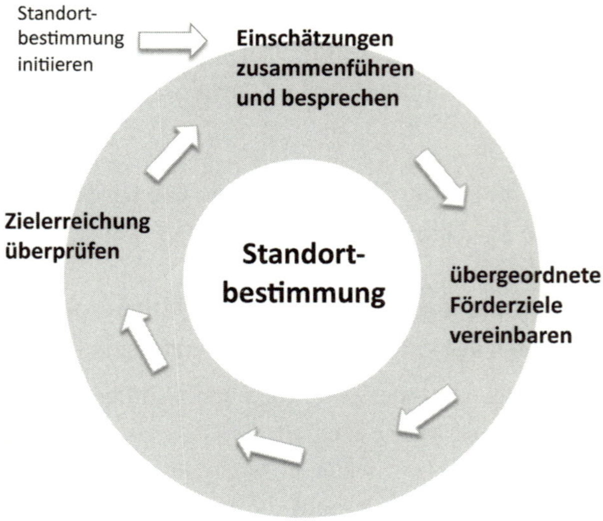

Abbildung 15: Elemente einer Standortbestimmung, die grundsätzlich einmal jährlich mit allen Schülerinnen und Schülern durchgeführt werden sollte

Die obige Abbildung zeigt, welche Elemente eine solche generelle Standortbestimmung umfassen könnte. Diese werden zunächst kurz erläutert und im folgenden Kapitel anhand des Verfahrens «Schulische Standortgespräche» beispielhaft konkretisiert.

- *Einschätzungen zusammenführen – Beobachtungen austauschen*
  Es geht zunächst darum, die Beobachtungen, Wahrnehmungen und Sichtweisen der Beteiligten abzuholen. Ein Standortgespräch soll mehr sein als eine Beschreibung der schulischen Leistungen. Der Blick sollte breiter sein: Es geht nicht nur um die Rolle der Schülerin oder des Schülers, sondern um den lernenden und sich entwickelnden Menschen als Ganzes.
- *Einschätzungen besprechen – ein gemeinsames Verständnis entwickeln*
  Aus den unterschiedlichen Beobachtungen und Einschätzungen heraus soll ein gemeinsames Verständnis dafür entwickelt werden, welche Themen wirklich wichtig sind in der aktuellen Situation dieses Kindes oder Jugendlichen. Dazu ist eine gute Strukturierung des Gesprächs wichtig, um sich nicht auf Nebenschauplätzen zu verlieren.

- *Übergeordnete Förderziele vereinbaren*
  Ein Standortgespräch sollte sich nicht nur auf die Vergangenheit und die Gegenwart beziehen. Es ist wichtig, sich gemeinsam darüber zu unterhalten, welche Ziele im Laufe der nächsten Monate angepeilt werden sollen. Diese Ziele können relativ grob sein und werden deshalb «übergeordnete Förderziele» genannt. Man soll den Mut haben, einfache und konkrete Ziele zu formulieren, vielleicht in der folgenden Art: «Robin löst seine Hausaufgaben, ohne dass jemand ständig neben ihm sitzt»; «Tina meldet sich in jedem mündlichen Lektionsteil mindestens einmal»; «Festigung des großen 1x1». Kriterien und Beispiele für günstig formulierte Förderziele sind auf Seite 126 zu finden.
- *Zielerreichung überprüfen*
  Anlässlich des nächsten Standortgesprächs – bei Schülerinnen und Schülern ohne zusätzliche Beeinträchtigung reicht in der Regel ein Gespräch jährlich – ist die gemeinsame Einschätzung der Zielerreichung ein guter Einstieg in die erneute Standortbestimmung. Die aktuelle Situation wird besprochen, neue Ziele werden festgelegt – der Kreis schließt sich.

Ein konkreter Vorschlag für die Durchführung von Standortgesprächen

Im Folgenden wird ein Einblick ins Verfahren «Schulische Standortgespräche» gegeben – eine Gesprächsstruktur unter vielen möglichen. Dieses Verfahren allein ist kein Diagnoseinstrument im engeren Sinne, sondern ermöglicht eine strukturierte Zusammenführung verschiedener Informationen und Sichtweisen. Damit erfüllt das Verfahren «Schulische Standortgespräche» eine zentrale koordinierende Funktion im förderdiagnostischen Prozess.

Die hier vorgestellte Gesprächsform basiert auf der ICF und kann sowohl für alle Schülerinnen und Schüler einer Klasse als auch für solche mit Beeinträchtigungen verwendet werden.

Es ist im Rahmen dieses Buches lediglich möglich, einen groben Überblick zu geben, wie dieses Verfahren aufgebaut ist und wie sein Ablauf aussieht. Dieser Einblick genügt nicht, um das Verfahren kompetent anwenden zu können. Wer sich vertiefter einarbeiten will, findet hier weiterführende Informationen:

- Broschüre «Schulische Standortgespräche» inkl. Daten-CD mit allen Formularen in zehn Sprachen: zu bestellen über http://www.lehrmittelverlag.com
- Kommentierte Einführungsreferate und weitere Materialien zum Schulischen Standortgespräch: herunterladbar über http://peterlienhard.ch (in der linken Spalte «Schulische Standortgespräche» anwählen)

Das Verfahren «Schulische Standortgespräche» beginnt mit einer strukturierten Vorbereitung aller Beteiligten, und zwar aus der folgenden Überlegung heraus: Wenn sich nur die Vertreterinnen und Vertreter der Schule auf das Gespräch vorbereiten, ist die Gefahr groß, dass das Gespräch als hierarchisch geprägte Einbahnstraße verläuft. Die Schule sagt, wie sie die Situation sieht, die Eltern und die Schülerin oder der Schüler nehmen diese «Urteilseröffnung» entgegen. In solchen Gesprächen werden wichtige Ressourcen – nämlich die Sichtweise und Erfahrungen der Eltern und ihrer Tochter oder ihres Sohnes – kaum genutzt.

Im Verfahren Schulische Standortgespräche steht für alle Beteiligten ein einheitliches Vorbereitungsformular zur Verfügung. Es gibt es in drei Ausführungen:[6]

- eines für die Kindergartenstufe,
- eines für die Grundstufe (Schuleingangsstufe, Verschmelzung von zwei Jahren Kindergarten und der ersten Primarschulklasse)
- und eines für die Schülerinnen und Schüler ab der zweiten Primarschulklasse bis zum Abschluss der obligatorischen Schule.

Abbildung 16 zeigt das Beispiel eines Vorbereitungsformulars der Klassenlehrperson eines elfjährigen Schülers der fünften Primarklasse. Eine kurze Anleitung, wie dieses Formular auszufüllen ist, steht auf dem Formular oben rechts: «Alle, die am Standortgespräch teilnehmen, erhalten ein solches Blatt und bringen es ausgefüllt ans Gespräch mit. Wenn etwas unklar oder schwierig einzuschätzen ist, notiert man eben nichts

---

[6] Eine vierte, basalere Variante des Vorbereitungsformulars liegt in einer Erprobungsfassung vor. Es eignet sich beispielsweise für die Anwendung beim Vorliegen einer geistigen Behinderung. Das Vorbereitungs- und Protokollformular ist über http://peterlienhard.ch/ssg.zip herunterladbar.

und geht zum nächsten Punkt. Dieses persönliche Vorbereitungsformular kann nach dem Gespräch wieder mitgenommen werden.»

Persönliche Vorbereitung eines Standortgesprächs
Gemeinsames Verstehen und Planen

Schüler/in: Martin Muster

Datum Standortgespräch: Di, 23.06.2009, 17:30 Uhr

Alle, die am Standortgespräch teilnehmen, erhalten ein solches Blatt und bringen es ausgefüllt ans Gespräch mit. Wenn etwas unklar oder schwierig einzuschätzen ist, notiert man eben nichts und geht zum nächsten Punkt. Dieses persönliche Vorbereitungsblatt kann nach dem Gespräch wieder mitgenommen werden.

Meine Umschreibung der derzeitigen Situation in Stichworten:

Viel Anlass zur Freude (mündliche Beiträge; ausgleichende soziale Art)

Rechtschreibung / schriftliche Formulierungen machen zunehmend Sorge

Pro Bereich 1–2 Kreuze	Begriffe, die besonders wichtig sind, können unterstrichen werden	Hier können allfällige Bemerkungen und Beobachtungen zu den einzelnen Bereichen in Stichworten notiert werden:
[ ] Stärke [X] ⇧ [ ] [X] ⇩ [ ] Problem	**Allgemeines Lernen** Die Schülerin/der Schüler kann zuhören, zuschauen, aufmerksam sein; sich Dinge merken; Lösungen finden und umsetzen; planen; üben	Aufmerksamkeit ist stark interesseabhängig
[ ] Stärke [X] ⇧ [ ] [ ] ⇩ [ ] Problem	**Spracherwerb und Begriffsbildung** Die Schülerin/der Schüler kann lautgetreu nachsprechen; den Sinn von Wörtern und Symbolen verstehen; korrekte Sätze bilden; einen altersentsprechenden Wortschatz aufbauen; Sprache dem Sinn entsprechend modulieren (Erst- und Zweitsprache)	erzählt Erlebnisse und Geschichten sehr packend Wortschatz ist inzwischen breit und präzise
[ ] Stärke [ ] ⇧ [ ] [ ] ⇩ [X] Problem	**Lesen und Schreiben** Die Schülerin/der Schüler kann lesen; laut vorlesen; verstehen, was gelesen wird; korrekt und leserlich schreiben	die guten mündlichen Formulierungen können nur ungenügend ins Schriftliche übertragen werden Rechtschreibung liegt deutlich unter der Stufennorm
[ ] Stärke [ ] ⇧ [X] [ ] ⇩ [ ] Problem	**Mathematisches Lernen** Die Schülerin/der Schüler kann kopfrechnen; schriftlich rechnen; Rechnungen in Sätzen verstehen und lösen; den Rechenstoff, der in der Klasse durchgenommen wird, verstehen und beherrschen	
[ ] Stärke [X] ⇧ [ ] [ ] ⇩ [X] Problem	**Umgang mit Anforderungen** Die Schülerin/der Schüler kann aufgetragene Aufgaben selbständig erledigen; in der Gruppe eine Aufgabe lösen; Verantwortung übernehmen; den Tagesablauf einhalten; Freude und Frust regulieren	Selbständigkeit (Arbeitsaufträge, Zuverlässigkeit bei Hausaufgaben) ist inzwischen super! Verzweiflungsausbrüche, wenn Texte nicht nach Wunsch herauskommen
[X] Stärke [ ] ⇧ [ ] [ ] ⇩ [ ] Problem	**Kommunikation** Die Schülerin/der Schüler kann verstehen, was andere sagen und meinen; ausdrücken, was sie/er ausdrücken will; anderen Menschen Dinge erklären; Gespräche und Diskussionen führen	ausgesprochene Stärke
[X] Stärke [ ] ⇧ [X] [ ] ⇩ [ ] Problem	**Bewegung und Mobilität** Die Schülerin/der Schüler kann Bewegungsabläufe planen, koordinieren und nachahmen (z.B. im Sport); feinmotorische Bewegungen planen, koordinieren und nachahmen (z.B. beim Basteln)	Bewegungstalent im Sport
[ ] Stärke [ ] ⇧ [X] [ ] ⇩ [ ] Problem	**Für sich selbst sorgen** Die Schülerin/der Schüler kann auf die Körperpflege, die Gesundheit und die Ernährung achten; sich vor gefährlichen Situationen schützen; die Einnahme von schädlichen Substanzen vermeiden	
[X] Stärke [ ] ⇧ [ ] [X] ⇩ [ ] Problem	**Umgang mit Menschen** Die Schülerin/der Schüler kann mit anderen Menschen Kontakt aufnehmen; Achtung, Wärme, Toleranz entgegenbringen und annehmen; Nähe und Distanz regeln; mit Kritik umgehen; Freunde finden	guter sozialer Umgang mit Klassenkameraden und Lehrpersonen; feines Gespür bei Unstimmigkeiten Kritik annehmen fällt nicht immer einfach
[ ] Stärke [X] ⇧ [ ] [ ] ⇩ [ ] Problem	**Freizeit, Erholung und Gemeinschaft** Die Schülerin/der Schüler kann am gemeinschaftlichen Leben (Familie, Kameraden, Vereinigungen, ...) teilnehmen; selbst gewählte Lieblingsaktivitäten und Hobbys pflegen; sich erholen	ist in der Freizeit sehr aktiv (neu dazugekommen: Basketballclub) scheint für Martin ein wichtiger Ausgleich zu sein

© Bildungsdirektion Kanton Zürich — Verstehen und Planen – Vorbereitung — Primar- und Sekundarstufe I – Deutsch

Abbildung 16: Von der Klassenlehrperson ausgefülltes Vorbereitungsformular; das Ausfüllen ist sowohl handschriftlich als auch am Computer (pdf-Formular) möglich; zur besseren Lesbarkeit kann diese Abbildung hier heruntergeladen werden: http:// peterlienhard.ch/ssg.zip

Das Vorbereitungsformular beginnt mit der folgenden Aufforderung: «Meine Umschreibung der derzeitigen Situation in Stichworten». Alle Beteiligten überlegen sich vorgängig persönlich, welche Tatsache oder welche Frage für sie bezüglich der Situation dieser Schülerin oder dieses Schülers momentan im Vordergrund steht. Die Klassenlehrperson hat hier Folgendes notiert: «Viel Anlass zur Freude (mündliche Beiträge, ausgeglichene soziale Art); Rechtschreibung/schriftliche Formulierungen machen zunehmend Sorge». Der Schüler selbst schreibt vielleicht: «Ich bin schlecht im Schreiben», die Eltern allenfalls: «Rechtschreibung schlimm. Wie geht es nach der 6. Klasse weiter?»

Alle diese Einschätzungen sind wichtig. Die Frage stellt sich allerdings, ob damit die wirklich relevanten Themen angesprochen wurden; das ist nicht zwingend der Fall. Aus diesem Grund wurde das Vorbereitungsformular durch ein weiteres Element ergänzt: Es enthält zehn sogenannte Lebensbereiche, die sich am Kapitel «Aktivitäten und Partizipation» der ICF orientieren. Unter jeder Überschrift stehen Beschreibungen, damit alle Beteiligten verstehen, was im jeweiligen Bereich gemeint ist.

- *Allgemeines Lernen*
  Die Schülerin/der Schüler kann zuhören, zuschauen, aufmerksam sein; sich Dinge merken; Lösungen finden und umsetzen; planen; üben
- *Spracherwerb und Begriffsbildung*
  Die Schülerin/der Schüler kann lautgetreu nachsprechen; den Sinn von Wörtern und Symbolen verstehen; korrekte Sätze bilden; einen Alters entsprechenden Wortschatz aufbauen; Sprache dem Sinn entsprechend modulieren (Erst- und Zweitsprache)
- *Lesen und Schreiben*
  Die Schülerin/der Schüler kann lesen; laut vorlesen; verstehen, was gelesen wird; korrekt und leserlich schreiben
- *Mathematisches Lernen*
  Die Schülerin/der Schüler kann kopfrechnen; schriftlich rechnen; Rechnungen in Sätzen verstehen und lösen; den Rechenstoff, der in der Klasse durchgenommen wird, verstehen und beherrschen
- *Umgang mit Anforderungen*
  Die Schülerin/der Schüler kann aufgetragene Aufgaben selbständig erledigen; in der Gruppe eine Aufgabe lösen; Verantwortung übernehmen; den Tagesablauf einhalten; Freude und Frust regulieren

- *Kommunikation*
  Die Schülerin/der Schüler kann verstehen, was andere sagen und meinen; ausdrücken, was sie / er ausdrücken will; anderen Menschen Dinge erklären; Gespräche und Diskussionen führen
- *Bewegung und Mobilität*
  Die Schülerin/der Schüler kann Bewegungsabläufe planen, koordinieren und nachahmen (z.B. im Sport); feinmotorische Bewegungen planen, koordinieren und nachahmen (z.B. beim Basteln)
- *Für sich selbst sorgen*
  Die Schülerin/der Schüler kann auf die Körperpflege, die Gesundheit und die Ernährung achten; sich vor gefährlichen Situationen schützen; die Einnahme von schädlichen Substanzen vermeiden
- *Umgang mit Menschen*
  Die Schülerin/der Schüler kann mit anderen Menschen Kontakt aufnehmen; Achtung, Wärme, Toleranz entgegenbringen und annehmen; Nähe und Distanz regeln; mit Kritik umgehen; Freunde finden und behalten
- *Freizeit, Erholung und Gemeinschaft*
  Die Schülerin/der Schüler kann am gemeinschaftlichen Leben (Familie, Kameraden, Vereinigungen, ...) teilnehmen; selbst gewählte Lieblingsaktivitäten und Hobbys pflegen; sich erholen

Wie wird dieser Teil des Vorbereitungsformulars konkret ausgefüllt? Jede Person, die am Standortgespräch teilnehmen wird, nimmt sich im Rahmen ihrer Vorbereitung knapp zehn Minuten Zeit. Sie stellt sich die betreffende Schülerin oder den betreffenden Schüler innerlich vor und geht Schritt für Schritt durch die zehn Bereiche. Bei jedem Bereich wird persönlich und subjektiv eingeschätzt, ob hier eher eine Stärke oder eher ein Problem gesehen wird. Dazu steht eine Fünferskala zum Ankreuzen zur Verfügung. Man kann pro Bereich ein Kreuz oder auch zwei Kreuze setzen und bei Bedarf zusätzliche Stichworte notieren.

Die kurzen, persönlichen Reflexionen entlang dieser zehn Bereiche verfolgt die folgende Absicht: Jede ausfüllende Person wird gezwungen, ihre vielleicht etwas einseitig problemorientierte Sichtweise erweitern. Die Schülerin oder der Schüler soll als «ganzer Mensch» wahrgenommen werden.

In diesem Zusammenhang können die folgenden Fragen auftauchen: Sind jedoch alle Beteiligten in der Lage, ein solches Vorbereitungsformular selbständig auszufüllen? Wie können fremdsprachige Eltern diese

Anforderung bewältigen? Ab welchem Alter ist dieses Formular den Schülerinnen und Schülern zuzumuten?

- Es gibt Eltern, die - aus welchen Gründen auch immer - eine gewisse Scheu haben, ein Formular wie dieses auszufüllen. Es ist deshalb wichtig, dass eine Schule, die auf diese Art Standortgespräche durchführen möchte, alle Eltern über diese Gesprächsform informiert - am besten im Rahmen eines Elternabends. So wissen alle Eltern, dass es völlig normal ist, wenn man irgendwann ein solches Vorbereitungsformular erhält.
- Wenn Eltern zu erkennen geben, dass sie Mühe mit dem Ausfüllen des Formulars haben, sollte ihnen dieses nochmals persönlich erklärt werden. Sind Eltern - beispielsweise infolge eines funktionalen Analphabetismus - nicht in der Lage, das Formular selbst auszufüllen, sollte ihnen empfohlen werden, dies mit einer Vertrauensperson aus dem privaten Bereich zu tun.
- Für fremdsprachige Eltern steht das Vorbereitungsformular in zehn Sprachen zur Verfügung. So dürfte es den meisten Eltern möglich sein, das Formular in ihrer Muttersprache auszufüllen.
- Wenn Eltern das Formular dennoch nicht ausfüllen, ist dies so zu akzeptieren. Wichtig ist, dass ihnen die Möglichkeit gegeben wurde.
- Kinder und Jugendliche, die am Standortgespräch teilnehmen werden und das Formular nach einer individuellen Erklärung verstehen können, füllen ebenfalls ein Vorbereitungsformular aus. Möglichkeiten, wie man die Vorbereitung und Gesprächsdurchführung mit jüngeren Kindern gestalten kann, sind ab Seite 116 beschrieben.

Struktur und Freiraum im Gespräch schließen sich nicht aus

Die ausgefüllten Vorbereitungsformulare bilden zu Beginn des Standortgesprächs die wichtigste Grundlage. Die verschiedenen Einschätzungen werden verglichen.

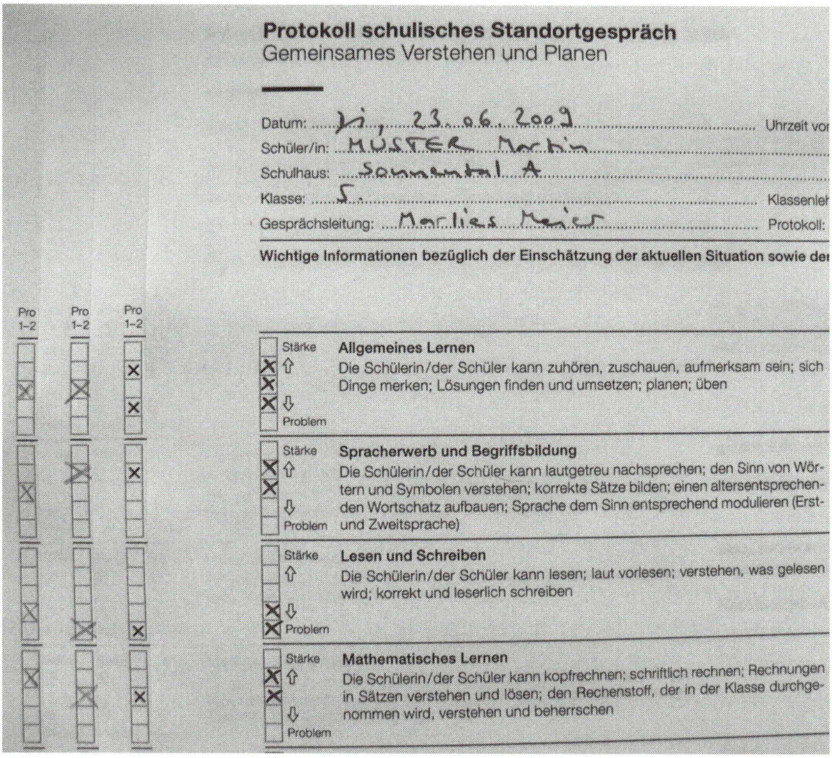

Protokoll schulisches Standortgespräch
Gemeinsames Verstehen und Planen

Datum: Di, 23.06.2009 Uhrzeit vo
Schüler/in: MUSTER Martin
Schulhaus: Sonnental A
Klasse: 5. Klassenle
Gesprächsleitung: Marlies Meier Protokoll:

Wichtige Informationen bezüglich der Einschätzung der aktuellen Situation sowie de

Pro 1–2 / Pro 1–2 / Pro 1–2

Stärke ⇧ ⇩ Problem

Allgemeines Lernen
Die Schülerin/der Schüler kann zuhören, zuschauen, aufmerksam sein; sich Dinge merken; Lösungen finden und umsetzen; planen; üben

Spracherwerb und Begriffsbildung
Die Schülerin/der Schüler kann lautgetreu nachsprechen; den Sinn von Wörtern und Symbolen verstehen; korrekte Sätze bilden; einen altersentsprechenden Wortschatz aufbauen; Sprache dem Sinn entsprechend modulieren (Erst- und Zweitsprache)

Lesen und Schreiben
Die Schülerin/der Schüler kann lesen; laut vorlesen; verstehen, was gelesen wird; korrekt und leserlich schreiben

Mathematisches Lernen
Die Schülerin/der Schüler kann kopfrechnen; schriftlich rechnen; Rechnungen in Sätzen verstehen und lösen; den Rechenstoff, der in der Klasse durchgenommen wird, verstehen und beherrschen

Abbildung 17: Zusammenführen der individuellen Einschätzungen der Vorbereitungsformulare mit darüber gelegter Protokollseite (Ausschnitt)

Die gesprächsleitende Person bittet nach der Begrüßung um alle Vorbereitungsblätter. Dadurch, dass sich die Kreuze auf der linken Blattseite befinden, kann durch einfaches Überlappen ein rascher Überblick über die verschiedenen Einschätzungen gewonnen werden. Das Protokollblatt, das links die gleichen Ankreuzmöglichkeiten trägt, wird als letztes darübergelegt. Die gesprächsleitende Person geht jeden Bereich kurz durch und bezeichnet auf dem Protokollblatt die Bandbreite aller Einschätzungen mit entsprechenden Kreuzchen. Die Anwesenden können sich dazu äußern, wenn sie das möchten.

Im vorliegenden Beispiel wurden drei Vorbereitungsformulare ausgefüllt, eines vom Schüler selbst, eines von seinen Eltern und eines von der Klassenlehrperson. Der Schulische Heilpädagoge, welcher der Klasse zugeteilt ist, nimmt im Einverständnis aller Beteiligten ebenfalls am Gespräch teil.

Nun erhalten alle ihr persönliches Vorbereitungsblatt wieder zurück. Gemeinsam wird geklärt, welche zwei Themen im Folgenden schwerpunktmäßig besprochen werden sollen. Sie sind in der folgenden Abbildung mit einem breiten Stift übermalt worden: «Wutausbrüche, wenn etwas nicht nach Wunsch klappt» und «Rechtschreibung; Strukturierung von Texten».

Nun folgt der wohl wichtigste und anspruchsvollste Teil des Gesprächs. Als Unterstützung dazu stehen im Originalverfahren zwei weitere Protokollseiten zur Verfügung. In der folgenden Abbildung 18 wird eine Variante davon gezeigt: Das gesamte Protokoll findet hier auf einer einzigen Seite Platz.[7]

Zunächst werden auf dem «Kurzprotokoll des Schulischen Standortgesprächs» ausgesprochene Stärken der Schülerin oder des Schülers notiert. Diese sollen während des ganzen Gesprächs präsent bleiben, auch wenn vielleicht die überwiegende Zeit über Schwierigkeiten gesprochen wird.

Nun wendet man sich gemeinsam den beiden Schwerpunktthemen zu. Wichtige Beobachtungen und Hypothesen werden stichwortartig auf dem Protokollbogen festgehalten. Dabei ist es nicht zufällig, ob dies links oder rechts auf dem Blatt geschieht:

- Eher links werden Beobachtungen notiert, die mehr mit dem Kind oder dem Jugendlichen selbst zu tun haben (Beispiel: «Stellt immer sehr hohe Ansprüche an sich selbst»).
- Eher rechts werden Beobachtungen notiert, die mehr mit dem Umfeld, mit der Situation zu tun haben (Beispiel: «Im Sport große Geduld, z.B. beim Üben von Skateboard-Tricks»).

Diese Unterscheidung ist nicht immer ganz einfach. Sie lohnt sich aber, weil dadurch oft sehr viel rascher klar wird, wo anzusetzen ist, um das Lernen und die Entwicklung gezielt unterstützen zu können.

---

[7] Das Protokollblatt, wie es in Abbildung 18 gezeigt wird, kann hier heruntergeladen werden: http://peterlienhard.ch/ssg.zip
Ein Tipp für die Anwendung dieses Formulars: Vergrößern Sie das Protokollblatt auf DIN-A3. So steht genügend Platz zur Verfügung. Zudem können alle Anwesenden das Protokollblatt gut einsehen, was der Transparenz dient. Nach dem Gespräch wird das Blatt wieder auf DIN-A4 herunterkopiert. Je eine Kopie wird allen Beteiligten übergeben oder ihnen später zugestellt.

Kurzprotokoll des schulischen Standortgesprächs

Alle Beteiligten erhalten eine Kopie dieses Blattes

Schüler/in: MUSTER Martin | Klasse: 5. | Datum: 23.06.2009

Stärken

sozial, ausgleichend, freundlich

guter Kommunikator

grosse Selbständigkeit (Riesenfortschritte!)

Schwerpunktthemen

Beobachtung zur Schüler/in, zum Schüler

Wutausbrüche, wenn etwas nicht nach Wunsch klappt

Beobachtungen zu Umfeld, Klasse, Lehrperson, Familie, ...

stellt immer sehr hohe Ansprüche an sich selbst

kurz allein lassen hilft meist

besonders schlimm, wenn Gedanken nicht richtig zu Papier gebracht werden können

Vergisst sich beim „Ausrasten", fühlt sich danach mies

im Sport große Geduld (z.B. beim Üben von Skateboard-Tricks)

Rechtschreibung; Strukturierung von Texten

Schwierigkeiten waren immer da, werden jetzt aber spürbarer

will, dass Hausaufgabentexte von der Mutter „vorgeschrieben" werden

leidet, schämt sich

geht in der Schule Schreibaufträgen möglichst aus dem Weg (Übungsdefizit!)

wäre bereit, Hilfe anzunehmen

Ziele (Abmachungen, Massnahmen, was wollen wir gemeinsam erreichen?)	**Wer kann was dazu beitragen?**
Bevor ein Wutausbruch kommt: aufstehen, Wasser trinken oder kurz raus; falls nötig Unterstützung holen	Martin reagiert frühzeitig Lehrpersonen sind zur Unterstützung bereit (Martin muss diese anfordern)
Schreibziel 1: Die guten Text-ideen im Kopf kommen aufs Papier	Martin: Der Inhalt ist wichtiger als die Schreibfehler! Lehrpersonen: Bewusst getrennte Rückmeldungen zu Inhalt und Form
Schreibziel 2: Die Rechtschreibung kommt auf einen genügenden Stand	Herr Huber (SHP der 5. Klasse) erstellt Programm für Martin

Nächstes Standortgespräch Datum: Do, 18.01.2010 Uhrzeit: 16:45 Einladung erfolgt durch: Marlies Müller

Am Gespräch beteiligt waren	**Weitere Gesprächsnotizen**
Martin Muster	
Daniela Muster	
Thomas Muster	
Marlies Müller	
Rolf Huber	

Abbildung 18: Kurzprotokoll eines Schulischen Standortgesprächs (normalerweise handschriftlich ausgefüllt, hier abgetippt); zur besseren Lesbarkeit ist diese Abbildung über http://peterlienhard.ch/ssg.zip herunterladbar

In der Schlussphase des Standortgesprächs werden übergeordnete Förderziele definiert. Sie stellen grobe Meilensteine dar, die in den nächsten Monaten erreicht werden sollten. Diese Ziele sollen überprüfbar sein, von allen Beteiligten verstanden werden und weder über- noch unterfordern (vgl. dazu auch Seite 126). Neben den Zielen wird notiert, wer was konkret beitragen kann, damit diese möglichst erreicht werden.

Der Termin für ein nächstes Standortgespräch wird vereinbart. Das erübrigt eine spätere, aufwändige Terminsuche. Alle Beteiligten setzen zum Zeichen ihrer Anwesenheit ihren Namen unter das Protokollblatt und erhalten eine Kopie davon.

Lehrpersonen, die mit allen Schülerinnen und Schülern jährliche Standortgespräche mithilfe des hier vorgestellten Formulars durchführen, entscheiden von Fall zu Fall, ob sie es beim Vergleich der Vorbereitungsformulare mit den Kreuzchen bewenden lassen – in diesem Fall verläuft das weitere Gespräch ohne Protokollierung – oder ob das gemeinsame Festhalten der wichtigsten Gesprächspunkte Sinn machen könnte. Diese Flexibilität sollte gewahrt bleiben: Formulare sollten nie ohne erkennbaren Zweck verwendet werden.

Selbstverständlich jedoch muss das Gesprächsverfahren verbindlicher werden, sobald es sich um eine Schülerin oder einen Schüler mit Beeinträchtigungen handelt. Ausführungen hierzu ab Seite 119 zu finden.

Können jüngere Kinder in Standortgespräche einbezogen werden?

Schulische Standortgespräche sind individuumsbezogene Gespräche: Sie drehen sich um eine bestimmte Schülerin oder einen bestimmten Schüler. Entsprechend ist es wenig einsichtig, weshalb die Person, um die es geht, nicht anwesend sein soll. Der Regelfall sollte deshalb wie folgt lauten: Die Schülerin oder der Schüler ist bei Standortgesprächen grundsätzlich dabei. Wenn es gute Gründe gibt, das Gespräch ohne das Kind oder den Jugendlichen durchzuführen, wird ein bewusster Entscheid dazu gefällt.

Allerdings verändert die Anwesenheit der Schülerin oder des Schülers die Situation. Das Gespräch muss so geführt werden, dass alle Beteiligten partizipieren können. Mit Blick auf das Vorbereitungsformular ist augenfällig, dass dieses jüngeren Kindern genauso wenig zugemutet werden kann wie den meisten Schülerinnen und Schülern mit Beeinträchtigungen.

Lehrpersonen eines Schulversuchs im Kanton Zürich (Grundstufenversuch, in dem die Kinder aus zwei Kindergartenjahren und der ersten Primarklasse altersdurchmischt unterrichtet werden) wollten sich nicht mit dieser Situation abfinden: Zwar waren sie vom Verfahren «Schulische Standortgespräche» überzeugt, suchten aber Wege zum Einbezug von jüngeren Schülerinnen und Schülern. Dazu haben sie kindgerechte Hilfsmittel entwickelt und das Verfahren angepasst.

Abbildung 19: Der Lehrer Klaus-Peter Grundkötter bespricht mit einem knapp siebenjährigen Schüler die zehn Bereiche des Standortgesprächs; das Kind schätzt sein Befinden anhand einer Smilie-Ratingskala ein (Video-Standbild, Klaus-Peter Grundkötter)

Diese Grundstufenlehrpersonen führen mit jeder Schülerin und jedem Schüler einmal jährlich ein Standortgespräch durch. Dazu gehört ein rund halbstündiges Vorgespräch mit dem Kind allein. Die Lehrperson strukturiert das Gespräch anhand von zehn Wort-Bild-Tafeln. Jeder Bereich des Standortgesprächs (z.B. «Mathematisches Lernen», «Umgang mit Anforderungen», «Umgang mit Menschen») ist kindgerecht übersetzt und mit einer bildlichen Darstellung ergänzt.

Abbildung 20: Einer der zehn Bereiche des Verfahrens «Schulische Standortgespräche» (Kommunikation), kindgerecht umgesetzt von Klaus-Peter Grundkötter (Text) und Christine Betschon (Bilder); Bezugsnachweis siehe Seite 178

Kinder, die bereits dazu fähig sind, lesen den Text vor, den anderen wird er vorgelesen. Im Anschluss daran wird das Kind gefragt, wie es ihm dabei ergeht, wenn es beispielsweise verstehen will, was andere sagen, oder wenn es verstanden werden will, wenn es selbst etwas ausdrückt. Es geht nicht um eine eigentliche Leistungsbeurteilung, sondern um den Anstoß zu einem Gespräch über das eigene Lernen – in einem weiten, umfassenden Sinne. Diese Auseinandersetzung erfolgt entlang der zehn Bereiche des regulären Vorbereitungsformulars. Für jeden Bereich macht das Kind eine Selbsteinschätzung: Es platziert eine Spielfigur auf einer Fünferskala, die aus Smilies besteht.

Die Einschätzung des Kindes wird auf das erste Protokollblatt des Verfahrens «Schulische Standortgespräche» übertragen (vgl. Abbildung 17 auf Seite 113) – beispielsweise in Form eines farbigen Kreises. Wenn später die Einschätzungen der Eltern und der Lehrperson hinzukommen, ist auch die Selbsteinschätzung des Kindes immer mit dabei.

Die Erfahrungen mit diesen Vorgesprächen sind sehr positiv: Es ist beeindruckend, wie klar auch sehr junge Kinder ihr Befinden, ihre Stärken und Schwierigkeiten einschätzen können. Die Lehrperson erhält wichtige Hinweise darüber, wie das Kind lernt, was es bewegt und wie es in seinem Lernen noch besser unterstützt werden könnte.

Gleichentags oder an einem der nächsten Tage kommen die Eltern zum Standortgespräch. Das Kind ist zu Beginn dabei und darf beispielsweise über Bereiche, die ihm besonders wichtig sind, erzählen. Nach einer gewissen Zeit darf es im gleichen Raum oder in einem angrenzenden Raum spielen, zeichnen oder sich anderweitig beschäftigen. Die Lehrperson und die Eltern führen das Standortgespräch wie beschrieben durch (Einschätzungen vergleichen, Kernthemen bestimmen und besprechen, übergeordnete Förderziele formulieren). Das Kind kann bei Bedarf hinzugeholt werden, oder es darf sich selber wieder ins Gespräch einbringen. Wenn Lehrpersonen und Eltern Themen besprechen wollen, die das Kind belasten oder verwirren könnten, wird dem Kind offen gesagt, dass die Erwachsenen das weitere Gespräch unter sich führen werden. Das Kind wird aufgefordert, sich in einem angrenzenden Raum selbst zu beschäftigen.

Standortgespräche und Förderdiagnostik bei Schülerinnen und Schülern mit Beeinträchtigung: Was ist besonders zu beachten?

Die folgende Darstellung sieht auf den ersten Blick sehr ähnlich aus wie die Abbildung 15, die auf Seite 106 vorgestellt wurde. Drei Elemente sind allerdings neu dazugekommen:

- allfällige zusätzliche Fachabklärungen
- allfällige Anträge und Entscheide für zusätzliche Maßnahmen
- Überschneidung mit einem weiterführenden Kreis

Auf den Punkt «allfällige Anträge und Entscheide für zusätzliche Maßnahmen» wird im Rahmen dieses Buches nicht näher eingegangen: Zu unterschiedlich sind die administrativen Wege und Zuständigkeiten, die je nach Land, Region und Institution beachtet werden müssen. Wir konzentrieren uns deshalb im Folgenden auf die Frage, wie das förderdiagnostische Vorgehen – mit oder ohne zusätzliche Fachabklärungen – gestaltet werden kann.

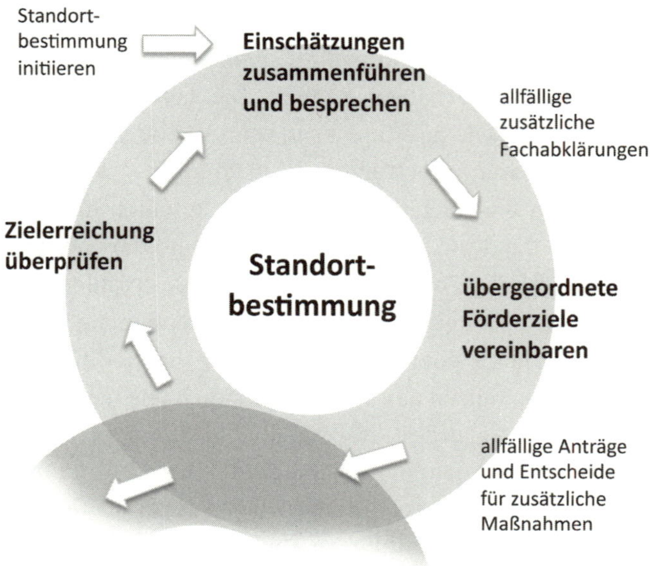

Abbildung 21: Elemente einer Standortbestimmung, die bei Schülerinnen und Schülern mit Beeinträchtigungen wichtig sind

Jede Lehrperson verwendet in ihrem schulischen Alltag fortwährend förderdiagnostische Elemente im weitesten Sinne – beispielsweise dann, wenn sie Schülerinnen und Schülern über eine bestimmte Lernhürde hinweghilft: Sie beobachtet, erklärt, schlägt alternative Sichtweisen vor, unterteilt das Problem in Teilschritte. Bei Kindern und Jugendlichen mit Beeinträchtigungen ist jedoch mehr notwendig: Die Problemanalyse der individuellen Lern- und Entwicklungssituation muss systematisch erfolgen. Niedermann et al. (2007, 60) listen mögliche Elemente der Förderdiagnostik auf:

- systematische Beobachtung
- Lernexperimente
- Lern-, Leistungs- und Entwicklungstests
- Kind-Umfeld-Diagnose
- Didaktische Analyse
- Anamnese
- Befragung des Schülers/der Schülerin
- Befragung Dritter

Die Autoren lassen es nicht bei dieser Auflistung bewenden: Sie schlagen konkrete Instrumente aus dem sonderpädagogisch-psychologischen Bereich vor, die zur Feststellung des besonderen Entwicklungs- und Bildungsbedarfs eines Kindes oder eines Jugendlichen dienen können. Einen besonderen Schwerpunkt setzen sie auf Hilfsmittel zur Lernstandserfassung in Mathematik und Sprache.

Solche förderdiagnostischen Vorgehensweisen sind gemeint, wenn im Förderplanungszyklus von «allfälligen zusätzlichen Fachabklärungen» die Rede ist – aber auch spezifische psychologische oder medizinische Diagnoseverfahren. Es würde zu weit führen, an dieser Stelle alle relevanten diagnostischen Verfahren aufzulisten. Wir erachten dies aus zwei Gründen für nicht angebracht:

- Von Fachpersonen (namentlich aus den Bereichen Sonderpädagogik, Psychologie, Sozialpädagogik, Pädiatrie) kann eine entsprechende Kompetenz innerhalb der eigenen Domäne erwartet werden.
- Es gibt genügend Fachliteratur, in der gute Beschreibungen von Verfahren und Vorgehensweisen zu finden sind. Im unterrichtsnahen förderdiagnostischen Bereich ist dazu namentlich das bereits erwähnte Buch von Niedermann et al. zu empfehlen.

Es gilt zu verhindern, dass zu viele Köche den Brei verderben

Oftmals sind mehrere Fachpersonen aus verschiedenen Disziplinen am gleichen förderdiagnostischen Prozess beteiligt. Damit stellen sich Fragen nach der Koordination, nach Rollen und Zuständigkeiten. Möglicherweise können die folgenden Punkte als Orientierungshilfe in solchen Situationen dienen:

- *Nutzung der fachlichen Ressourcen innerhalb der eigenen Schule*
  In erster Linie sollen für förderdiagnostische Einschätzungen und Abklärungen die vorhandenen fachlichen Ressourcen innerhalb der eigenen Schule genutzt werden. Oft wird übersehen, welches Potenzial hier bereits vorhanden ist: Lehrpersonen mit sonderpädagogischer Zusatzausbildung, Fachpersonen in Logopädie oder einer anderen therapeutischen Ausrichtung, allenfalls auch Fachpersonen aus dem sozialpädagogischen Bereich. Alle sollten in ihrer Ausbildung förderdiagnostische Vorgehensweisen und Instrumente kennengelernt haben. Dieses Wissen gilt es zu nutzen. Schulen, die einen kind-

bezogenen Austausch institutionalisiert haben, beispielsweise in Form von regelmäßig durchgeführten Fachteamsitzungen, tun dies bereits systematisch.

- *Gezielter Beizug zusätzlicher Fachpersonen bei offenen Fragen*
  Je nach Situation und Fragestellung kann es gute Gründe geben, die Sichtweise einer externen Fachperson – beispielsweise aus dem Bereich der Schulpsychologie oder Pädiatrie – einzuholen. Dabei ist bewusst zu entscheiden, ob man einer dieser externen Fachpersonen die Fallverantwortung übergeben soll. Dies ist nur dann zu empfehlen, wenn die externe Fachperson die realen Verhältnisse in der Schule vor Ort gut kennt. Ansonsten besteht die Gefahr von praxisfremden Maßnahmenvorschlägen.
- *Konkrete Fragen führen zu konkreten Antworten*
  Generell gilt bei externen Abklärungen: Den Fachleuten sollen konkrete Fragen gestellt werden, beispielsweise im folgenden Sinne: «Jonas hat große Mühe, sich zu konzentrieren. Wir haben versucht, die Lernangebote entsprechend anzupassen, was aber leider wenig gebracht hat. Wir möchten gerne wissen, wie die Konzentrationsprobleme zu erklären sind und was man für Jonas diesbezüglich tun könnte.»
- *So wenig Beteiligte wie möglich, so viele wie nötig*
  Im gesamten förderdiagnostischen Prozess ist immer die Frage zu stellen, welche Personen zwingend daran beteiligt sein sollen. Insbesondere bei Standortgesprächen ist darauf zu achten, den Teilnehmerkreis übersichtlich zu halten.
  Möglicherweise kann die folgende – auf den ersten Blick vielleicht unkonventionell scheinende – Idee weiterhelfen: Diejenige Person, die zu einem Standortgespräch einlädt, fragt im Vorfeld das Kind oder den Jugendlichen selbst, welche Personen am Gespräch anwesend sein sollen. Auch bei Schülerinnen und Schülern mit Beeinträchtigung sind mit dieser Vorgehensweise gute Erfahrungen gemacht worden: Sie spüren oft sehr genau, welche Menschen für ihr Lernen und ihre Entwicklung wirklich etwas beitragen können.

Bei welchen Schülerinnen und Schülern braucht es eine individuelle Förderplanung?

Oftmals ist unklar, für welche Schülerinnen und Schüler lediglich die regulären (in der Regel jährlich stattfindenden) Gespräche durchgeführt werden sollen und für welche eine individuelle Förderplanung mit häufiger stattfindenden Gesprächen notwendig ist. Es ist wichtig, hier eine gute Balance zu finden: Auf der einen Seite hat die Schule ihre fachliche Verantwortung wahrzunehmen. Auf der anderen Seite soll dieser zusätzliche Aufwand nur dort geleistet werden, wo er notwendig ist.

Der folgende Entscheidungsbaum macht einen Vorschlag, bei welchen Kriterien die Notwendigkeit einer individuellen Förderplanung gegeben ist.

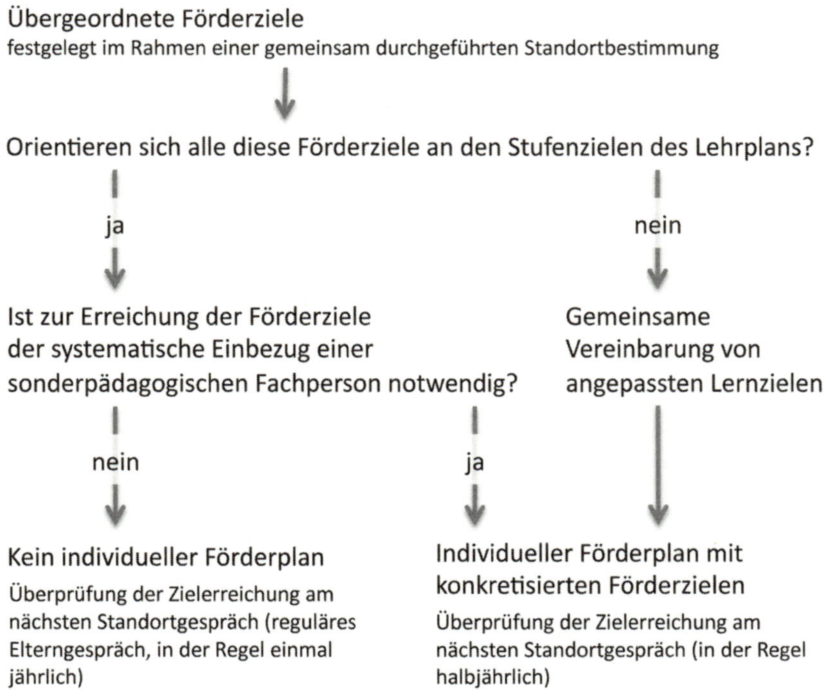

Abbildung 22: Kriteriengeleiteter Entscheidungsbaum zur Klärung, ob ein individueller Förderplan erstellt werden soll

Der zweite Schwerpunkt im Förderplanungszyklus: Die Umsetzung in Unterricht und Förderung

Förderdiagnostischer Aufwand verpufft oft ohne Wirkung

Ab und zu wird die Meinung vertreten, dass mit der Durchführung eines zielorientierten Standortgesprächs und nach allfälligen Fachabklärungen die Förderplanung bereits gemacht sei. Dem ist definitiv nicht so. Zwar wurden Beobachtungen und Hypothesen gesammelt, diskutiert und abgeglichen, übergeordnete Förderziele wurden festgelegt – der Unterricht und die Förderung haben sich dadurch aber nicht zwingend verändert. Man könnte es noch härter formulieren: Ein förderdiagnostischer Prozess ohne systematische Weiterführung im Rahmen einer Förderplanung macht wenig Sinn und rechtfertigt den Aufwand nicht. Notwendig ist die Erstellung eines Förderplans, der in Unterricht und Förderung konkrete Auswirkungen zeigt. Die beobachtbaren Wirkungen sind zu reflektieren und zu dokumentieren, das Vorgehen der Beteiligten ist zu koordinieren.

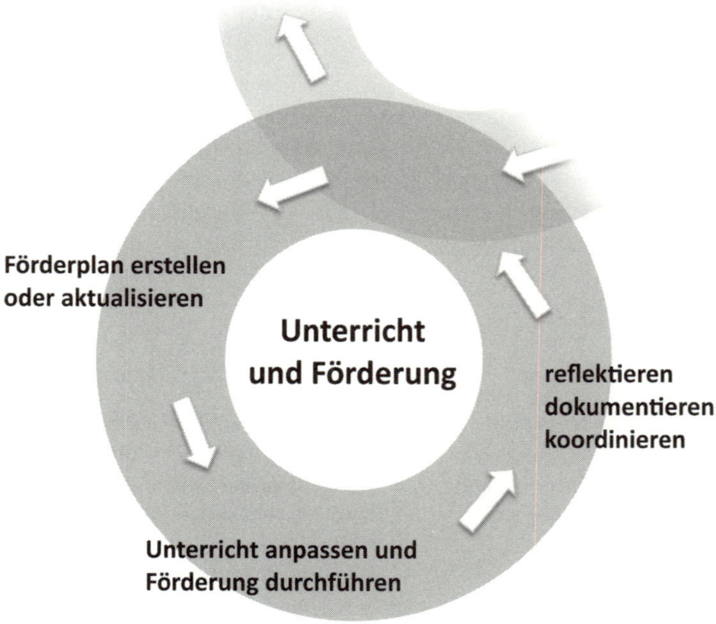

Abbildung 23: Elemente der Förderplanung zur gezielten Anpassung von Unterricht und Förderung

In Abbildung 23 sind die wichtigsten Elemente des zweiten Bereichs im Förderplanungszyklus dargestellt. Die Konkretisierung der einzelnen Elemente kann auf unterschiedliche Weise erfolgen – es gibt nicht nur einen Weg, der zum Ziel führt. Nicht alle Umsetzungen sind jedoch zielgerichtet und praxisfreundlich, und nicht alle stehen in einem günstigen Verhältnis von Aufwand und Wirkung. Vielleicht können die folgenden Hinweise bei der Vorgehensplanung hilfreich sein:

Tabelle 7: Entscheidungshilfe für die Umsetzungsgestaltung der Förderplanung

Hinweis	Erläuterung
Vermeiden Sie unterschiedliche Kategorien-systeme.	Versuchen Sie eine Struktur für die Förderplanung zu finden, die mit derjenigen der Förderdiagnostik, des Standortgesprächs und allfälliger schriftlicher Berichte kompatibel ist. Ein Beispiel: Wenn die Standortgespräche nach ICF-Lebensbereichen und die Förderplanung nach Sach-, Selbst- und Sozialkompetenz strukturiert sind, ergeben sich laufend aufwändige «Übersetzungsarbeiten». Diese sind hochgradig anfällig für Missverständnisse. Besser man entscheidet sich grundsätzlich für die eine oder die andere Kategorisierung.
Suchen Sie nach einer guten Balance zwischen gemeinsamer Ausrichtung und individueller fachlicher Freiheit.	Ohne eine Koordination des Förderplanungsprozesses ist die Gefahr groß, dass die verschiedenen Beteiligten isoliert voneinander «vor sich hin fördern». Wenn einer Lehrperson oder einer sonderpädagogischen Fachperson allerdings unnötig enge Vorschriften gemacht werden, wie sie ihren Unterricht oder ihre Förderung zu gestalten hat, sind Abwehr- und Vermeidungsmechanismen zu erwarten. Innerhalb eines Bildungssystems oder einer Institution ist deshalb zu klären, welche Elemente der Förderplanung von allen verbindlich angewendet werden sollen und was in den Bereich der individuellen fachlichen Freiheit gehört.
Streben Sie Einfachheit und Übersichtlichkeit an.	Es gibt Förderplanungssysteme, die an eine dicke technische Bedienungsanleitung erinnern. Häufig teilen sie deren Schicksal: Sie werden im Alltag kaum beachtet und bleiben ohne Wirkung. Förderplanungssysteme sollten inhaltlich differenziert, von der Form her aber einfach strukturiert sein. Nur was schlank und übersichtlich ist, wird wirklich zur Hand genommen und längerfristig als hilfreich empfunden.

Welche Merkmale haben gute Förderziele?

Ein Förderplan weist in die Zukunft – und planen lässt sich nur, wenn eine Zielvorstellung vorhanden ist. Deshalb ist es wichtig, dass Förderziele gesetzt werden. Gute Förderziele zu formulieren, ist jedoch eine große Herausforderung und fällt wohl niemandem durchwegs leicht.

Tabelle 8: Merkmale guter Förderziele

Merkmal	Günstiges Beispiel	Ungünstiges Beispiel
konkret und für alle Beteiligten verstehbar	Lisa kann ein Erlebnis oder eine kurze Geschichte frei und verständlich vor der Klasse erzählen.	Die phonologische Bewusstheit wird durch gezielte therapeutische Interventionen unterstützt.
überprüfbar	Damian meldet sich in jedem mündlichen Lektionsteil mindestens zwei Mal.	Elias denkt ernsthaft über sein Sozialverhalten nach.
herausfordernd, aber erreichbar	Mia hat den Zehnerübergang begriffen und kann mit Hilfsmitteln einfache Additionen und Subtraktionen durchführen.	Leon ist im Unterricht stets aufmerksam. Julia kommt nie mehr müde zur Schule.
auf *eine* Zieldimension beschränkt	Kurz bevor ein Streit entsteht, geht Kevin selbständig fünf Schritte weg und atmet fünf Mal tief durch. Laura kann grundlegende Bedürfnisse mit Gebärden ausdrücken.	Alle Beteiligten arbeiten am Selbstbewusstsein und an der Arbeitshaltung von Jonas. Annika macht die Hausaufgaben regelmäßig und ist zu Eltern und Lehrpersonen freundlicher.

Möglicherweise besteht auch Klärungsbedarf bezüglich unterschiedlicher Arten von Förderzielen: Bei den Standortgesprächen war von «übergeordneten», beim Förderplan von «konkretisierten» Förderzielen die Rede. In der Praxis ist diese Unterscheidung nicht immer trennscharf. Grundsätzlich aber dürfen übergeordnete Förderziele breiter und damit auch allgemeiner formuliert sein. Ein Beispiel:

– In einem Standortgespräch werden gemeinsam die folgenden übergeordneten Förderziele formuliert: «Lisa kann über längere Phasen

für sich allein arbeiten»; «Lisa kann kurze Geschichten verständlich nacherzählen.»
- Im Förderplan könnten die folgenden Konkretisierungen gemacht werden: «Wenn Lisa Fragen hat, stellt sie die blaue Papphand vor sich hin. Sie arbeitet an einer nächsten Aufgabe, bis jemand zu ihr kommt»; «Lisa kann Bildergeschichten aus dem vorderen Teil des Lehrmittels XY sinngemäß erzählen.»

Je konkreter die übergeordneten Förderziele bereits sind, desto besser. Es ist aber im Rahmen des Standortgesprächs nicht immer möglich, aus dem Stegreif optimale Formulierungen zu finden. Der Anspruch sollte hier nicht zu hoch gesetzt sein – man kann die Ziele durchaus später beim Erstellen des Förderplans noch schärfen und konkretisieren.

Der Förderplan gibt der Förderung eine Richtung

Die große Herausforderung bei der Konkretisierung der Förderplanung besteht darin, eine Brücke zwischen den übergeordneten Förderzielen und der Wochen- und Tagesplanung zu bilden. Die Förderplanung soll einerseits nahe an der alltäglichen Förderung sein, andererseits aber eine gewisse Distanz zu ihr wahren, indem sie immer wieder dazu auffordert, mit etwas Abstand Fragen wie diese aufkommen zu lassen:
- Welche Ziele sind bei der Förderung dieser Schülerin, dieses Schülers wirklich wichtig?
- Schaffe ich Bedingungen, die eine Zielerreichung unterstützen?
- Welche Ziele konnten erreicht werden, welche nicht – und welche Schlüsse sind daraus zu ziehen?

Eine Möglichkeit eines praxisorientierten Hilfsmittels besteht darin, ein Förderplan in einfacher Tabellenform zu führen. In Abbildung 24 wird eine von vielen möglichen Gestaltungsmöglichkeiten vorgestellt.[8] In diesem Beispiel werden die Lebensbereiche des Verfahrens «Schulisches Standortgespräch» – angelehnt an das Klassifikationssystem der ICF – als Leitstruktur übernommen. Es sind aber auch andere Strukturierungen wie beispielsweise Sach-, Selbst- und Sozialkompetenz denkbar, oder

[8] Zahlreiche weiter Vorschläge, wie Förderpläne strukturiert werden können, sind in Mutzeck (2007, 251 ff.) zu finden.

aber die Orientierung an Schulfächern, ergänzt mit überfachlichen Kategorien.

Wichtig zu wissen ist: Es kann nicht das Ziel sein, möglichst alle Felder zu füllen. Nur Angaben, die in der aktuellen Zeitperiode als relevant erachtet werden, sollen aufgenommen werden.

Förderplan für .... Klasse: .... Zeitraum von .... bis ....

Ausgefüllt von .... Funktion .... Schule ....

Übergeordnete Förderziele, vereinbart am Standortgespräch vom ....

....

....

Bereich	**Konkretisierte Förderziele**	**Unterstützende Bedingungen** Lernumgebung, Methoden, Materialien, ...	**Beobachtungen / Einschätzung der Zielerreichung** (Datum)
Allgemeines Lernen			
Spracherwerb und Begriffsbildung			
Lesen und Schreiben			
Mathematisches Lernen			
Umgang mit Anforderungen			
Kommunikation			
Bewegung und Mobilität			
Für sich selbst sorgen			
Umgang mit Menschen			
Freizeit, Erholung und Gemeinschaft			

Abbildung 24: Strukturierungsmöglichkeit eines Förderplans

Die am Standortgespräch vereinbarten übergeordneten Förderziele werden wie eine Präambel über die Tabelle geschrieben. So bleibt immer präsent, was als gemeinsame Zielausrichtung vereinbart wurde. Aus ihnen werden konkretisierte Förderziele abgeleitet – und vielleicht gibt es im Verlauf der Förderung noch weitere Ziele, die verfolgenswert erscheinen. Diese werden im passenden Bereich ergänzt. Das ist unter anderem deshalb sinnvoll, weil auf diese Weise eine ideale Vorbereitung für ein nächstes Standortgespräch angelegt ist – und wenn ein Lern- oder Förderbericht erstellt werden muss, hat man die wichtigsten Informationen bereits dokumentiert. Und ganz wichtig: Etliche Felder dürfen leer bleiben. Nicht Vollständigkeit soll angestrebt werden, sondern Bedeutsamkeit.

Förderplan für (Schüler/in) Martin Muster Klasse: 5. Zeitraum von Juni 2009 bis Januar 2010

Ausgefüllt von Rolf Huber Funktion Schulischer Heilpädagoge Schule Sonnhalde Musterdorf

Übergeordnete Förderziele, vereinbart am Standortgespräch vom 23. Juni 2009

- Bevor ein Wutausbruch kommt: aufstehen, Wasser trinken oder kurz raus, falls nötig Unterstützung holen
- Schreibziel 1: Die guten Textideen im Kopf kommen aufs Papier
- Schreibziel 2: Die Rechtschreibung kommt auf einen genügenden Stand

Bereich	**Konkretisierte Förderziele**	**Unterstützende Bedingungen** Lernumgebung, Methoden, Materialien	**Beobachtungen / Einschätzung der Zielerreichung** (Datum)
Allgemeines Lernen	M. hat seine Arbeitsmittel jederzeit griffbereit M. arbeitet an reizarmen Orten	Arbeitsplatzgestaltung in der Schule und zuhause mit Martin besprechen Platz in der Klasse, an dem er sich ungestört und unbeobachtet fühlt	Macht Hausaufgaben nicht mehr im Wohnzimmer, sondern in seinem Zimmer; hat sich mit Hilfe des Vaters ein „Büro" eingerichtet (6.9.09) Entscheid Klassenrat: Sitzordnung bleibt bis nach Herbstferien; Platz derzeit nicht optimal; später nochmals thematisieren (1.10.09)
Spracherwerb und Begriffsbildung			
Lesen und Schreiben	M. schreibt kleine Portionen, aber regelmäßig	Mit Martin gemeinsam gute Schreibanlässe finden → schreibt von wichtigen Fußballspielen kurze Zusammenfassungen	führt sein Heft mit den Fußball-Zusammenfassungen regelmäßig nach; wir schauen es jeweils Di 11-12 an; auch gutes Lesetraining! (25.9.09)
	M. arbeitet systematisch an seiner Rechtschreibung	Arbeit mit XY-Rechtschreibtrainings-Software neu: Ich bespreche mit Martin ausgewählte Rechtschreibthemen anhand seiner eigenen Texte → stelle für ihn einfache Merkblätter zusammen	XY macht Martin keinen Spaß (→ Abbruch); M. wünscht, dass wir die Rechtschreibung anhand der Fußball-Zusammenfassungen besprechen(28.9.10) Gross/Klein: sehr viel besser; Dehnungen/Schärfungen nach wie vor unsystematisch (11.10.09)
Mathematisches Lernen			
Umgang mit Anforderungen	M. erkennt frühzeitig, wenn ein „Ablöscher" kommt	Wenn wir Lp Anzeichen spüren, dass er die Kontrolle verliert: in mittlere Nähe gehen, unaufdringlich Präsenz und Unterstützung markieren (nur ausnahmsweise direkt ansprechen!)	Die Sache mit aufstehen und Wasser trinken klappt gut (2x beobachtet); seit Sommerferien kein Ausbruch mehr (1.10.09)
Kommunikation			
Bewegung und Mobilität			
Für sich selbst sorgen			
Umgang mit Menschen			Super-Erlebnis: Martin hat der Klasse die abgemachten Grobziele (vor allem „Anti-Ausflippen") erläutert. Klasse hat spontan ihre Unterstützung zugesagt. Martin beruhigt und happy (25.6.09)
Freizeit, Erholung und Gemeinschaft			

Abbildung 25: Beispiel eines ausgefüllten Förderplans[9]

[9] Im schulischen Alltag kann ein solcher Förderplan entweder handschriftlich oder am Computer erstellt und nachgeführt werden. Zur besseren Lesbarkeit ist diese Abbildung über http://peterlienhard.ch/ssg.zip herunterladbar.

Die nächste Spalte ist eine sehr zentrale: Die Förderziele entfalten ihre Wirkung erst dann, wenn sie praktische Konsequenzen haben. Beeinflussen kann man als Lehrperson oder als sonderpädagogische Fachperson nicht das Kind direkt, sondern lediglich das eigene Handeln. Deshalb sollen in dieser Spalte unterstützende Bedingungen beschrieben werden. Damit sind beispielsweise Ideen für didaktische Settings, methodische Vorgehensweisen oder hilfreiche Materialien gemeint.

In der dritten Spalte werden periodisch Beobachtungen notiert, idealerweise versehen mit dem Datum. So kann der Effekt der Maßnahmen laufend reflektiert und können die pädagogischen Vorgehensweisen angepasst werden.

Ein auf diese Weise fortgeführter Förderplan erhält den Charakter eines laufend fortgeführten «Förderjournals» – und ist damit eine ideale Basis für die konkrete Wochen- und Tagesplanung des Unterrichts oder der spezifischen Förderung. Es werden an dieser Stelle bewusst keine Vorschläge gemacht, wie eine solche Wochen- und Tagesplanung konkret aussehen könnte. Diese Kompetenz fällt nun definitiv in den Bereich der individuellen fachlichen Freiheit.

Papierform, Computerlösung oder elektronisches Tool?

Jede Schule oder jedes Bildungssystem, das sich für die Einführung eines Förderplanungssystems entscheidet, steht früher oder später vor der Frage, in welcher Form sie dieses umsetzen will. Papierform, Computerlösung oder elektronisches Tool? Wichtig ist, dass dieses Instrument im schulischen Alltag gut verfügbar und damit freundlich in der Anwendung ist. Andernfalls ist die Gefahr groß, dass die Förderplanung ein ungeliebter Fremdkörper mit geringer Wirkung bleibt. Alle Formen haben bestimmte Vor- und Nachteile, ähnlich einer papierenen, einer elektronischen oder einer vernetzten Agenda:

- Handschriftliche «Papier- und Schreibstift»-Lösungen sind unmittelbar in jeder Situation verfügbar. Die Chance, dass der Förderplan öfter zur Hand genommen wird, ist optimal gegeben, weil man beispielsweise in einem Ordner alle Förderpläne der besonders geförderten Schülerinnen und Schüler ständig bei sich hat. Ein erheblicher Nachteil besteht darin, dass diese Form für andere Personen schlecht verfügbar ist.

- In der elektronischen Form (beispielsweise auf einem Schul-Server) kann der Raum für Eintragungen bedarfsgerecht angepasst werden, nicht benötigte Zeilen können bei Bedarf gelöscht werden, das Ergänzen zusätzlicher Kategorien ist leicht möglich. Die gegenseitige Einsichtnahme ist möglich, muss aber bezüglich des Datenschutzes sauber geregelt sein. Ein Nachteil besteht darin, dass Eingaben immer nur an einem Computer (je nach System mit oder ohne Netzwerkverbindung) gemacht werden können.
- Eingekaufte Tool-Lösungen liefern im Idealfall eine hilfreiche Struktur, Itemlisten, Beobachtungs- und Reflexionshilfen, Textbausteine sowie weiterführende Informationen. Sie weisen in der Regel jedoch eine eingeschränkte Flexibilität auf und müssen so entgegengenommen werden, wie sie daherkommen.

Wie kann eine Schule vorgehen, um eine für sie passenden Form zu finden?
- Stellen Sie das Ziel und den Inhalt über die Form. Lassen Sie sich nicht durch Äußerlichkeiten von Förderplanungsinstrumenten blenden. Suchen sie Übersichtlichkeit, Transparenz, Praxistauglichkeit und die Konzentration auf das Wesentliche.
- Achten Sie darauf, dass die an die Förderdiagnostik anschließenden Elemente (Förderplanung, Durchführung, Zielüberprüfung) der gleichen Systematik folgen und somit gut aufeinander abgestimmt sind.
- Wenn Sie innerhalb Ihrer Schule zu wissen glauben, was Sie brauchen und was Sie wollen: Prüfen Sie verschiedene Formen (Papierform, Computerform, schulinterne Serverlösung, bestehendes elektronisches Tool).[10] Sprechen sie mit anderen Schulen, die bereits einen Schritt weiter sind und fragen Sie nach den gemachten Erfahrungen.
- Machen Sie – beispielsweise in einem Teil-Team – Testläufe, um ein Gefühl dafür zu erhalten, was ein einzelnes Verfahren kann und wo es allenfalls auf die Gegebenheiten der Schule anzupassen ist.

---

[10] Vier Beispiele von elektronischen Förderplanungs-Tools: Förderplanungs-Assistent FPAss (http://www.foerderplanung.ch), Webbasierter Förderplaner WFP (http://www.pulsmesser.ch/wfp); Interdisziplinäre Schülerdokumentation ISD (http://www.pulsmesser.ch/isd), Programm Förderdiagnose (http://xyz.at/xyz/fd2.php).

– Wenn die Entscheidung gefallen ist: Führen Sie das Verfahren sorgfältig ein, sodass es von allen Beteiligten wirklich verstanden wird. Unterscheiden Sie klar zwischen Verbindlichkeit («das wird von allen erwartet») und Methodenfreiheit («hier werden bewusst keine Vorgaben gemacht»).

Förderplanungen zum gleichen Kind einander zugänglich machen: Kleiner Aufwand, große Wirkung

Wenn gleichzeitig Klassenlehrpersonen und mehrere weitere Fachpersonen an der Bildung und Förderung einer Schülerin oder eines Schülers mit Beeinträchtigung beteiligt sind, verfolgen sie sozusagen ein gemeinsames «Projekt». Dieses Projekt ist dann überzeugend umgesetzt, wenn gesichert ist, dass sich die Beteiligten verbindlich austauschen, um ihr Vorgehen zu koordinieren. Dieses Prinzip gilt nicht nur für integrative Schulen. Beispielsweise ist es in Sonderschulheimen von entscheidender Bedeutung, dass die Lehrpersonen die Förderziele des sozialpädagogischen Bereichs kennen (und umgekehrt). Genauso ist es für eine therapeutisch tätige Fachperson unverzichtbar, dass sie über die unterrichtsbezogenen Zielsetzungen für das Kind Bescheid weiß (und umgekehrt). Dieser interdisziplinäre Abgleich kann auf unterschiedliche Weise erfolgen:

– *Gegenseitiges Zur-Verfügung-Stellen der Förderpläne*
  Eine Minimalform besteht darin, dass alle Beteiligten, die einen individuellen Förderplan zu einem Kind erstellt haben, diesen kopieren und den betreffenden Kolleginnen und Kollegen zukommen lassen. Rückfragen oder eine Besprechung finden bei Bedarf statt. Sinnvollerweise erfolgt dieser Förderplan-Austausch rund einen Monat nach dem Standortgespräch – zu einem Zeitpunkt also, bei dem erwartet werden kann, dass die individuellen Förderpläne erstellt sind (vgl. dazu auch Abbildung 28 auf Seite 135).
– *Schülerinnen- und schülerbezogene Kurzbesprechungen*
  Auch hier werden die Förderpläne kopiert und ausgetauscht, im Rahmen eines kurzen Treffens jedoch zusätzlich besprochen. Dadurch werden die Ziele und Vorgehensweisen zusätzlich geschärft. Gemeinsame Schwerpunkte können verstärkt und Doppelspurigkeiten reduziert werden.

– *Interdisziplinäre Fachteamsitzungen*
Im Fachteam, wie es hier gemeint ist, sind alle sonderpädagogisch tätigen Fachpersonen einer Schule vertreten (in größeren Schulen organisiert man sich besser in Stufenteams). An den periodisch stattfindenden Fachteamsitzungen werden die Förderpläne der einzelnen Schülerinnen und Schüler mit Beeinträchtigungen besprochen. Klassenlehrpersonen werden gezielt an diese Sitzungen eingeladen.

Förderjournal-Zusammenzug für (Schüler/in) .... Zeitraum von .... bis ....

Übergeordnete Förderziele, vereinbart am Standortgespräch vom ....

Bereich	**Förderziele**, formuliert von Name Funktion	**Förderziele**, formuliert von Name Funktion	**Förderziele**, formuliert von Name Funktion
Allgemeines Lernen			
Spracherwerb und Begriffsbildung			
Lesen und Schreiben			
Mathematisches Lernen			
Umgang mit Anforderungen			
Kommunikation			
Bewegung und Mobilität			
Für sich selbst sorgen			
Umgang mit Menschen			
Freizeit, Erholung und Gemeinschaft			

Abbildung 26: Formularbeispiel für den Zusammenzugs der konkretisierten Förderziele

– *Zusammenzug der konkretisierten Förderziele*
Als weitere Möglichkeit kann erwogen werden, rund einen Monat nach dem Standortgespräch die konkretisierten Förderziele aller beteiligten Personen zu sammeln und auf einem einzigen Formular darzustellen. Diese Arbeit kann durchaus von einer Person aus der Schuladministration erfolgen.
Der Zusammenzug geht zurück an alle Beteiligten und wird unter anderem im Hinblick auf die nächste Standortbestimmung wertvolle Dienste leisten. Zudem kann erwogen werden, ob der Zusammenzug auch den Eltern zur Verfügung gestellt wird, damit sie sehen, was die

Schule aus den übergeordneten Förderzielen gemacht hat, die an der vergangenen Standortbestimmung gemeinsam festgelegt wurden.

Überprüfung der Zielerreichung – der Förderzyklus schließt sich

Die gut dokumentierte Förderung ist periodisch mit den wichtigsten Beteiligten zu überprüfen: Sind die vereinbarten übergeordneten Förderziele erreicht worden? Sind Korrekturen bezüglich dieser Zielsetzungen oder der getroffenen Maßnahmen erforderlich? Mit einer erneuten Standortbestimmung schließt sich der Förderzyklus.

Abbildung 27: An einer erneuten Standortbestimmung wird die Zielerreichung überprüft; der Förderplanungszyklus beginnt von Neuem

Ein Förderplanungsrhythmus schafft Verbindlichkeit

Die einzelnen Elemente eines Förderplanungszyklus kommen besonders gut zum Tragen, wenn sie im Laufe des Schuljahres sachlogisch positioniert sind. Oftmals sind Termine für Zeugnisse, Maßnahmenanträge oder

Berichte fest vorgegeben. Die Kunst besteht darin, im bestehenden Rahmen einen Rhythmus zu finden, der möglichst für alle Beteiligten als sachlogisch, transparent und leistbar erlebt wird. Die folgende Abbildung zeigt, wie eine Rhythmisierung im Jahresverlauf gestaltet werden könnte.

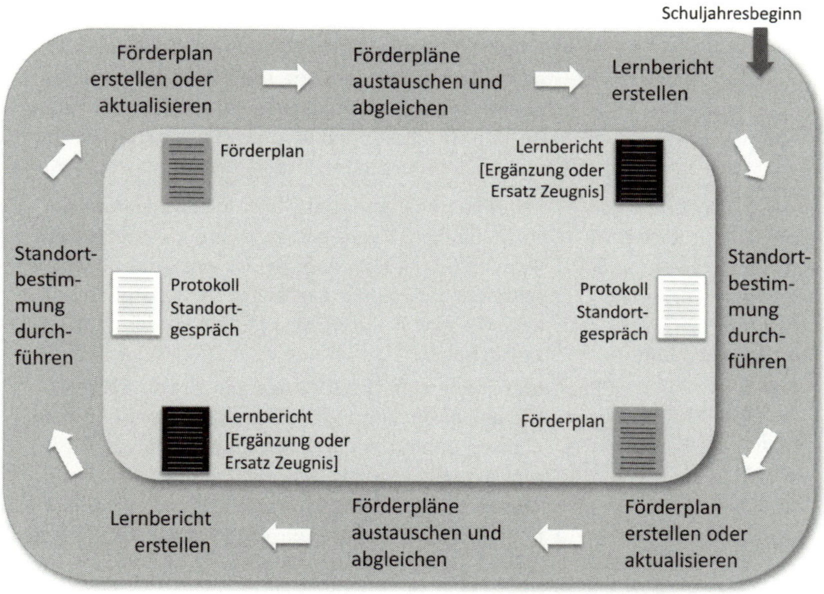

Abbildung 28: Vorschlag einer Rhythmisierung des Förderplanungszyklus im Jahresverlauf, mit Schwerpunkt auf Elementen der Dokumentation

Die hier vorgestellte Rhythmisierung ist ausdrücklich als Vorschlag zu verstehen. In der Praxis muss bei der Erstellung eines solchen Ablaufes auf etliche Vorgaben Rücksicht genommen werden – beispielsweise auf die Form und die Häufigkeit der Förder- oder Lernberichte.

Wann machen Förder- oder Lernberichte Sinn?

Oftmals werden schülerinnen- oder schülerbezogene Berichte in erster Linie als Belastung empfunden. Irgendwie «gehören sie dazu», aber deren Zielsetzung und Wirkung bleiben oftmals nebulös. Die folgende Tabelle kann allenfalls bei der Reflexion der Förderberichts-Praxis in einer Regel- oder Sonderschule hilfreich sein.

Tabelle 9: Reflexionshilfe zur Funktion und Wirkung von Förderberichten

Mögliche Feststellung	Reflexionen und weiterführende Fragen
«Der Förderbericht wird eigentlich von niemandem richtig gelesen.»	Hier sollten sämtliche Warnlampen zu leuchten beginnen: Ein großer Aufwand wird betrieben, ohne dass jemand etwas davon hat. In einem solchen Fall müssen sehr grundsätzliche Fragen gestellt werden: Welches ist die Funktion des Förderberichts? Wer sind die Adressaten? Was würde geschehen, wenn der Förderbericht ersatzlos gestrichen würde? Wäre es sinnvoll, Förderberichte nur auf bestimmte Situationen hin zu verfassen (zum Beispiel nur vor Lehrpersonen-, Stufen- oder Schulwechseln)?
«Wenn ich ehrlich sein soll: Der Förderbericht hat kaum etwas mit der konkreten Förderung im schulischen Alltag zu tun. Ich nehme ihn jeweils vor dem nächsten Standortgespräch wieder aus der Schublade.»	Unter vorgehaltener Hand hört man diese Aussage recht häufig. Oft wird gesagt, dass die vertiefte Reflexion über das Kind – dazu zwingt einen das Berichtschreiben – durchaus positiv sei. Der Bericht an sich sei aber wie eine Art Insel, die mit dem Förderalltag wenig zu tun habe. Hier könne man sich die folgenden Fragen stellen: Haben der Bericht und die Unterrichts- resp. Förderplanung unterschiedliche Strukturen? Falls ja: Wäre es möglich, diese Strukturen einander anzugleichen? Sind im Bericht viele Beschreibungen von Vergangenem enthalten – aber kaum Ideen und Vorstellungen, welche Ziele in der folgenden Förderung verfolgt werden sollen und wie die Fördersituation entsprechend gestaltet werden könnte? Wäre es denkbar, dass der Förderplan allein als guter Ersatz für den Bericht dienen könnte?
«Mit dem Förderbericht kann ich zeigen, dass ich gute Arbeit leiste. Deshalb möchte ich nicht auf diese Berichte verzichten.»	Es kommt vor, dass Schulen ein neues Förderplanungssystem einführen, in dem auf traditionelle Förderberichte verzichtet wird – beispielsweise weil ihre Funktion von Förderplänen übernommen wurde. Einzelne Personen, namentlich aus dem therapeutischen Bereich, möchten vielleicht dennoch an den Förderberichten festhalten. Mögliche Fragen hierzu: Haben die Förderberichte vor allem eine legitimierende Funktion, weil diese fast die einzige Möglichkeit sind, meine Fachkompetenz gegen außen zu zeigen? Falls dem so wäre: Gibt es andere Wege, dies zu tun – beispielsweise indem ich mich in Standortgesprächen oder in der kollegialen Beratung fachlich einbringen kann?

Grundsätzlich ist zwischen eher beschreibenden und eher beurteilenden Berichten zu unterscheiden.

Beschreibende Berichte würden eigentlich besonders dann Sinn machen, wenn keine interdisziplinären schülerinnen- und schülerbezogenen Gespräche stattfinden würden. Vor dem Hintergrund aber, dass solche Gespräche sowie individuelle Förderpläne für Schülerinnen und Schüler mit Beeinträchtigungen zum Standard gehören sollten, machen rein beschreibende Berichte keinen Sinn.

Eine grundlegend andere Funktion haben Berichte, die als Ersatz oder als Ergänzung des Zeugnisses für Schülerinnen und Schüler mit angepassten Lernzielen dienen. Diese Berichte haben Beurteilungscharakter und sind unverzichtbar, weil die Schule darin sowohl die angepassten Lernziele als auch die Einschätzung von deren Erreichung darlegt. Damit wird eine wichtige Legitimationsfunktion dem Bildungswesen und insbesondere den Eltern der betroffenen Schülerinnen und Schüler gegenüber erfüllt.

In vielen Fällen dürfte der Aufbau dieser Lernberichte vorgeschrieben sein. Falls jedoch gewisse Freiheiten bestehen, könnten die folgenden Überlegungen als Orientierungslinie dienen:

- Berichte zum Zeugnis sollen sich an der Struktur und am Charakter des Zeugnisses orientieren. Entsprechend sollen die gleichen fachlichen und überfachlichen Kompetenzen beschrieben werden wie im regulären Zeugnis. Charakterliche Beschreibungen oder Angaben zu familiären Verhältnissen gehören nicht in einen solchen Bericht.
- In allen Fächern und Bereichen, in denen angepasste Lernziele vereinbart wurden, müssen diese konkret umschrieben sein – ansonsten kann keine echte Beurteilung, sondern lediglich eine erzählende Umschreibung ohne klaren Bezugspunkt erfolgen.
- Gute Erfahrungen wurden mit der «Du-Form» gemacht: Die Schülerin oder der Schüler erhält eine direkte Rückmeldung zu ihren/seinen Leistungen. Durch die Unmittelbarkeit dieser Schreibform sind solche Berichte oft für alle Beteiligten gut verständlich und aussagekräftig.

In bestimmten Situationen können Förderberichte, die eine rückblickende Verlaufsbeschreibung enthalten, sehr wohl Sinn machen – immer dann nämlich, wenn der Kreis der direkt Beteiligten verlassen wird. Dies ist namentlich bei Stufen- oder Schulwechseln der Fall, oder aber im

Kontakt mit Verwaltungen oder Behörden, die über die Sprechung zusätzlicher Ressourcen zu entscheiden haben. Diese Personenkreise waren nicht an den Standortgesprächen beteiligt und können sich vermutlich mit den internen Förderplanungsdokumenten kein genügend klares Bild machen. Deshalb sind diese Stellen oder Personen etwas umfassender über die gesetzten Ziele und die getroffenen Maßnahmen zu informieren. Wenn jedoch die Legitimation einer besonderen Maßnahme aufgrund ausgewählter Dokumente, die ohnehin vorhanden sind, erfolgen kann – umso besser.

Wenn von behördlicher oder von Verwaltungsseite her Vorgaben für die Gestaltung von Förderberichten bestehen, müssen diese selbstverständlich eingehalten werden. Falls keine solchen Vorgaben bestehen, ist es empfehlenswert, die Berichtstruktur möglichst übereinstimmend mit derjenigen der verwendeten Förderplanungsinstrumente zu gestalten. So ist das Verfassen des Berichtes mit einem vertretbaren Aufwand möglich, weil alle wesentlichen Informationen aus bestehenden Dokumenten abgeleitet werden können.

In Schleswig-Holstein gibt es keine Schule für Sehgeschädigte

Zehra wohnt in Flensburg, im höchsten Norden Deutschlands. Sie besucht die Regelschule in ihrem Wohnquartier. Viele der Schülerinnen und Schüler ihrer Klasse haben, genauso wie sie selbst, Wurzeln aus einem anderen Land – eine bunte Mischung, wie man sie in vielen Regelschulen antrifft. Mittendrin sitzt Zehra. Sie ist blind.

Lässt sich der Unterricht in einer Regelklasse blindengerecht gestalten? Bleibt das Lernen des betroffenen Kindes nicht zwangsweise auf der Strecke, weil viele Unterrichtselemente visuell ausgerichtet sind?

Es ist nicht so, dass Zehra als blindes Mädchen überraschend und «einfach so» dieser Schulklasse zugewiesen worden wäre. Schon als Kleinkind wurden sie und ihre Familie regelmäßig von einer Fachperson des «Landesförderzentrums Sehen Schleswig» besucht, gefördert und beraten. Das Förderzentrum bleibt bis zum Abschluss der beruflichen Erstausbildung Ansprechpartner für alle sehgeschädigtenspezifischen Fragen. So konnten der Eintritt in den Kindergarten und der Übertritt in die Grundschule gut vorbereitet werden.

An zwei Halbtagen pro Woche wird Zehra durch eine Sehgeschädigtenlehrerin des Förderzentrums in ihrer Klasse unterstützt. Sie ist unter anderem für die sehgeschädigtenspezifische Förderplanung und für die Beschaffung und Einführung von Hilfsmitteln zuständig. Im Falle von Zehra sind dies insbesondere die Braille-Schreibmaschine sowie ein Laptop mit tastbarer Punktschriftzeile. Damit kann sie selbständig Texte lesen, Rechnungen oder Geschichten schreiben. In einzelnen Unterrichtssituationen, beispielsweise im Sport- oder Kunstunterricht, wird Zehra nicht von der Sehgeschädigtenlehrerin des Förderzentrums, sondern von einer Assistenzperson unterstützt. Den Schulweg bewältigt sie nach sorgfältiger Einführung und Begleitung selbständig. «Nur im Moment geht das nicht, weil so viel Schnee liegt», sagt Zehra – es ist Februar und bitter kalt. «Wegen der vielen Schneehaufen, die kreuz und quer liegen, kann ich mich nicht mehr orientieren. Deshalb muss mich jemand begleiten, ein Kind aus der Klasse oder meine Schwester oder meine Mutter. Ich bin froh, wenn dieser Schnee wieder weg ist!»

Dank der technischen Hilfsmittel lassen sich viele Unterrichtsinhalte ohne großen Aufwand blindengerecht zugänglich machen. Wie steht es aber mit Unterrichtsmaterial, wenn beispielsweise Themen aus Biologie oder Geschichte anschaulich eingeführt werden sollen?

Auch hier bietet das Landesförderzentrum Sehen konkrete Unterstützung: Am Hauptsitz in Schleswig wird ein Medienzentrum geführt. Dort liegt eine beeindruckende Fülle von Förder- und Unterrichtsmaterialien bereit. Und wenn es etwas noch nicht gibt, wird es von einem kleinen Team nach den Wünschen der Lehrpersonen sehgeschädigtengerecht hergestellt: Für Sehbehinderte werden beispielsweise kontrastreiche Bildkarten angefertigt oder Texte in Braille-Schrift übertragen. «Oftmals bringe ich aus dem Förderzentrum eine ganze Materialienkiste zu einem Klassenthema mit», erzählt Susann Lokatis-Dasecke, die Sehgeschädigtenlehrerin von Zehra. «Weil viele Dinge wie Sach- oder Bilderbücher auch für den Unterricht mit der ganzen Klasse verwendet werden können, ist das für die Klassenlehrpersonen eine willkommene Entlastung.»

Oft wird im Zusammenhang mit schulischer Integration der Vorwurf laut, dass die betroffenen Kinder einen Exotenstatus hätten. Sie würden täglich und stündlich mit ihrem Anders-Sein konfrontiert; der fehlende Kontakt zu Gleichbetroffenen würde ihre Identitätsentwicklung hemmen. Zehra scheint dieses Spannungsfeld gut zu meistern: Sie wirkt in Unterricht und Pause gut in die Klasse integriert. Daneben hat sie aber auch regelmäßig Kontakt zu anderen Kindern mit einer Sehschädigung: «Ich besuche drei oder vier Mal pro Jahr Kurse im Landesförderzentrum in Schleswig. Kürzlich war ich in einem Musicalkurs. Ich singe gern; das hat Spaß gemacht! Oder ich war im Kurs ‚Gesund zum Doc'. Dort konnte man in einer richtigen Arztpraxis Dinge ausprobieren. Man hat uns auch alles erklärt.» Aber nicht nur der interessanten Inhalte wegen mag sie diese Kurse: «Ich habe dort ein älteres Mädchen kennengelernt. Sie ist auch blind – und sie schreibt total schnell auf der normalen Computertastatur. Sie ist mein Vorbild. Ich lerne jetzt mit meiner Sehgeschädigtenlehrerin das Zehn-Finger-System.»

Das Kursprogramm des Landesförderzentrums ist ausgesprochen reichhaltig: Der Umgang mit technischen Hilfsmitteln kann geübt werden, es gibt Kochkurse, Sportkurse, Bewerbungs- und Berufswahlkurse, um nur einige zu nennen. Die Kurse sind in der Regel mehrtägig. Die Kinder und Jugendlichen können im Förderzentrum in Schleswig übernachten. Das hat mehrere Vorteile: Die Zeit kann angesichts der teilweise beachtlichen Anfahrtswege intensiver genutzt werden – und es bleibt genügend gemeinsame Freizeit, um andere sehbehinderte oder blinde Kinder kennenzulernen und Freundschaften zu schließen. Moderne Technologien wie E-Mail oder Chat erleichtern das Aufrechterhalten dieser Kontakte. Etliche Kurse richten sich auch an die Eltern oder die ganze Familie, andere an Regellehrpersonen, die aktuell oder in näherer Zukunft ein sehgeschädigtes Kind in ihrer Klasse haben.

Dank der umfassenden und professionellen Unterstützung des Landesförderzentrums Sehen sind im Bundesland Schleswig-Holstein keine Sonderschulen oder Sonderklassen für Sehgeschädigte nötig. Josef Adrian, der Leiter des Landesförderzentrums Sehen: «Unser Förderzentrum wurde von Anfang an als sehgeschädigtenspezifische Schule ohne Schüler konzipiert. Wir stehen dafür ein, dass in unserer Institution das fachspezifische Wissen erhalten und immer weiter entwickelt wird. Nur so können wir die sehbehinderten und blinden Kinder, deren Eltern sowie die Regelschulen und Berufsschulen wirksam unterstützen.» Als außenstehender Betrachter kommt man zum Schluss: Dieses Ziel wird in Schleswig-Holstein tatsächlich erreicht.

Weitere Informationen zum Förderzentrum Sehen Schleswig:
http://sfs-schleswig.de/

6 So kann schulische Integration gelingen

Schulische Integration ist ein Gemeinschaftswerk der beteiligten Schülerinnen und Schüler, Lehrpersonen, sonderpädagogischen und weiteren Fachpersonen, Schulleitungen sowie lokalen Schulbehörden. Deshalb stehen die Schulen im nachfolgenden Kapitel im Zentrum. Sie bilden die zentralen Handlungseinheiten im Zusammenhang mit der Umsetzung der schulischen Integration.

Größe, Struktur und Organisation von Schulen mögen je nach Land und Region unterschiedlich sein. Wir haben versucht, die nachfolgenden Ausführungen so zu schreiben, dass sie möglichst «systemunabhängig» ihre Gültigkeit haben. Unsere Erfahrungen basieren aber hauptsächlich auf der Arbeit mit Schweizer Schulen. In der Schweiz sind Schulen stark lokal verankert. 95 % der Schülerinnen und Schüler absolvieren die Vorschule und die obligatorische Schule in der öffentlichen Schule ihrer Wohngemeinde. Die Schulen werden von den Kantonen verantwortet, aber die Gemeinden organisieren den Schulbetrieb. Diese hohe lokale Verankerung der Schule erlaubt angepasste Lösungen vor Ort.

Im ersten Teil dieses Kapitels werden die wichtigsten Zutaten für eine integrative Schule aufgezeigt. Dabei wird deutlich, dass diese Zutaten auch wichtige Gelingensbedingungen für eine gute Schule überhaupt darstellen.

Im zweiten Teil geht es darum, den Weg zu einer integrativen Schule zu skizzieren. Im Detail sehen die Schritte zwar bei jeder Schule etwas anders aus. Dennoch lassen sich Meilensteine auf diesem Weg beschreiben.

Im dritten Teil werden Qualitätsansprüche für die schulische Integration bzw. die Förderung von Schülerinnen und Schülern mit Beeinträchtigungen formuliert sowie Verfahren und Instrumente für die Überprüfung und Weiterentwicklung dieser Qualität aufgeführt.

Das Kapitel enthält zur Veranschaulichung Aussagen von einer Sonderpädagogin und einer Schulleiterin, die zum Thema befragt wurden. Sie sind beide in der Schweiz in einer integrativen Schule tätig.

Die interviewte Sonderpädagogin, Denise Heinzmann, arbeitet in einer Schule mit rund 1300 Schülerinnen und Schülern vom Kindergarten bis zum Ende der obligatorischen Schulzeit. Sie unterstützt als sonderpädagogische Fachperson (Schulische Heilpädagogin) Kinder, Klassen und Lehrpersonen im Kindergarten und in der Primarstufe. Die Schule hat vor knapp zwanzig Jahren begonnen, Sonderklassen für Schülerinnen und Schüler mit Beeinträchtigungen aufzulösen und diese Kinder und Jugendlichen integrativ zu unterstützen. Damals gab es in dieser Schule – wie in den meisten Schulen der Schweiz in jener Zeit – noch keine Schulleitung.

Die interviewte Schulleiterin, Elsbeth Strobel, arbeitet in einer Schule mit insgesamt neun Schulhauseinheiten und ca. 2100 Schülerinnen und Schülern vom Kindergarten bis zum Ende der obligatorischen Schulzeit. Sie ist Mitglied der Gesamtschulleitung. Jede der neun Schulhauseinheiten hat zudem eine Schulhausleitung. Die Schule hat vor vier Jahren begonnen, die schulische Integration vorzubereiten und einzuführen. Sie hat diesen Prozess im Vergleich zu den integrativen Schulen in den 90er-Jahren mit etablierten Führungsstrukturen und mit einigem Vorwissen über Schulmanagement, Schulentwicklung, Unterrichtsentwicklung und Qualitätsentwicklung begonnen.

Die vier wichtigsten Zutaten für eine integrative Schule

Es gibt viele Schulen, welche die Integration vor allem als organisatorische Veränderung eingeführt haben: Sonderklassen wurden aufgelöst, Schülerinnen und Schüler mit Beeinträchtigungen in Regelklassen integriert und zusätzlich durch eine sonderpädagogische Fachperson in Einzel- oder Gruppenunterricht unterstützt. Es braucht nicht sehr viel, damit diese Form von schulischer Integration «funktioniert».

Schulische Integration war in den letzten Jahren ein viel diskutiertes Thema und eine immer stärker verbreitete Organisationsform. Trotzdem hat auch die separative Förderung von Schülerinnen und Schülern mit Beeinträchtigungen in Sonderklassen und Sonderschulen stark zugenommen: Immer mehr Integration und immer mehr Separation. Schaut man genauer hin, fällt auf, dass die integrative Schulform oft additiv neben die anderen bereits bestehenden sonderpädagogischen Angebote gestellt wurde (Nachhilfeunterricht, Begabungsförderung, Therapien, Deutschunterricht für fremdsprachige Schülerinnen und Schüler, Sonderklassen). Es überrascht nicht, dass diese Integration jahrelang «still» neben weiteren Formen sonderpädagogischer Förderung bestehen konnte und kaum Auswirkungen auf die anderen Bereiche der Schule hatte. Schulsysteme haben in den vergangenen Jahren trotz verstärkten Integrationsbemühungen weiter ihren Kurs verfolgt, für Schülerinnen und Schüler, die ihren Ansprüchen nicht genügen können, zusätzliche Angebote auf- und auszubauen. Der Ausbau hat teils ein großes Ausmaß angenommen. Es muss zu denken geben, dass die Klagen der Lehrpersonen und ihr Ruf nach mehr Unterstützung heute so laut sind wie wohl nie zuvor.

Die schulische Integration ist nicht nur eine Organisationsform, sondern berührt viele Bereiche einer Schule. Deshalb tragen auch viele verschiedene Gelingensfaktoren zu einer guten integrativen Schule bei. Folgende vier Bereiche bzw. «Zutaten» erachten wir als zentral:

1 Integrative Haltung
2 Unterricht und Förderung
3 Zusammenarbeit: kindbezogen, unterrichtsbezogen, themenbezogen
4 Steuerung und Qualitätsentwicklung

Integrative Haltung

Die schulische Integration kann durchaus zunächst organisatorisch eingeführt werden. Sie wird aber langfristig nur Bestand haben, wenn Handlungen und Entscheide auf einer gemeinsamen integrativen Haltung basieren. Die integrative Haltung einer Schule zeigt sich nicht nur an der Integration von Schülerinnen und Schülern mit Beeinträchtigungen. Sie kann beispielsweise deutlich werden in der Art, wie die Schule neue Schülerinnen und Schüler sowie Mitarbeitende willkommen heißt, wie sie mit Verschiedenheiten umgeht (z.B. bezüglich Kultur, Religion, Alter, Meinungen) oder wie sie die Eltern der Schülerinnen und Schüler einbezieht.

Es ist heute allgemein anerkannt, dass eine integrative Haltung der Beteiligten eine wichtige Bedingung für das Gelingen schulischer Integration ist. Haltungen werden aber leider in vielen Schulen als eine persönliche Angelegenheit betrachtet und deshalb kaum im Team diskutiert. Ebenso werden Haltungen als etwas betrachtet, das man kaum verändern kann. So ist die schulische Integration eines Kindes oft davon abhängig, ob der betreffende Lehrer gewillt ist, dieses Kind in seine Klasse aufzunehmen. Noch heute enthalten Integrationskonzepte von Schulen teils Formulierungen wie diese: «Unsere integrative Schulform ist für Kinder, die … ». Danach folgt jeweils eine längere Liste von Bedingungen, die ein Kind beispielsweise im Bereich Leistung oder Verhalten erfüllen muss, um integrativ gefördert zu werden. Der implizite Grundsatz lautet also «Integration ja, aber … ».

Eine integrative Haltung an einer Schule bedeutet unter anderem,

- Es gibt eine gemeinsame Ausrichtung bezüglich schulischer Integration.
- Die schulische Integration von Schülerinnen und Schülern mit Beeinträchtigungen ist der Normalfall. Separation muss begründet werden.
- Der gegenseitige Respekt, die Solidarität und der wertschätzende Umgang miteinander werden gefördert.
- Der sozialen Integration aller Schülerinnen und Schüler wird Sorge getragen.
- Der Unterricht wird auf die Vielfalt der Schülerinnen und Schüler hin geplant und umgesetzt.
- Die Verantwortung für Schülerinnen und Schüler mit Beeinträchtigungen wird gemeinsam getragen.
- Die zusätzliche Förderung geschieht nicht als Delegation, sondern integrativ.

Für die Entwicklung einer integrativen Schule darf die Haltung der Mitarbeitenden nicht als private Angelegenheit betrachtet werden. Es braucht Offenheit und Austausch. Wenn eine integrative Haltung zu einer gemeinsamen Haltung wird, entsteht eine integrative Kultur. Dazu braucht es eine klare Führung. Integration scheitert nicht selten daran, dass die Schulleitung nicht klar Stellung bezieht und im daraus entstehenden Vakuum jede Lehrperson individuell entscheiden und handeln kann. Die interviewte Schulleiterin:

> «Ich kann nicht einfach warten, bis eine Lehrperson ihre Haltung ändert. Ich muss sie vielmehr auf ihren Auftrag aufmerksam machen. (…) Am Anfang war es schwierig, mit dem Widerstand der Lehrpersonen umzugehen, weil die klare Linie auf der Führungsebene fehlte. (…) Die Leiterinnen und Leiter der Schulhausteams waren für die Umsetzung der Integration vor Ort verantwortlich. Wir brauchten viel Zeit, um mit ihnen eine gemeinsame Haltung zu entwickeln.»

Unterricht und Förderung

> «Für mich war es zentral», betonte die Schulleiterin, «dass wir zusätzlich zur Einführung der Integration die Weiterentwicklung des Unterrichts förderten. So bauten wir die integrative Förderung auf, bildeten gleichzeitig Unterrichtsteams und führten zudem verbindliche Gefäße der Zusammenarbeit bzw. verordnete Zusammenarbeit in der unterrichtsfreien Zeit ein.»

Der hauptsächliche Ort des schulischen Lernens ist der Unterricht. Für einen Schüler mit einer Beeinträchtigung genügt es nicht, wenn er zwar außerhalb des Klassenunterrichts während ein paar Lektionen zusätzlich gefördert wird, der Unterricht selbst aber schlecht ist. Er verbringt die meisten Stunden seiner Schulwoche im Unterricht. Es ist für ihn zentral, dass die Lehrpersonen sein Lernen anregen und unterstützen und dabei seinen individuellen Lernvoraussetzungen und Bedürfnissen gerecht werden können.

Ein guter integrativer Unterricht kommt allen Schülerinnen und Schülern der Klasse zugute. Er ist auf die Vielfalt der Lernenden hin geplant, beinhaltet differenzierte Lernangebote (bezüglich Methoden, Inhalten, Sozialformen, Tempo, Förderzielen usw.), bietet individuelle Lernbegleitung, sorgt dafür, dass die Schülerinnen und Schüler auch von- und miteinander lernen können und bezieht bei Bedarf zusätzliche Fachpersonen ein. In Kapitel 4 ist der integrative Unterricht detailliert beschrieben.

Gute integrative Schulen machen guten Unterricht. Verändert sich der Unterricht durch die Integration? Wir fragten die in integrativen Schulen erfahrene Sonderpädagogin, ob sie seit der Einführung der Integration eine Veränderung in der Unterrichtsqualität beobachtete:

> «Ja, ich bin der Meinung, dass sich durch die Integration viel verändert hat. Dabei fällt mir auf, dass sich der Unterricht von Lehrpersonen, die sich aktiver auf die Integration einlassen, stärker verändert. Bei Lehrpersonen hingegen, die mich als Sonderpädagogin kaum in den Unterricht einbeziehen und deren Schülerinnen und Schüler ich vor allem außerhalb des Klassenzimmers zusätzlich fördere, verändert sich im Unterricht viel weniger. (...)
>
> Sonderpädagoginnen und Sonderpädagogen können im Hinblick auf die Weiterentwicklung des Unterrichts eine wichtige Funktion übernehmen. Ich denke, dass mein Wissen als Sonderpädagogin in die Klassen eingeflossen ist. Ich sehe, wie die Lehrpersonen schrittweise meine Impulse übernommen haben und dieses Wissen jetzt im Unterrichtsalltag integriert ist. Es ist ein Zusammenwirken.

> Die Lehrpersonen besuchen ja auch Weiterbildungen und bringen dieses Wissen ein, welches ich wiederum aufnehmen und mit Blick auf die Kinder mit Beeinträchtigungen umsetzen kann. So wird das Ganze schrittweise weiterentwickelt.»

In integrativen Schulen gehören Sonderpädagoginnen und Sonderpädagogen zum Kollegium und stehen für die besondere Förderung von Schülerinnen und Schülern sowie für die Beratung der Lehrpersonen zur Verfügung. Wie jedoch hat die optimale Förderung von Schülerinnen und Schülern mit Beeinträchtigungen konkret auszusehen? Auch hier gibt es nicht eine einzige richtige Form. Wichtig ist aber, dass die besondere Förderung möglichst unterrichtsnah stattfindet, auf die regelmäßig gemeinsam vereinbarten Förderziele ausgerichtet ist sowie sorgfältig geplant und reflektiert wird. Leider findet die sonderpädagogische Förderung häufig additiv und losgelöst vom Unterricht statt.

Wir fragten die integrativ arbeitende Sonderpädagogin nach der guten Form der Förderung:

> «Es geht mir immer darum, die bestmögliche Lösung für das Kind zu suchen. Deshalb kann ich nicht nur ein Modell verfolgen. Es gibt nicht ein Rezept, das man auf alle Kinder oder alle Klassen anwenden kann. Man muss immer nach individuellen Lösungen suchen – ausgehend von den Ressourcen des Kindes, aber auch der Lehrperson. Das ist die Gratwanderung der Sonderpädagogin: Sie muss herausfinden, welches angesichts der Beteiligten der bestmögliche Weg ist und wie dabei die Ressourcen aller Beteiligten am besten genutzt werden können.
>
> Persönlich finde ich es am gewinnbringendsten, wenn die Förderung möglichst integrativ stattfindet. Das heißt jedoch nicht, dass sie immer auch räumlich integriert sein muss. Integrative Förderung heißt für mich vielmehr, dass die Unterrichtssequenzen gemeinsam geplant und die Ziele geklärt sind. Es kann beispielsweise auch bedeuten, dass man nach einem gemeinsamen Start in verschiedenen Gruppen und Räumen arbeitet. Die Lerngruppe und die Inhalte bestimmen die Form der Förderung.»

Zusammenarbeit

Eine weitere wichtige Bedingung für das Gelingen der schulischen Integration ist eine gute Zusammenarbeit der Beteiligten. Die Zusammenarbeit im Rahmen der Integration muss dabei auch im größeren Zusammenhang der schulinternen Zusammenarbeit betrachtet werden: Arbeiten die an der Schule Tätigen im Schulalltag und in der Schul- und Unterrichtsentwicklung zusammen? Kommunizieren sie untereinander offen und konstruktiv? Sind Aufgaben, Kompetenzen und wichtige Abläufe klar und verbindlich geregelt? Sind die Informationswege effizient und transparent?

Die interviewte Sonderpädagogin bringt zum Ausdruck, was in guten integrativen Schulen zu beobachten ist:

> «Mit der Integration hat sich auch unser Schulhausklima insgesamt verändert. Ich führe das darauf zurück, dass man miteinander arbeiten und sich austauschen muss. Schülerinnen und Schüler, die Probleme machen, werden thematisiert. Solche Dinge bleiben nicht mehr in den einzelnen Schulzimmern. Das finde ich eigentlich das Wichtigste an der Integration: dass man einen gemeinsamen Auftrag hat und ein gemeinsames Ziel.»

Hier kommt nochmals die integrative Haltung zum Ausdruck – die Haltung, einen gemeinsamen Auftrag im Hinblick auf die Erziehung und Bildung aller Schülerinnen und Schüler wahrzunehmen und diesen auch gemeinsam umzusetzen.

Leider ist im Schulbereich die Überzeugung verbreitet, für eine gute Zusammenarbeit müsse vor allem die «Chemie» zwischen den beteiligten Fachpersonen stimmen. In anderen Bereichen (z.B. Medizin, Flugverkehr) ist es für uns selbstverständlich, dass die beteiligten Fachpersonen professionell zusammenarbeiten müssen, auch wenn sie nicht die besten Freunde sind. Das gilt auch für den Schulbereich: Eine gute Zusammenarbeit ist nicht primär eine Frage der Chemie, sondern der Kommunikation und der Professionalität. Mit anderen Worten: Wir müssen grundsätzlich in der Lage sein, mit allen Menschen zusammenzuarbeiten. Es geht darum, sorgfältig zu kommunizieren und die Zusammenarbeit professionell zu gestalten.

Für die schulische Integration erachten wir drei Bereiche der Zusammenarbeit als zentral: kindbezogene, unterrichtsbezogene und themenbezogene Zusammenarbeit.

1 Kindbezogene Zusammenarbeit

An der Unterstützung und Förderung von Schülerinnen und Schülern mit Beeinträchtigungen sind immer mehrere Fachpersonen beteiligt. Eine gute interdisziplinäre Zusammenarbeit zwischen diesen Beteiligten ist zentral. Das bedingt unter anderem, dass die Aufgaben der beteiligten Fachpersonen sowie die Abläufe klar und verbindlich geregelt sind.

Wie soll die Zusammenarbeit zwischen Klassenlehrperson und sonderpädagogischer Fachperson konkret organisiert sein? Die interviewte Sonderpädagogin beschrieb ihre Erfahrungen wie folgt:

> «Ich arbeite an meiner Schule aktuell mit zehn Lehrpersonen auf der Kindergarten- und Primarstufe zusammen. (...) Es geht zunächst jeweils darum, mit jeder Lehrperson den kleinsten gemeinsamen Nenner für die Zusammenarbeit zu finden, damit es sowohl der Lehrperson als auch mir noch wohl ist dabei. Wenn die Lehrpersonen spüren, dass es wirklich eine Zusammenarbeit ist und dass sie auch Unterstützung erhalten, ist die Kooperation mit allen Lehrpersonen möglich.
>
> Bei mir läuft die Zusammenarbeit nicht mit allen Lehrpersonen genau gleich, aber ich habe mit allen einen regelmäßigen Besprechungstermin. Ich finde es wichtig, dass die Besprechungen nicht nur zwischen Tür und Angel stattfinden, sondern verbindlich vereinbart sind und regelmäßig stattfinden. Das ist auch eine Voraussetzung für mich, dass ich die Informationen, die ich von den Lehrpersonen erhalte, wirklich aufnehmen und weiterverarbeiten kann. Wenn der Austausch nur beiläufig geschieht, kann ich diese Informationen nicht in meine Planungen einbeziehen.
>
> Ich treffe mich mit allen Lehrpersonen wöchentlich während 15 bis 45 Minuten. Wir reflektieren den gemeinsamen Unterricht und planen die nächsten Unterrichtssequenzen. Dabei versuche ich immer auch die Förderplanung im Blick zu haben. Ich prüfe, ob wir in die richtige Richtung unterwegs sind, was wir erreicht haben und was es noch braucht. Das ist aufwändig, aber es lohnt sich.
>
> Die Zusammenarbeit ist schlanker und effizienter geworden. Ich habe gute Erfahrungen damit gemacht, dass wir die eigentliche Besprechungszeit verkürzen und den Austausch via Mail verstärken. Gerade im Kindergarten, wo ich nicht regelmäßig im Unterricht anwesend bin, muss ich mich immer wieder neu orientieren, wo die Klasse gerade steht. Die Lehrpersonen geben mir oft per Mail Informationen zu den Lektionen, bei denen ich anwesend sein werde. So vereinbaren wir in unseren Besprechungen das Grundsätzliche und ergänzen die Details per Mail. Das hilft, die Besprechungszeiten merklich zu verkürzen. Zudem habe ich diese Informationen dadurch auch gleich schriftlich.»

Wir erachten es als zentral, dass die Zusammenarbeit zwischen Lehrpersonen und sonderpädagogischen Fachpersonen verbindlich geregelt ist und regelmäßig stattfindet. Sie muss an einer Schule nicht in allen Details vorgeschrieben sein, aber es ist sinnvoll, dass die Schule «Minimalstandards» für die kindbezogene Zusammenarbeit festlegt und die Schulleitung Einblick hat, wie die Zusammenarbeit im Schulalltag umgesetzt wird.

Über die Regelung hinaus darf bei der kindbezogenen Zusammenarbeit ein Aspekt nicht vergessen gehen: Diese Kooperation verschiedener

Fachpersonen soll immer zu einem besseren bzw. positiveren Verständnis des Kindes bzw. des Jugendlichen beitragen.

2 Unterrichtsbezogene Zusammenarbeit

Über die kindbezogene Zusammenarbeit hinaus ist für eine integrative Schule auch die unterrichtsbezogene Zusammenarbeit zentral. Da guter Unterricht eine Gelingensbedingung für eine integrative Schule ist, braucht es einen fachlichen Austausch über den Unterricht: Wie plane und gestalte ich den Unterricht im Hinblick auf die Vielfalt in der Klasse? Wie erfasse ich die Lernvoraussetzungen der Schülerinnen und Schüler? Wie fördere ich das gemeinsame Lernen? Von welcher Form von Unterstützung profitiert mein Unterricht am ehesten? Dieser Austausch kann bilateral geschehen, beispielsweise zwischen der Klassenlehrperson und der sonderpädagogischen Fachperson, welche die Klasse begleitet. Der unterrichtsbezogene Austausch kann aber auch im größeren Rahmen stattfinden, nämlich in Jahrgangs-, Stufen- oder Fachteams, in Intervisions- oder Hospitationsgruppen.

Verschiedene integrative Schulen haben in den letzten Jahren «Unterrichtsteams» eingeführt: Diese setzen sich aus vier bis sechs Lehrpersonen zusammen, die wenn möglich mit der gleichen sonderpädagogischen Fachperson zusammenarbeiten. Die Sonderpädagogin bzw. der Sonderpädagoge gehört fest zu einem Unterrichtsteam oder wird punktuell beigezogen. Wir fragten die Schulleiterin nach ihren Erfahrungen mit Unterrichtsteams:

> «Teils planen die Lehrpersonen eines Unterrichtsteams den Unterricht gemeinsam, teils bereiten sie ihn arbeitsteilig vor und teilen beispielsweise die Fächer auf, teils führen sie Projekte klassenübergreifend durch, und teils beziehen sie sich gegenseitig auch in Elternabende ein. Intervisionen finden ebenfalls im Rahmen der Unterrichtsteams statt. Ich erachte Unterrichtsteams als den Weg, damit sich die Lehrpersonen gegenseitig unterstützen können. (...)
>
> Aus den Berichten der Unterrichtsteams geht hervor, dass die Lehrpersonen diese Zusammenarbeit nach der Einführungsphase nicht mehr als zusätzliche, sondern als entlastende Zeit erleben. Die Schulhausleitenden sind ebenfalls zufrieden mit der Zusammenarbeit in den Unterrichtsteams. Sie führen zweimal pro Jahr mit jedem ihrer Unterrichtsteams ein Standortgespräch durch und haben dadurch einen guten Einblick. Wir ermuntern zudem die Unterrichtsteams, dass sie im Schulhausteam über ihre Zusammenarbeit berichten. Zu Beginn war es schwierig, sie dazu zu motivieren. Aber wir haben insistiert, dass sie von Zeit ein Ergebnis bzw. eine ,Perle' ihrer Zusammenarbeit den anderen präsentieren.»

Die systematische Zusammenarbeit in Unterrichtsteams schafft eine Arbeitsgemeinschaft, in der die Ressourcen optimal für den Unterricht und die Förderung, aber auch für die Weiterentwicklung des Unterrichts genutzt werden können. Unterrichtsentwicklung, d.h. die Qualitätsentwicklung im Bereich Unterricht, ist ein wichtiger Faktor für den langfristigen Erfolg der schulischen Integration. Sie erfolgt bei vielen Schulen allerdings erst nach der Auseinandersetzung mit organisatorischen Aspekten der Integration und der Schulentwicklung.

3 Themenbezogene Zusammenarbeit

Das Thema Integration wird in einer guten integrativen Schule nicht separat behandelt, sondern ist Teil des Leitbildes, des Schulprogramms, der schulinternen Zusammenarbeit, der Schul- und Unterrichtsentwicklung sowie des Qualitätsmanagements. Es braucht an integrativen Schulen einen systematischen fachlichen Austausch zu Themen der Sonderpädagogik und der Integration. Diese Themen müssen im Rahmen der regulären Organisationsformen der Zusammenarbeit (z.B. Schulkonferenzen, pädagogische Konferenzen, Stufenkonferenzen) angemessen berücksichtigt und gezielt eingeplant werden. Der fachliche Austausch kann darüber hinaus auch im Rahmen von Schulentwicklungstagen oder internen Weiterbildungen stattfinden. Mögliche Themen sind dabei

- guter integrativer Unterricht,
- gezielte Prävention bei gefährdeten Schülerinnen und Schülern,
- gemeinsame Haltung im Umgang mit auffälligem Verhalten,
- bewährte Formen der Kinderbesprechungen oder die Förderung der sozialen Integration.

Es ist wichtig, dass die sonderpädagogischen Fachpersonen an diesem fachlichen Austausch beteiligt sind.

Steuerung und Qualitätsentwicklung

Die Einführung der schulischen Integration ist ein umfassender Schulentwicklungsprozess. Dieser muss auf der Ebene der einzelnen Schule gut gesteuert und unterstützt werden. Die Bedeutung einer guten Steuerung ist auch in den oben beschriebenen Bereichen (Haltung, Unterricht und Förderung, Zusammenarbeit) zum Ausdruck gekommen.

Damit in den einzelnen Schulen eine langfristige Entwicklung in Richtung Integration stattfinden kann, braucht es auch auf der Systemebene eine gute Steuerung bzw. einen klaren politischen Willen sowie eine systematische Unterstützung der Umsetzung (Umsetzungshilfen, Weiterbildungsangebote, Beratungsangebote, Information über Beispiele guter Praxis usw.).

Die sorgfältige Vorbereitung und Planung ist für eine gute schulische Integration eine notwendige, aber nicht ausreichende Gelingensbedingung. Es braucht darüber hinaus eine große Sorgfalt bei der Umsetzung und eine kontinuierliche Überprüfung der Qualität der Umsetzung. Das Thema der Qualitätsentwicklung und Qualitätssicherung wird im übernächsten Abschnitt «Wie gut sind wir und woher wissen wir das?» (Seite 162) genauer behandelt.

Die Steuerung des sonderpädagogischen Bereichs muss sowohl bei der Einführung als auch bei der Umsetzung der schulischen Integration klar geregelt sein. Grundsätzlich ist die Schulleitung dafür zuständig. Sie kann einen Teil dieser Aufgaben an eine «Kommission Sonderpädagogik» oder «Kommission Integration» delegieren, analog zur «Arbeitsgruppe Sonderpädagogik», wie sie im Abschnitt «Wie packen wir es an?» in Schritt 3 (Seite 157) beschrieben ist. Diese Kommission ist im Unterschied zu einer temporären Arbeits- oder Projektgruppe ein konstantes Gremium. Die Kommission Sonderpädagogik ist auf Ebene Schule bzw. Schulgemeinde für die administrative und fachliche Koordination und die Unterstützung der Entwicklungen im sonderpädagogischen Bereich zuständig. Sie hat unter anderem die folgenden Aufgaben:

- Erstellen von schul- bzw. gemeindeinternen Grundlagen und Instrumenten,
- Planung und Verteilung der Pensen,
- Übersicht über die sonderpädagogischen Maßnahmen
- sowie Bereichskoordination in Form von Information, Entwicklung, Dokumentation und Evaluation.

Es macht Sinn, dass ein Mitglied der Schulleitung in der Kommission Sonderpädagogik mitarbeitet. Wenn dies aus Ressourcengründen nicht möglich ist, braucht es eine enge Zusammenarbeit zwischen der Leitung der Kommission Sonderpädagogik und der Schulleitung.

Es ist wichtig, dass die Schulleitung – auch wenn es eine Kommission Sonderpädagogik gibt – den Überblick über den sonderpädagogischen Bereich behält, beispielsweise über die Anträge auf Maßnahmen, die Protokolle der gemeinsamen Standortbestimmungen und Förderzielvereinbarungen sowie die Förderpläne.

Die Schritte auf dem Weg zu einer integrativen Schule

Eigentlich gibt es so viele Wege der Einführung der schulischen Integration, wie es Schulen gibt. Diese Wege sind je nach Größe, Schülerschaft, Kollegium, Ausrichtung, Entwicklung und Rahmenbedingungen der jeweiligen Schule verschieden. Entsprechend sind die in diesem Abschnitt aufgezeigten Schritte nicht eng, sondern als grobe Orientierungshilfe zu verstehen.

Ein umfassender Schulentwicklungsprozess

Vor zehn bis fünfzehn Jahren lösten in der Schweiz viele kleinere und mittelgroße Schulen die separativen Sonderklassen auf und führten integrative Schulformen ein. Schülerinnen und Schüler mit moderaten Beeinträchtigungen wurden nicht mehr separiert in einer Sonderklasse, sondern integriert in der Regelklasse unterrichtet. Eine Sonderpädagogin oder ein Sonderpädagoge unterstützte diese Kinder und Jugendlichen zusätzlich im Rahmen von Einzel-, Gruppen- oder Klassenunterricht und beriet darüber hinaus die Lehrperson.

Damals war oft eine kleine engagierte Gruppe für die Vorbereitung und Einführung der schulischen Integration zuständig. Sie setzte sich beispielsweise aus einer an der Schule tätigen Sonderpädagogin, einem Mitglied der Schulbehörde und einer überzeugten Lehrperson zusammen. «Fan-Club» nannte der damalige Bildungsminister eines Schweizer Kantons diese Gruppen, die nach meist langer und eher isolierter Vorarbeit ein Gesuch bei der Schulbehörde einreichten, die integrative Schulform einführen zu dürfen. Dieser Bildungsminister war der schulischen Integration gegenüber kritisch eingestellt und belächelte entsprechend diese Bemühungen. Man muss ihm allerdings darin recht geben, dass die Vorbereitungen auf dem Weg zu einer integrativen Schule damals oft losgelöst vom Schulkollegium und den übrigen Entwicklungen der Schule verliefen. So investierte eine Projektgruppe meist viel Zeit und Energie in das Erarbeiten eines Integrationskonzepts. Nach isolierter Entwicklungsarbeit hoffte man nachher, die Schulbehörde und das Kollegium vom Konzept überzeugen zu können. Zu jener Zeit gab es allerdings in den meisten Schweizer Schulen keine Schulleitungen, und man sprach noch kaum von lokaler Schulentwicklung.

Mit diesem Blick zurück wollen wir deutlich machen, dass die Einführung der schulischen Integration nicht isoliert geschehen sollte - sowohl auf Ebene der einzelnen Schule als auch auf Ebene des Schulsystems (Bundesland, Kanton). Es gibt verschiedene Beispiele, wo Schulsysteme integrative Schulversuche während vieler Jahre tolerierten, aber nicht wirklich ernst nahmen. Diese Schulversuche blieben «Integrationsinseln» innerhalb des betreffenden Schulsystems und hatten weder Einfluss auf das System als Ganzes noch auf einzelne andere Schulen. Ein erfolgreicher Weg zu einer integrativen Schule ist eingebunden in das Profil und die Entwicklungen der betreffenden Schule - und ebenso in das Profil und die Entwicklungen eines Schulsystems. Die befragte Schulleiterin beschrieb den umfassenden Schulentwicklungsprozess wie folgt:

> «Für mich war es ganz wichtig, dass man die integrative Förderung in einen größeren Kontext stellt. Das Gesamtprojekt ‚Umgang mit Heterogenität' bildet an unserer Schule diesen Rahmen. Die sechs Teilprojekte lauten ‚pädagogische Einheit', ‚integrative Förderung', ‚altersdurchmischtes Lernen', ‚interdisziplinäre Zusammenarbeit', ‚Elternarbeit' und ‚Konsequenzen für die Oberstufe'. Es ist wichtig, dass man es von Anfang an so breit und auch so langfristig plant. Wir sprachen immer von einer Schulentwicklung von zehn Jahren und haben dies auch gegenüber der politischen Behörde so kommuniziert.»

Wie packen wir es an?

Die Schritte der Einführung der schulischen Integration sind vergleichbar mit anderen Schulentwicklungsprozessen. Sie werden nachfolgend erläutert:

1 Ausgangslage klären
2 Ziele bestimmen
3 Schritte planen und Verantwortungen klären
4 Konzeptuelle Grundlagen erarbeiten
5 Alle ins Boot holen
6 Umsetzung planen und unterstützen
7 Umsetzung überprüfen

1 Ausgangslage klären

Bereits bevor eine Schule die Integration einführt, unterrichtet und fördert sie Schülerinnen und Schüler mit Beeinträchtigungen. Wir empfehlen Schulen, diese Praxis genau anzuschauen und zu fragen: Welches sind heute unsere Stärken in der Unterstützung und Förderung von Kindern und Jugendlichen mit Lernschwierigkeiten, schwierigem Verhalten, Migrationshintergrund oder Behinderungen? Das Bewusstmachen dieser Stärken bildet eine wichtige Ressource für die Weiterentwicklung der Praxis. Zudem geht es auch darum, den an der Schule Beteiligten zu zeigen, dass es nicht um eine radikale Veränderung, sondern um eine Optimierung der aktuellen Praxis geht.

Weiter gilt es, sich eine Übersicht über die im Bundesland oder Kanton geltenden Vorschriften für die schulische Integration (Gesetze, Verordnungen, Richtlinien, Pensen usw.) zu verschaffen. Die Einführung muss daran orientiert sein.

2 Ziele bestimmen

Für die strategische und operative Leitung besteht ein nächster wichtiger Schritt darin, die Perspektiven und Ziele zu bestimmen:

- Welche Ziele haben wir an unserer Schule im Hinblick auf die optimale Förderung aller Schülerinnen und Schüler?
- In welcher Form soll dies geschehen?
- Welche Ziele verfolgen wir mit der schulischen Integration?

In der zu Beginn dieses Abschnitts beschriebenen Pionierzeit schulischer Integration fand im Kollegium oft ein langer und zäher Aushandlungsprozess statt. Dabei konnten sich die Lager der Befürworter und Gegner der Integration über längere Zeit neutralisieren und blockieren. Ein Führungsvakuum und fehlende oder unklare Ziele verunmöglichten die Einführung der schulischen Integration.

Die Zielbestimmung kann durch eine Einschätzung der aktuellen Stärken und Schwächen der Förderung von Schülerinnen und Schülern mit Beeinträchtigungen unterstützt werden. Aus den festgestellten Schwächen wird der Optimierungsbedarf bestimmt und in die Festlegung der neuen Ziele einbezogen.

Es ist wichtig, dass die Schulleitung ihre Ziele im Hinblick auf die schulische Integration deklariert und dem Kollegium kommuniziert. Es kann natürlich eine Diskussion über diese Ziele stattfinden, aber der Grundsatzentscheid ist ein Führungsentscheid. Die Kommunikation der Ziele kann mit einer schulinternen Weiterbildung zum Thema Integration verbunden werden. Dabei stehen grundsätzliche Fragen wie Menschenbild, Erziehungsziele, Umgang mit Verschiedenheiten, Toleranz usw. im Zentrum.

Die Ziele der schulischen Integration sollten im Zusammenhang mit der gesamten Ausrichtung und Entwicklung einer Schule stehen. Das bedeutet, dass sie zum bestehenden Leitbild passen müssen oder aber, dass das Leitbild der Schule mit der Einführung der Integration überarbeitet wird.

3 Schritte planen und Verantwortungen klären

Ebenso wie die klaren Ziele braucht es für die Einführung der integrativen Schulform klare Strukturen. Es gibt Schulen, die ihre Entwicklungsvorhaben immer in Form von Projekten abwickeln, und andere, die nie von Projekten sprechen. Wichtig ist, dass eine Gruppe gebildet wird (z.B. Projektgruppe, Arbeitsgruppe, Kerngruppe oder Steuergruppe genannt), die für die Koordination der Entwicklungsarbeiten zuständig ist. In dieser Gruppe sollten alle Schulstufen (z.B. eine Lehrperson pro Stufe) und sonderpädagogischen Fachbereiche (z.B. Sonderpädagogin, Logopädin) vertreten sein. Gleichzeitig sollte die Gruppe nicht zu groß sein. Es besteht die Möglichkeit, eine Kerngruppe für die Hauptarbeit und darüber hinaus eine erweiterte Projektgruppe im Sinn einer Resonanzgruppe zu bilden.

Dieses Gremium, nennen wir es einmal «Arbeitsgruppe Integration», muss von der Leitung der Schule einen klaren schriftlichen Auftrag erhalten. Darin müssen neben dem Auftrag auch die Zuständigkeiten und Meilensteine formuliert sein. In größeren Schulen mit mehreren Schuleinheiten empfehlen wir, dass die Schulleitung angesichts der Komplexität und Tragweite des Entwicklungsprojekts diese Arbeitsgruppe leitet oder zumindest Mitglied der Arbeitsgruppe ist. Wenn dies zeitlich nicht möglich ist, sollte die Schulleitung zu Beginn immer und nachher sporadisch an den Sitzungen der Arbeitsgruppe teilnehmen. Wichtig ist während des gesamten Prozesses, dass die Schulleitung regelmäßig von der Arbeitsgruppe über ihre Aktivitäten und Ergebnisse informiert wird.

Was macht die Arbeitsgruppe Integration? Einerseits geht es darum, die notwendigen konzeptuellen Grundlagen für die Umsetzung der schulischen Integration zu erarbeiten (vgl. Schritt 4). Andererseits gilt es die Einführung und Umsetzung sorgfältig zu planen. Wichtig ist dabei das richtige Tempo. Es lohnt sich, die Einführung der schulischen Integration auf mehrere Jahre zu verteilen. Sie kann beispielsweise stufenweise oder schulhausweise (bei größeren Schulgemeinden mit mehreren Schuleinheiten) geschehen.

Die schulische Integration berührt so viele Bereiche des Schulalltags, dass sie bereits bei der Einführung gut mit diesen Bereichen vernetzt werden muss (Unterrichtsgestaltung, Förderung, Abläufe, Schülerbeurteilung, schulinterne Zusammenarbeit, Zusammenarbeit mit den Eltern usw.).

4 Konzeptuelle Grundlagen erarbeiten

In den meisten Schulen geht es darum, ein Integrationskonzept oder Richtlinien für die schulische Integration zu entwickeln. Es gilt aufzupassen, dass nicht zu viel Zeit und Energie in diese schriftlichen Unterlagen investiert wird. Wie auf Systemebene beobachtet man auch auf Ebene der individuellen Schule, dass eher zu viel Energie in das Konzept gesteckt wird.

Ein Integrationskonzept macht beispielsweise Aussagen zu folgenden Bereichen:

- Ziele oder Leitgedanken zur schulischen Integration
- Gewählte Form der schulischen Integration
- Unterricht und sonderpädagogische Angebote (Angebots- und Aufgabenbereiche)
- Verfahren der Zuweisung und Überprüfung
- Schulinterne Zusammenarbeit
- Zusammenarbeit mit Fachstellen
- Ressourcen und Finanzen (Pensen, Klassengrößen, Infrastruktur)
- Koordination und Steuerung
- Qualitätssicherung und Qualitätsentwicklung

Der Anhang des Integrationskonzepts kann folgende Ergänzungen beinhalten: grafische Darstellungen der Abläufe und Verfahren, Pflichtenhefte, Vorlagen für Standortgespräche, Protokolle und Berichte, Reglement zum Umgang mit Schülerdaten.

In der Begleitung von Schulen bei der Einführung der Integration fällt auf, dass es den meisten Schulen schwerfällt, die geplante oder bereits bestehende Praxis in ein Konzept zu fassen. Die Konzeptarbeit wird also nicht nur überbewertet, viele Schulen erleben das Schreiben von Konzepten verständlicherweise auch als mühsam. Wir erachten es deshalb als sinnvoll, die Schulen zu entlasten, indem auf Ebene Bundesland oder Kanton Konzeptvorlagen und Musterkonzepte entwickelt werden, welche die Schulen übernehmen und in den Details auf ihre Situation anpassen können.

5 Alle ins Boot holen

Wir haben bereits darauf hingewiesen, dass die Einführung der schulischen Integration ein längerer und komplexer Prozess ist. Deshalb gilt es besonders darauf zu achten, dass das Kollegium kontinuierlich informiert und einbezogen wird. Sonst kann es beispielsweise vorkommen, dass die Lehrpersonen der Primarstufe in einer ersten Einführungsphase stark einbezogen sind, während sich die Lehrpersonen der Sekundarstufe kaum angesprochen fühlen. Kontinuierliche Information und Einbezug geschieht beispielsweise durch eine regelmäßige Berichterstattung an Schulkonferenzen oder Stufensitzungen. Hilfreich ist zudem eine gemeinsame Auseinandersetzung mit dem Thema Integration im Rahmen von schulinternen Weiterbildungen.

6 Umsetzung planen und unterstützen

Bei der Umsetzung der schulischen Integration ist es wichtig, das Ganze zu sehen und gleichzeitig der Beantwortung der «kleinen Fragen» Sorge zu tragen. Die zur Umsetzung an ihrer Schule befragte Schulleiterin meinte:

> «Es ist wichtig, ganzheitlich zu denken, das heißt, viele verschiedene Bereiche anzuschauen, Fragen zu stellen und Entwicklungsschritte einzuleiten. Gleichzeitig muss man auch im Kleinen hinschauen, zum Beispiel wie ein Elterngespräch läuft und wie sonderpädagogische Maßnahmen sinnvoll eingeleitet werden. Es ist eine zentrale Herausforderung, die Lehrpersonen bereits bei kleinen Fragen rasch unterstützen zu können. Es ist wichtig, dass sie bei der Umsetzung die Hilfe erhalten, die sie brauchen.»

Die schulische Integration ist nicht ein Zustand, der einmal und für immer erreicht ist. Es handelt sich vielmehr um einen kontinuierlichen Entwicklungsprozess auf dem Weg zu einer integrativen Schule. Trotzdem empfehlen wir, die Einführungsphase einmal offiziell abzuschließen und danach von der Umsetzung zu sprechen. Die Entwicklung ist zwar damit nicht abgeschlossen, aber sie verläuft im Rahmen des regulären Schulbetriebs. Damit erhält die schulische Integration auch einen offiziellen Charakter. Teils gab und gibt es schulische Integrationsprojekte, die fünf, zehn oder noch mehr Jahre dauern. Dadurch wird das Vorhaben klar geschwächt.

Ebenso wichtig wie die Planung und die Einführung ist die sorgfältige Umsetzung sowie die regelmäßige Reflexion und Überprüfung. Auch dies muss verbindlich geplant und gesteuert werden. Es ist in einer Schule wichtig zu wissen, wer künftig der «Hüter» oder die «Hüterin» des Themas sein wird. Mit dem Wechsel von der Einführungs- in die Umsetzungsphase hat die Arbeits- oder Projektgruppe ihre Arbeit abgeschlossen. Angesichts der Komplexität des Themas ist es sinnvoll, weiterhin eine Kommission oder Steuergruppe für die schulische Integration zu bestimmen. Die Aufgaben einer entsprechenden Kommission sind im Abschnitt «Die vier wichtigsten Zutaten für eine integrative Schule» unter «Steuerung und Qualitätsentwicklung» (Seite 152) beschrieben.

Wie wir bereits im Zusammenhang mit der Konzeptarbeit erwähnt haben tun Schulsysteme gut daran, den Schulen Umsetzungshilfen für die schulische Integration bereitzustellen. Neben einem Musterkonzept handelt es sich dabei beispielsweise um Vorlagen für Standortgespräche (Ablauf, Protokoll) und Lernberichte, Darstellungen von Verfahren, Empfehlungen für den Umgang mit Schülerdaten sowie gute Beispiele von Pflichtenheften für die verschiedenen an der Integration beteiligten Berufsgruppen.

Wie viel externe Unterstützung braucht eine Schule auf dem Weg zur Integration? Grundsätzlich sollte eine Schule in der Lage sein, den Einführungs- und Umsetzungsprozess selbst zu gestalten. Eine wichtige Unterstützung bilden dabei die oben erwähnten Umsetzungshilfen, die den Schulen zur Verfügung gestellt werden sollten. Es kann sein, dass eine Schule zusätzlich eine externe Unterstützung beiziehen will. Die interviewte Schulleiterin betonte, dass der externe Berater für sie sehr wichtig sei:

> «Er bringt einen fachlichen Hintergrund mit. Zudem schätze ich den Austausch mit ihm. Er hilft mir sehr, die Belastungen, Unsicherheiten und Widerstände gemeinsam auszuhalten.»

Eine externe Unterstützung kann eine sinnvolle Entlastung sein. Wir empfehlen aber, die Verantwortung für die Einführung der Integration nicht an eine externe Beratungsperson zu delegieren. Der Beizug einer externen Beratung geschieht am besten punktuell für eine spezifische Phase oder Aufgabe. Die Leitung dieses Schulentwicklungsprozesses soll immer bei der Schule selbst bleiben.

Eine weitere wichtige Unterstützung für Schulen sind andere Schulen. Es kann sehr hilfreich sein, von den Erfahrungen und Beispielen anderer Schulen zu lernen. Dieser Austausch kann natürlich von den Schulen selbst initiiert werden. Für Bildungssysteme empfiehlt es sich darüber hinaus, die Informationen über «gute Beispiele» verbreiten zu helfen und Netzwerke zwischen den Schulen anzuregen und zu unterstützen.

7 Umsetzung überprüfen

Es ist wichtig, bei der Planung der Einführung und Umsetzung bereits an die Überprüfung zu denken. Dabei meinen wir nicht primär umfassende

Evaluationen, sondern ein gezieltes Hinschauen zu den zentralen Bereichen der Umsetzung, beispielsweise mit folgenden Fragestellungen:

- Sind die Schülerinnen und Schüler mit Beeinträchtigungen sozial gut integriert?
- Ist die kindbezogene Zusammenarbeit so gestaltet, dass die Schülerinnen und Schüler davon profitieren?
- Sind die Beteiligten zufrieden mit der Umsetzung?

So findet die Evaluation gezielt, aber schrittweise statt. Die Schule kann Evaluationen selbst durchführen. Das Bildungssystem hat zusätzlich die Möglichkeit, im Rahmen der externen Schulevaluationen zu steuern, dass die schulische Integration oder die Förderung von Schülerinnen und Schülern mit Beeinträchtigungen einen Fokus der Evaluation darstellt. Damit kann wichtiges Systemwissen gewonnen werden. Weitere Ausführungen zur Entwicklung und Sicherung der Qualität sind im nachfolgenden Abschnitt zu finden.

Wie gut sind wir und woher wissen wir das?

In jeder Schule hat es Schülerinnen und Schüler mit besonderen Lernvoraussetzungen, schulischen Schwierigkeiten und einem besonderen Unterstützungsbedarf. Unabhängig von der Form der Unterstützung (integrativ oder separativ) stellt sich für die Schule die Frage nach der Qualität dieser Unterstützung.

Wie erhält eine Schule Antworten auf die Frage «Wie gut sind wir in der Unterstützung von Schülerinnen und Schülern mit Beeinträchtigungen?» Ein vages Gefühl genügt nicht.

In einem ersten Schritt gilt es die Ansprüche an diese Qualität zu klären. Wir sind der Meinung, dass für integrative und separative Schulen grundsätzlich die gleichen Qualitätsansprüche gelten, und stellen sie nachfolgend vor.

In einem zweiten Schritt geht es darum, die Qualität der Unterstützung anhand der gesetzten Ziele und Qualitätsansprüche zu überprüfen und dabei Rückmeldungen und Einschätzungen von verschiedenen Seiten einzuholen (z.B. von Schülerinnen und Schülern, Eltern, Lehrpersonen, Evaluatorinnen und Evaluatoren).

Eine gute Schule für *alle* Schülerinnen und Schüler

Der Modellstreit um Integration und Separation bringt den Schülerinnen und Schülern nichts. Es geht nicht primär um das Modell, sondern um die Qualität der Umsetzung. Schulische Integration muss gut umgesetzt sein: So können Lernende mit Beeinträchtigungen optimal lernen und unterstützt werden. Und so kann für alle Schülerinnen und Schüler eine optimale Lernumgebung geschaffen werden. Gute integrative Schulen sind gute Schulen.

Die Frage «Was ist eine gute Schule?» muss mit der Frage «Was ist eine gute Schule für Lernende mit Beeinträchtigungen?» verknüpft werden. Im deutschsprachigen Bereich waren dies bisher leider weitgehend getrennte Diskussions- und Forschungsbereiche. Die übergreifende Frage lautet: «Was ist eine gute Schule für *alle* Schülerinnen und Schüler?»

Vor 30 Jahren hat die OECD (Organization for Economic Cooperation and Development) dem Thema Schulqualität in allen Mitgliedsländern eine hohe Priorität eingeräumt. Die Themen Fairness, soziale Gerechtigkeit und Integration standen dabei im Zentrum der internationalen Schulqualitätsforschung. Im Vordergrund war explizit die Forderung nach einer guten Schule für alle Schülerinnen und Schüler (access and success for all: Zugang und Erfolg für alle). Im deutschsprachigen Bereich hingegen sind die Ergebnisse der Schulqualitätsforschung noch kaum für Qualitätsfragen im sonderpädagogischen Bereich genutzt worden. Gemeint sind damit beispielsweise die Forschungsergebnisse zu Merkmalen von guten Schulen, gutem Unterricht, guter integrativer Didaktik, guter Zusammenarbeit und gutem Qualitätsmanagement.

Qualitätsansprüche

Es geht darum, unabhängig vom Modell (integrativ oder separativ) übergreifende Qualitätsansprüche für die Unterstützung von Schülerinnen und Schülern mit Beeinträchtigungen zu vereinbaren. Mit diesem Ziel sind die nachfolgend aufgeführten Qualitätsansprüche entwickelt worden. Sie sind als Grundlage für die Konzeptualisierung und Evaluation der Unterstützung von Schülerinnen und Schülern mit Beeinträchtigungen zu verstehen. Die Qualitätsansprüche können sowohl für integrative als auch separative Schulen verwendet werden. Da sie mit Blick auf die

Unterstützung von Schülerinnen und Schülern mit Beeinträchtigungen verfasst sind, werden nicht alle Bereiche des Schulbetriebs gleich detailliert dargestellt.

Tabelle 10: Qualitätsansprüche für die Unterstützung von Schülerinnen und Schülern mit Beeinträchtigungen

1 Ziele, Angebote und konzeptuelle Grundlagen

- Es gibt an der Schule eine klare gemeinsame Ausrichtung in der Unterstützung von Schülerinnen und Schülern mit Beeinträchtigungen.
- Es gibt schulinterne Unterstützungsangebote zusätzlich zum Klassenunterricht. Die zusätzlichen Angebote sind mit dem Unterricht und miteinander vernetzt.
- Der Auftrag der zusätzlichen Unterstützungsangebote (z.B. integrative Förderung, Logopädie, Deutsch als Zweitsprache) ist klar festgelegt und bekannt.
- Es bestehen konzeptuelle Grundlagen für die Unterstützung von Schülerinnen und Schülern mit Beeinträchtigungen. Diese sind bekannt und werden verbindlich umgesetzt.

2 Klima und Umgang

- Die Schülerinnen und Schüler fühlen sich im Unterricht und in den anderen Bereichen des Schulalltags (Pausen, Betreuungszeiten, Schulweg) wohl und sicher.
- Die Beziehung der Lehrpersonen und der weiteren Fachpersonen zu den Schülerinnen und Schülern basiert auf Wohlwollen und Verständnis.
- Die Kinder und Jugendlichen begegnen den Mitarbeitenden mit Respekt.
- Die Schule fördert einen fairen und respektvollen Umgang unter den Schülerinnen und Schülern.
- Der sozialen Integration der Schülerinnen und Schüler wird Sorge getragen.
- Die Mitarbeitenden pflegen einen offenen und wertschätzenden Umgang miteinander und nach außen.

3 Unterricht und Förderung

- Der Unterricht ist auf die Vielfalt der Lernenden ausgerichtet.
- Die Lehrpersonen differenzieren das Lernangebot im Unterricht (z.B. nach Schwierigkeitsgrad, Lernzielen, Methoden, Inhalten).
- Schülerinnen und Schüler mit Beeinträchtigungen werden angemessen gefördert. Die Förderung ist an ihren Voraussetzungen und Bedürfnissen sowie an den gemeinsam vereinbarten Förderzielen orientiert.
- Die zusätzliche Unterstützung und Förderung findet möglichst integriert in den Unterricht oder unterrichtsnah statt.

- Sonderpädagogische Fachpersonen werden so weit wie möglich in den Unterricht einbezogen.
- Die Lehrpersonen erhalten eine angemessene Unterstützung.

---

4 Zuweisung, Förderplanung und kindbezogene Zusammenarbeit

- Der Zugang zu den Unterstützungsangeboten erfolgt aufgrund definierter Kriterien und Abläufe.
- Die individuellen Kompetenzen und Bedürfnisse der Schülerinnen und Schüler sowie diejenigen des Umfelds werden sorgfältig erfasst.
- Erhält eine Schülerin oder ein Schüler regelmäßig zusätzliche Unterstützung, finden verbindliche Standortgespräche statt. Dabei werden die Maßnahmen sowie die übergeordneten Ziele der Förderung gemeinsam vereinbart, schriftlich festgehalten und regelmäßig überprüft.
- Die Eltern und die Schülerin bzw. der Schüler werden in diese Prozesse und Entscheide einbezogen. Ihre Einschätzungen und Bedürfnisse werden ernst genommen.
- Bei Bedarf werden spezialisierte Fachpersonen beigezogen.
- Für jedes Kind und jeden Jugendlichen mit einer regelmäßigen zusätzlichen Unterstützung wird ein individueller schriftlicher Förderplan erstellt. Dieser ist an den gemeinsam vereinbarten, übergeordneten Zielen orientiert.
- Der Informationsaustausch und die Zusammenarbeit zwischen den Lehrpersonen und den sonderpädagogischen Fachpersonen sind verbindlich geregelt.
- Es bestehen an der Schule gemeinsame Vorlagen für Protokolle von Standortgesprächen sowie für Förderpläne und Berichte. Die Dokumentation und der Datenschutz sind geregelt.

---

5 Zusammenarbeit mit den Eltern

- Die Schule hat eine gemeinsame Praxis bezüglich Information, Kontakt und Einbezug der Eltern.
- Die Schule informiert die Eltern regelmäßig über Themen der gesamten Institution.
- Die Klassenlehrperson informiert die Eltern regelmäßig über die Inhalte des schulischen Lernens, allfällige besondere Lern- und Förderziele sowie über die Fortschritte des Kindes oder Jugendlichen.
- Die Eltern sind bei Standortgesprächen dabei. Sie werden angemessen in Entscheide und ihre Umsetzung einbezogen

---

6 Schulinterne und externe Zusammenarbeit

- Die an der Schule Tätigen arbeiten im Schulalltag sowie in der Schul- und Unterrichtsentwicklung verbindlich zusammen.
- Es bestehen angemessene Gefäße resp. Organisationsformen für den kindbezogenen, den unterrichtsbezogenen und den allgemeinen fachlichen Austausch.

- Die Schule pflegt den Kontakt mit ihren externen Partnern (andere Schulen, spezialisierte Fachstellen, Personen und Institutionen im nachschulischen Bereich, Öffentlichkeit usw.).

---

7 Leitung und Koordination

- Die Leitung und Koordination des sonderpädagogischen Bereichs ist gut gewährleistet.
- Aufgaben, Zuständigkeiten und Abläufe sind verbindlich geregelt und bekannt.
- Die Information aller Mitarbeitenden ist gewährleistet.
- Die Lehrpersonen und weiteren Mitarbeitenden werden in ihrer Arbeit unterstützt und gefördert. In schwierigen Schulsituationen erhalten sie die notwendige Unterstützung.
- Die Leitung sorgt dafür, dass inhaltliche Fragen systematisch angegangen werden.
- Die Weiterbildung der Mitarbeitenden im Hinblick auf die Unterstützung von Lernenden mit Beeinträchtigungen wird unterstützt und gefördert.

---

8 Qualitätsentwicklung und Qualitätssicherung

- Die Schule setzt in der Unterstützung von Schülerinnen und Schülern klare Entwicklungsziele. Die Leitungspersonen planen die Weiterentwicklung gezielt.
- Leitung und Mitarbeitende setzen die Entwicklungsschritte sorgfältig um. Es bestehen klare Aufträge, und die Umsetzung wird regelmäßig überprüft.
- Die Mitarbeitenden reflektieren ihre Arbeit individuell und im gegenseitigen Austausch.
- Die Schule holt regelmäßig Rückmeldungen zur Praxis der Unterstützung von Schülerinnen und Schülern mit Beeinträchtigungen ein (bei Kindern und Jugendlichen, Eltern, Mitarbeitenden, extern).
- Die Schule evaluiert regelmäßig wichtige Bereiche der Unterstützung von Schülerinnen und Schülern mit Beeinträchtigungen.
- Die Schule zieht Konsequenzen aus den Ergebnissen der Evaluationen.

---

9 Rahmenbedingungen

- Die personelle Situation ermöglicht eine angemessene Unterstützung und Förderung der Schülerinnen und Schüler.
- Klassengröße und Gruppenzusammensetzung ermöglichen die Erfüllung des Auftrags und die Umsetzung der Ziele.
- Die Mitarbeitenden verfügen über eine staatlich anerkannte Ausbildung, die den Anforderungen ihrer beruflichen Tätigkeit entspricht.
- Die räumlichen Bedingungen und die Infrastruktur ermöglichen eine angemessene Unterstützung, Förderung und Betreuung. Allfälligen spezifischen Erfordernissen von Schülerinnen und Schülern wird Rechnung getragen (z.B. Rampen, Beleuchtung, Schalldämmung, sanitäre Einrichtungen).

Prüfung und Weiterentwicklung der Qualität

Tendenziell wird im Bildungsbereich viel Zeit für Konzeptarbeit und Planung – im Vergleich dazu jedoch wenig Zeit für die Begleitung und Überprüfung der Umsetzung eingesetzt. Die oben vorgestellten Qualitätsansprüche sind als Orientierungsrahmen für die Prüfung und Weiterentwicklung der Praxis der Unterstützung von Lernenden mit Beeinträchtigungen zu verstehen. Wichtige Praxisbereiche (z.B. Klima und Umgang, Qualität der Zielvereinbarungen und Förderpläne, Lernerfolg, Zusammenarbeit) sollten in jeder Schule regelmäßig überprüft werden.

Externe Evaluationen haben ihre Berechtigung und bei guter Umsetzung ihre Wirkung. Zentral für die Qualität der Schule bleibt aber die interne Qualitätsentwicklung und -sicherung. Die Hauptarbeit bei den Bemühungen um eine gute Qualität liegt bei den einzelnen Mitarbeitenden und der einzelnen Schule selbst. Jeder Mitarbeitende muss seine Praxis regelmäßig reflektieren. Gegenseitige Hospitationen, systematisches Einholen von Feedback, die konkrete Zusammenarbeit im Schulalltag sowie der Austausch in Form von Fallbesprechungen unterstützen diesen Reflexionsprozess wirkungsvoll.

Auf Ebene der Schule ist die interne Qualitätsentwicklung und Qualitätssicherung ebenfalls ein kontinuierlicher Prozess. Er wird in der Fachliteratur unter anderem «Qualitätskreislauf» genannt (Ziele setzen, Maßnahmen planen, umsetzen, überprüfen). Dieser Prozess muss gesteuert und begleitet werden. Der Schulleitung kommt dabei eine zentrale Funktion zu.

Die Verfahren und Instrumente zur Überprüfung der Qualität der Unterstützung von Schülerinnen und Schülern mit Beeinträchtigungen sind für eine Schule vielfältig. Die Überprüfung kann beispielsweise in Form eines gemeinsamen Austauschs im Kollegium, durch Interviews mit Betroffenen (Mitarbeitenden, Schülerinnen und Schülern, Eltern, weiterführenden Schulen usw.) und/oder im Rahmen einer schriftlichen Befragung dieser betroffenen Gruppen geschehen.

Wichtig ist die Wahl einer angemessenen Form der Evaluation. Schulen müssen dabei aufpassen, dass sie sich bzw. alle Beteiligten nicht überfordern (z.B. mit aufwändigen Befragungen) und riesige Datenberge produzieren, die sie zu wenig auswerten und nutzen können. Die richtige Balance zwischen Aufwand und Ertrag ist zentral für die interne Qualitätsentwicklung und Qualitätssicherung. Schulen brauchen dazu gute Umsetzungshilfen und Instrumente sowie bei Bedarf gezielte Unterstützung von außen. Die Kunst besteht darin, mit möglichst einfachen Mitteln (z.B. Interviews mit Schülerinnen und Schülern) gezielt Rückmeldungen und Einschätzungen zu sammeln und danach die richtigen Konsequenzen für die Weiterentwicklung der Qualität zu ziehen. Nachfolgend ist ein Ausschnitt aus einem einfachen Instrument dargestellt, das zur Selbsteinschätzung und zum Austausch im Schulteam verwendet werden kann. In der linken Spalte sind ausgewählte Qualitätsansprüche aufgeführt. In der rechten Spalte ist Platz für Notizen sowie für die Einschätzung der Qualität (++, +, -, --) und der Entwicklung (↗, →, ↘).

Tabelle 11: Ausschnitt eines Instruments zur Selbsteinschätzung und zum Austausch im Schulteam

Qualitätsansprüche	**Einschätzung, Reflexion, Diskussion**
Ziele, Angebote und konzeptuelle Grundlagen • Es gibt an unserer Schule eine klare gemeinsame Ausrichtung in der Unterstützung von Schülerinnen und Schülern mit Beeinträchtigungen. • Der Auftrag der zusätzlichen Unterstützungsangebote (integrative Förderung, Logopädie usw.) ist klar festgelegt und bekannt. • Es bestehen konzeptuelle Grundlagen für die Unterstützung von Schülerinnen und Schülern mit Beeinträchtigungen. Diese sind bekannt und werden verbindlich umgesetzt.	++ + - -- ↗ → ↘
Unterricht und Förderung • Die Lehrpersonen differenzieren an unserer Schule das Lernangebot im Unterricht (nach Schwierigkeitsgrad, Lernzielen, Methoden, Inhalten). • Schülerinnen und Schüler mit Beeinträchtigungen werden angemessen gefördert. Die Förderung ist an ihren Voraussetzungen und Bedürfnissen sowie an den gemeinsam vereinbarten Förderzielen orientiert. • Die Lehrpersonen erhalten eine angemessene Unterstützung.	++ + - -- ↗ → ↘

Wichtig sind nicht die Menge und Größe der Evaluationen, sondern vielmehr, dass die Schule das Wichtige anschaut, Einschätzungen von verschiedenen Seiten berücksichtigt und Konsequenzen aus den Ergebnissen zieht. Der «rote Faden» muss bei den verschiedenen Aktivitäten immer erkennbar bleiben.

Unabhängig von Evaluationen ist es wichtig, dass eine Schule im Alltag aus ihren Erfahrungen lernt. Dies geschieht beispielsweise durch den Austausch über gelungene, aber auch missglückte Lösungen bei der Unterstützung von Schülerinnen und Schülern mit Beeinträchtigungen. Dieser Austausch kann im Rahmen eines Unterrichtsteams, einer Intervisionsgruppe, eines Fachkonvents oder auch im Rahmen des gesamten Kollegiums stattfinden.

Auch auf Systemebene kann die Qualitätssicherung und Qualitätsentwicklung systematisch gefördert werden. Ein gutes neueres Beispiel dazu gibt es aus dem Kanton Aargau (CH). Hier wurde für verschiedene Qualitätsbereiche ein gemeinsamer Orientierungsrahmen in Form von Leitsätzen, Bewertungsrastern und Fragen zur Selbsteinschätzung für die verschiedenen Partner der Qualitätsentwicklung und Qualitätssicherung geschaffen.[11] Einer dieser Qualitätsbereiche lautet «schulische Integrationsprozesse». Der Orientierungsrahmen und die verschiedenen Instrumente dieses Bildungssystems überzeugen, da sie gleichzeitig

- die bildungspolitischen Ziele des Kantons und die Erwartungen an die einzelne Schule transparent machen,
- dem Bildungsministerium zur Steuerung dienen,
- der externen Schulevaluation als Grundlage zur Schulbeurteilung dienen sowie
- der einzelnen Schule helfen, selbst eine Standortbestimmung vorzunehmen und Entwicklungsschritte zu planen.

[11] Die Unterlagen können von der Webseite der «Fachstelle Externe Schulevaluation» des Kantons Aargau heruntergeladen werden: http://www.schulevaluation-ag.ch/orientierungsrahmen.cfm

Wir haben in diesem Kapitel versucht, deutlich zu machen, dass der Weg zur schulischen Integration über einen längeren Schulentwicklungsprozess führt. So kann schulische Integration gelingen. Die interviewte Schulleiterin sagte über diesen Prozess an ihrer Schule:

> «Mittlerweile kann ich mit einer gewissen Gelassenheit über die Einführung der schulischen Integration sprechen. Wir haben zwei Vorbereitungsjahre und zwei Umsetzungsjahre hinter uns. Am Anfang war es etwas ein Chaos, und ich hatte das Gefühl, dass ich überall etwas machen müsse. Jetzt kann man die Themen geordneter angehen und entscheiden, wo man genauer hinschaut. Und es ist eine gewisse Zufriedenheit da, dass es gut läuft.»

Wie geht es nach der obligatorischen Schule weiter? Schweden zeigt einen Weg auf

Das Reichsgymnasium in Kristianstad in Südschweden ist in einem großzügigen ehemaligen Garnisonsgebäude untergebracht. Wer durch die breiten Korridore geht, mag sich fragen, was für eine Art Schule das ist: Die Jugendlichen, die hier ein- und ausgehen, sind zwischen 16 und 19 Jahre alt. Man hat zunächst den Eindruck eines traditionellen Gymnasiums, wie man es vielerorts antrifft. Bei näherem Hinsehen fällt aber auf, dass neben etlichen «gewöhnlichen» Klassenzimmern einige mit speziellen Pulten und Einrichtungen für Körperbehinderte ausgestattet sind. Aus einem weiteren Klassenzimmer kommt einem eine Gruppe von Jugendlichen mit geistiger Behinderung entgegen. Offensichtlich werden hier ganz unterschiedliche Jugendliche unter einem Dach geschult.

Barbro Kärrstrand ist Bildungspolitikerin in Kristianstad. Sie erklärt, dass Kinder und Jugendliche vom Vorkindergarten bis zum Abschluss der obligatorischen Schule grundsätzlich gemeinsam lernen. «Wir kennen hier keine Aufteilung in Selektionsgruppen, selbst auf der Sekundarstufe nicht. Auch Schülerinnen und Schüler mit einer Behinderung werden wenn immer möglich integrativ in einer Regelklasse gefördert. Wo dies nicht sinnvoll erscheint, kann den Eltern der Wechsel in eine Sonderschule vorgeschlagen werden. Die meisten dieser Sonderschulabteilungen sind jedoch in Regelschulen untergebracht.» Die Eltern hätten jederzeit die Freiheit zu wählen, ob ihr Kind integrativ oder im Rahmen einer Sonderschule geschult werden soll. Mit dem flexiblen und durchlässigen Schulsystem mache man hier gute Erfahrungen.

Wie geht es aber nach dem Abschluss der obligatorischen Schule weiter? Die Mehrheit der Jugendlichen besucht das Gymnasium. Dieses hat in Schweden eine breitere Aufgabe als in Deutschland, Österreich oder der Schweiz: Die Jugendlichen können aus 17 unterschiedlichen Profilen auswählen. Die meisten Profile beinhalten eine berufliche Grundausbildung, zwei bereiten gezielt auf die Hochschulreife vor. «In diesem spezialisierten System ist die volle Integration von Jugendlichen mit einer geistigen oder auch einer schweren körperlichen Behinderung kaum mehr in sinnvoller Weise umsetzbar», erklärt Oscar Lindström, der Rektor der sonderpädagogischen Gymnasialabteilung. «Aber wir haben einen Weg gefunden, trotzdem eine größtmögliche Integration zu erreichen: Die Klassen sind im gleichen

Gebäude wie das allgemeine Gymnasium untergebracht. Spezialräume, Pauseneinrichtungen und die Mensa werden gemeinsam benutzt. Man sieht sich, und man kennt sich.» Als besonders wertvoll erachtet er die «Integration von Lehrpersonen»: Etliche von ihnen unterrichten sowohl in allgemeinen als auch in sonderpädagogischen Gymnasialklassen.

Beispielsweise der Lehrer, der in der Mitte dieses Bildes zu erkennen ist: Er hat eine theaterpädagogische Zusatzausbildung. Hier arbeitet er, unterstützt von Assistentinnen, an einem Theaterprojekt mit Jugendlichen mit einer geistigen Behinderung. «Der Spagat zu einem Theaterprojekt, wie es mit Jugendlichen aus den anderen Abteilungen durchgeführt wird, wäre hier zu groß. Wir stehen dazu, dass wir bei dieser Altersgruppe nicht mehr alles gemeinsam machen. Das heißt nicht, dass die Integration während der obligatorischen Schulzeit infrage gestellt werden muss. Nicht zu jeder Zeit muss das Gleiche das Richtige sein», so Rektor Lindström.

Die Schülerinnen und Schüler mit einer geistigen Behinderung können sich während ihrer Zeit im Gymnasium – wie alle anderen auch – auf eine berufliche Tätigkeit vorbereiten. Ein Profil weist in Richtung Gastronomie, eines fokussiert auf die Bereiche Hauswirtschaft und Textilien, ein weiteres auf einfache Tätigkeiten im Bereich Motorfahrzeugmechanik. Für alle Profile gibt es Folgeinstitutionen, die eine Mischung zwischen marktwirtschaftlichem Betrieb und geschütztem Arbeitsplatz darstellen. Für die kognitiv weniger leistungsfähigen Jugendlichen stehen geschützte Werkstätten zur Verfügung.

Dem Besucher stellt sich die Frage, weshalb in diesem Gymnasium auch Klassen für Jugendliche mit einer ausschließlich körperlichen Behinderung geführt werden. Könnten nicht gerade diese besonders gut integriert werden? «Etliche Jugendliche mit einer Körperbehinderung besuchen eine gymnasiale Regelklasse nahe ihrem Wohnort», so Lindström. «Aber auch diejenigen, die hier im Reichsgymnasium zur Schule gehen, können entscheiden, ob sie, unterstützt durch eine Assistenzperson, eine normale Klasse oder eine spezialisierte Klasse besuchen wollen. Dass wir solche kleineren, spezialisierten Klassen führen, hat verschiedene Gründe. Die Ausbildung am Gymnasium ist anspruchsvoll. Die teilweise stark körperbehinderten Jugendlichen haben den gleichen Lernstoff zu bewältigen wie alle anderen auch. Durch die Behinderung ist manches mühsamer, man ermüdet schneller. Dem können wir mit flexibleren Lernformen, geeigneter Infrastruktur, Hilfsmitteln und Assistenz begegnen. Zudem gibt es hier im Schulhaus eine professionelle Physiotherapie. So werden zeitraubende und auch teure Transporte vermieden.» Rektor Lindström weiter: «Was man auch nicht vergessen sollte: Wir haben es hier mit jungen Erwachsenen zu tun. Weil wir eine behinderungsfreundliche Infrastruktur haben, können sie sich oft selbständiger bewegen als zu Hause. Sie wohnen in Wohngemeinschaften mit Assistenz. So können sie sich optimal auf ein selbständiges Leben vorbereiten.» Ein Jugendlicher, der dem Gespräch zugehört hat, kommt mit seinem Elektrorollstuhl hinzu. Er erzählt nicht ohne Stolz, dass er in wenigen Wochen sein Abitur abschließen und anschließend an einer Universität in Schottland Psychologie und Philosophie studieren wird.

«Ein möglichst selbständiges und selbstbestimmtes Leben ist für uns das wichtigste Ziel», erklärt die Bildungspolitikerin Barbro Kärrstrand. «Große Betreuungsinstitutionen für Jugendliche und Erwachsene mit Behinderung, insbesondere auch mit geistiger Behinderung, gibt es in Schweden nicht mehr: Laut Gesetz dürfen die Wohneinheiten nicht mehr als fünf Personen umfassen – etwa die Größe einer normalen Wohngemeinschaft. Das hat zwar seinen Preis, aber ich bin überzeugt, dass wir damit das Richtige tun.»

Weitere Informationen zur sonderpädagogischen Abteilung des Reichsgymnasiums Kristianstad (einige wenige Seiten sind in deutscher Sprache):
http://www.buf.kristianstad.se/rg/

7 Empfehlenswerte Bücher, Materialien und Medien

Grundlagen der schulischen Integration

Eberwein, Hans; Knauer, Sabine (Hrsg.) (2009). Handbuch Integrationspädagogik. Weinheim: Beltz. (534 Seiten)

Handbücher mit Aufsätzen verschiedener Autoren sind oftmals unbefriedigend, weil ihnen der rote Faden fehlt. Beim «Handbuch Integrationspädagogik» ist das anders: Gut strukturiert beginnt es mit begrifflichen, ethischen, rechtlichen und erziehungswissenschaftlichen Grundlagen. Darauf aufbauend werden zahlreiche Praxisfelder der schulischen Integration thematisiert (beispielsweise organisatorische, didaktische und diagnostische Konzepte; Vorgehensweisen bei speziellen Beeinträchtigungen; Kooperation in integrativen Schulen). Ein Buch, das in jeder Schule im Lehrerinnen- und Lehrerzimmer greifbar sein sollte.

Knauer, Sabine (2008). Integration. Inklusive Konzepte für Schule und Unterricht. Weinheim: Beltz. (192 Seiten)

Dieses Buch eignet sich für Personen, welche die Chancen und Grenzen der integrativen Schulung etwas breiter reflektieren möchten. Sabine Knauer schreibt direkt, unverblümt und zuweilen richtig frech – und sie spricht offensichtlich aus Erfahrung. Drei ausgewählte Titel von Unterkapiteln mögen dies aufzeigen: «Standards und Schulängste»; «Früher hieß das einmal Diagnostik»; «Jede Behinderung ist eine Lernbehinderung».

Unterstützung bei der Entwicklung einer integrativen Schule

Kahl, Reinhard (2004). Treibhäuser der Zukunft. Wie in Deutschland Schulen gelingen. 3 DVD-Videos. 3., überarbeitete Auflage. Weinheim: Beltz.

Aus mehr als 200 Stunden Filmmaterial – gedreht in Unterricht und Schulalltag, mit vielen Einblicken und Gesprächen mit Beteiligten – zeichnet der Filmemacher und Bildungsjournalist Reinhard Kahl das Bild einer Schule der Zukunft, die in manchen Schulen längst begonnen hat. Gezeigt werden u.a. die Bodensee-Schule in Friedrichshafen, die Jena-Plan-Schule in Jena, das Gymnasium Klosterschule in Hamburg und viele andere. Diese Schulen sind «Treibhäuser der Zukunft» geworden – und sie alle arbeiten integrativ. Diese DVD eignet sich sehr gut als Anregung, «wie man es auch machen könnte» – ideal zum Start eines bewussten Entwicklungsprozesses einer Schule.

Schöler, Jutta (2009). Alle sind verschieden. Auf dem Weg zur Inklusion in der Schule. Weinheim: Beltz. (172 Seiten)

Man trifft selten auf Bücher, die für Lehrpersonen, Schulleitungen, Eltern und Studierende gleichermaßen geeignet sind. Jutta Schöler ist es gelungen, praxisrelevante Themen auszuwählen und diese gut verständlich zu vermitteln. Sie betrachtet die schulische Integration zunächst durch die Brille der Eltern, der Klassenlehrpersonen und der sonderpädagogischen Fachpersonen. Anschließend nimmt sie Schlüsselfragen der integrativen Schule auf (beispielsweise: «Wie gestalten wir die Leistungsbewertung der Kinder mit Beeinträchtigungen?»). Schließlich wird praxisnah erörtert, was bei der integrativen Schulung von Kindern mit spezifischen Behinderungen beachtet werden sollte.

Wilhelm, Marianne; Eggertsdóttir Rósa; Marinósson, Gretar L. (Hrsg.) (2006). Inklusive Schulentwicklung. Planungs- und Arbeitshilfen zur neuen Schulkultur. Weinheim: Beltz. (222 Seiten)

Der Untertitel sagt es bereits: In diesem Buch sind zahlreiche Formulare, Checklisten und konkrete Handlungsvorschläge enthalten – unter anderem zu den folgenden Themen: Individuelle Erziehungspläne, Unterrichtspraxis, Zusammenarbeit und Koordination, Elternarbeit, Evaluierung und Reflexion. Es wäre zu viel des Guten, sämtliche Vorschläge «eins zu eins» übernehmen zu wollen. Vielmehr sollte dieses Buch als Anregung für die Entwicklung eigener Planungs- und Arbeitshilfen verwendet werden. Es eignet sich vor allem für Personen, die in einer Schule mit konzeptuellen Entwicklungsaufgaben im sonderpädagogischen Bereich beschäftigt sind.

Departement Bildung, Kultur und Sport, Abteilung Volksschule, Kanton Aargau; Fachhochschule Nordwestschweiz (2008). Bewertungsraster zu den schulischen Integrationsprozessen an der Aargauer Volksschule. Instrumente zur Schulevaluation und zur Schulentwicklung. URL http://www.ag.ch/schulqualitaet/de/pub/externe_schulevaluation/instrumente.php [1.10.2010]

In diesem übersichtlichen Instrument werden acht Dimensionen der Qualität schulischer Integration vorgestellt (Lehr- und Lernarrangements im Unterricht, Lernerfassung und Beurteilung u.a.m.). Für jede Dimension wurde ein Bewertungsraster in vier Stufen erarbeitet: Konkrete Beschreibungen gehen von der Defizitstufe über die elementare und die fortgeschrittene Entwicklungsstufe bis hin zur Exzellenzstufe. Ein sehr gutes Hilfsmittel für die entwicklungsorientierte Selbst- oder Fremdbeurteilung einer Schule.

Unterricht in integrativen Schulen

Achermann, Edwin (2007). Unterricht gemeinsam machen. Ein Modell für den Umgang mit Heterogenität. Bern: Schulverlag. (8 Broschüren)

Diese Publikation beschreibt in acht thematischen Broschüren ein Modell für den Umgang mit Heterogenität. Neben Grundlagen zum Lernen und Lehren oder zu einer

Pädagogik der Vielfalt werden die Ebenen der konkreten Unterrichtspraxis, der Planung und des Teams anschaulich miteinander verknüpft. Ein Profit für Schulen, die als Ganzes den Weg einer integrativen Schule (weiter-)gehen.

Bohl, Torsten; Ducharz, Diemut (2010). Offener Unterricht heute. Konzeptionelle und didaktische Weiterentwicklung. Weinheim: Beltz. (160 Seiten)

Ein rundum gelungenes Buch: Wer seinen Unterricht hinsichtlich offener Unterrichtsformen weiterentwickeln möchte, findet hier sowohl fundierte Grundlagen als auch praxisnahe Hinweise. Es ist hervorragend strukturiert und lustvoll zu lesen. Sowohl praktizierende Lehrpersonen als auch Studierende werden dieses Buch schätzen.

Czisch, Fee (2007). Kinder können mehr. Anders lernen in der Grundschule. München: Antje Kunstmann. (333 Seiten)

In der Grundschule wird das Fundament für eine integrative Schule gelegt. Davon ist Fee Czisch überzeugt. Nah an der Praxis und mit einem breiten Erfahrungshintergrund schildert sie konkrete Möglichkeiten, wie der Schulstart (integrativ) gestaltet werden kann. Überlegungen zu den ersten Schritten gehören genau so dazu wie so große Themen wie Vertrauen, die Person der Lehrerin oder Spielen und Lernen.

Graumann, Olga (2002). Gemeinsamer Unterricht in heterogenen Gruppen. Von lernbehindert bis hochbegabt. Bad Heilbrunn: Klinkhardt. (248 Seiten)

Olga Graumann beleuchtet Unterricht in heterogenen Klassen ganz stark aus dem Spannungsfeld von Lernbehinderung und Hochbegabung heraus. Neben diesen Grundlagen, die mit vielen hilfreichen Abbildungen versehen sind, werden in einem Kapitel explizit die Besonderheiten integrativer Arbeit auf der Sekundarstufe thematisiert.

Förderdiagnostik und Förderplanung

Mutzeck, Wolfgang (Hrsg.) (2007). Förderplanung. Grundlagen, Methoden, Alternativen. Weinheim: Beltz. (262 Seiten)

Dieses Buch kann man guten Gewissens als Standardwerk der Förderplanung bezeichnen. Man findet darin viele konkrete Strukturierungsvorschläge für Förderpläne, förderplanerische Ablaufmodelle und hilfreiche Formulare. Mit einem gesunden Maß an «Mut zur Lücke» kann man aus diesem Buch fundierte und praktikable Anregungen erhalten.

Niedermann, Albin; Schweizer, Ruth; Steppacher, Josef (2007). Förderdiagnostik im Unterricht. Grundlagen und kommentierte Darstellung von Hilfsmitteln für die Lernstandserfassung in Mathematik und Sprache. Luzern: Edition SZH/CSPS. (213 Seiten)

Obwohl der Aspekt der Förderplanung auch in diesem Buch aufgenommen wird, liegt dessen Schwerpunkt – ganz seinem Titel entsprechend – im förderdiagnostischen Bereich. Es werden zahlreiche Instrumente und Verfahren vorgestellt, die geeignet sind, den Lernstand von Schülerinnen und Schülern mit Beeinträchtigungen systematisch zu erfassen.

Grundkötter, Klaus-Peter et al. (2010): Wort-Bildkarten zur Durchführung von schulischen Standortgesprächen mit jüngeren Schülerinnen und Schülern. URL http://www.psfeld.ch/icf.htm [1.10.2010] oder http://peterlienhard.ch [1.10.2010] (→ in der linken Spalte «Schulische Standortgespräche» anwählen)

Oft fehlen an Elterngesprächen oder an schulischen Standortgesprächen die Hauptpersonen – die Schülerin oder der Schüler. Dies dürfte vor allem damit zusammenhängen, dass die Struktur dieser Gespräche schwergewichtig auf Erwachsene bezogen ist. Innovative Lehrpersonen haben ein Verfahren entwickelt, mithilfe dessen auch jüngere Schülerinnen und Schüler gleichberechtigt teilnehmen können (siehe auch Seite 116 und folgende). Großzügigerweise stellen die Entwickler sämtliche Materialien samt Kurzanleitung kostenlos zum Download zur Verfügung.

Spezifische Fokuspunkte der schulischen Integration

Wilhelm, Marianne (2009). Integration in der Sek. I und II. Wie die Umsetzung im Fachunterricht gelingt. Weinheim: Beltz. (272 Seiten)

Die schulische Integration stellt auf der Sekundarstufe eine ganz besondere Herausforderung dar: Die Entwicklungsunterschiede gehen verstärkt auseinander; das Lernen an gemeinsamen Themen – und damit das Differenzieren eines gemeinsamen Unterrichts – wird schwieriger. Marianne Wilhelm hat sich dieser Thematik angenommen. Nach einer gut lesbaren Problemdarstellung zeigt sie anhand verschiedener Praxisbeispiele auf, welche Wege integrative Sekundarschulen gefunden haben. Dabei setzt sie einen Schwerpunkt auf reformpädagogische Konzeptionen.

Brunner, Esther; Gyseler, Dominik; Lienhard Peter (2005). Hochbegabung – (k)ein Problem. Handbuch zur interdisziplinären Begabungs- und Begabtenförderung. Zug: Klett und Balmer. (112 Seiten)

Eine «Schule für alle» umfasst auch Kinder und Jugendlichen mit besonderer Begabung. Dieses Buch vermittelt Grundlagen und praxisorientierte Vorschläge, wie auch diese Schülerinnen und Schüler integrativ gefördert werden können. Aus dem Inhalt: Modelle der Hochbegabung, Diagnostik und Maßnahmenplanung, Begabungsfördernder Unterricht – Unterricht mit Begabten, Pädagogische Fallen im Umgang mit begabten Kindern, Beratung von Eltern. Über den folgenden Link sind Inhaltsverzeichnis und Beispielseiten einsehbar: http://peterlienhard.ch/hochbegabung.pdf

Eine Schule, die Israel neue Hoffnung geben kann

Eine Schule am südlichen Stadtrand von Jerusalem. Von außen ist nicht erkennbar, dass sie sich deutlich von den meisten anderen Schulen dieses Landes unterscheidet. Dass eine öffentliche Schule in Israel die hebräische und die arabische Sprache und Kultur gleichwertig nebeneinander vermittelt, ist jedoch bemerkenswert.

Im Gespräch mit der Schulleitung und den Lehrpersonen, insbesondere aber beim Besuch des Unterrichts, wird klar, wie das Konzept der «Hand in Hand School Jerusalem» im Alltag umgesetzt wird: Im Unterricht sind mehrheitlich zwei Lehrpersonen anwesend. Die eine unterrichtet in arabischer, die andere in hebräischer Sprache – Co-Teaching in seiner konsequentesten Form. Auch die Schulleitung besteht aus einem gemischten Team.

In einer zehnten Klasse werden im Fach Religion zentrale Aussagen des Talmud, des Koran und des Neuen Testaments einander gegenübergestellt. Der Unterricht ist sehr lebendig: Es wird lautstark und engagiert hin und her diskutiert und argumentiert. Die Lehrerinnen bestätigen, dass diese Thematik bei den Jugendlichen auf großes Interesse stößt, weil es ihnen bewusst ist, dass viele der aktuellen Probleme des Zusammenlebens in Israel mit unterschiedlichen, religiös geprägten Vorstellungen zu tun haben.

Zwei Kulturen, zwei Sprachen, zwei Lehrpersonen: Ohne eine enge Zusammenarbeit kann ein solcher Unterricht nicht funktionieren. Schülerinnen und Schüler mit besonderem Förderbedarf können dadurch in vielen Fällen ohne zusätzliche Maßnahmen gut mitgetragen werden – es sind ja praktisch ständig zwei Lehrpersonen im Klassenraum anwesend.

Auf die Frage, ob diese Zusammenarbeit mehr oder weniger problemlos verlaufe, antwortet eine Lehrperson mit wiegendem Kopf: «Nein, es ist nicht immer einfach. Wichtig ist, dass es für alle Lehrpersonen, die hier arbeiten wollen, von Anfang an klar ist, dass eine enge Zusammenarbeit erwartet wird. Einige merken mit der Zeit, dass sie lieber wieder in einer anderen Schule arbeiten möchten. Wer aber hier richtig einsteigt, bleibt in der Regel längere Zeit. Es ist einfach eine viel spannendere Sache – wir sind ein lebendiges Beispiel für die Idee der Kooperation und des gegenseitigen Respekts.»

Die Andersartigkeit der Lehrpersonen – unterschiedliche Sprache, unterschiedliche kulturelle Herkunft – wird an dieser Schule nicht unter den Tisch gekehrt, sondern bewusst als Ressource eingesetzt: «Wie wir Lehrpersonen miteinander umgehen, hat für die Schülerinnen und Schüler Vorbildcharakter. Manche Dinge sehen wir Lehrpersonen durchaus unterschiedlich. Das debattieren wir dann offen vor den Schülern, und sie können sich in die Diskussion einklinken. So lernen alle, dass sie Kompromisse eingehen und neue Sichtweisen erhalten können, ohne sich verleugnen zu müssen.»

Die Kinder treten in der Regel ohne Kenntnisse der anderen Sprache in den Vorkindergarten ein. In den ersten Tagen suchen sie gemäß den Kindergärtnerinnen den Kontakt zu Gleichsprachigen und zu Erwachsenen ihrer Sprache, aber schon nach einer Woche sei das vorbei: «Dann läuft die Kommunikation und das gemeinsame Spielen wie von selbst.» Selbst Kinder, die in einer dritten Muttersprache aufgewachsen sind, bewältigen den zweisprachigen Unterricht in der Regel ohne Probleme: «Weil wir sie von klein auf bei uns haben, wachsen sie natürlich in beide Sprachen hinein.»

Freundschaften, so berichten mir Schülerinnen und Schüler der oberen Klassen, würden sich in dieser Schule nach anderen Kriterien als «jüdisch» oder «arabisch» bilden. Gemeinsame Interessen sowie persönliche Sympathie seien wichtiger. Der Schulleiter bestätigt zwar mit einem Lächeln, dass es durchaus massive Gruppenbildungen geben würde, namentlich bei den Zehn- bis Zwölfjährigen. «Das sind aber die Gruppen der Mädchen und der Jungen, wie wohl überall auf der Welt. Innerhalb dieser Geschlechtergruppen spielen Herkunft und Sprache eine untergeordnete Rolle.»

Auf die Frage, wie der gesellschaftliche Support für diese Idee sei, antwortet der Schulleiter: «Leider nicht sehr gut.» Das Ziel, auch arabischen Kindern und Jugendlichen Selbstbewusstsein und auch Leadership-Qualitäten zu vermitteln, wird von vielen Israeli nicht als erstrebenswert erachtet. «Wie tief diese Problematik sitzt, kann man daran erkennen, dass etliche jüdische Schülerinnen und Schüler auf Wunsch von deren Eltern die Schule nach der 6. oder 7. Klasse verlassen.» Die Gründe: Man will die Tochter oder den Sohn ohne Irritationen auf den kommenden «Ernst des Lebens» vorbereiten, das Absolvieren des 2-jährigen (w) resp. 3-jährigen (m) Militärdienstes, eine jüdische Heirat. Die Schule hat solche Entscheidungen selbstverständlich zu akzeptieren. «Trotzdem konnten wir wohl auch bei ihnen viel erreichen: Wer zusammen im Sandkasten gespielt hat, ist sich auch im Erwachsenenalter nicht fremd.»

Nach der Verabschiedung von der Schulleitung trifft der Besucher auf ein körperbehindertes Mädchen, das seinen Elektrorollstuhl mit dem Kinn ebenfalls dem Ausgang zusteuert. Obwohl der Schulleiter gewusst hat, dass der Besucher einen sonderpädagogischen Hintergrund hat und sich stark für die Thematik der schulischen Integration von Kindern mit Beeinträchtigungen interessiert, hat er dieses Mädchen nicht erwähnt. Es war ihm wohl zu selbstverständlich, dass es ganz einfach dazugehört.

Weitere Informationen zu den «Hand in Hand» Schulen in Israel:
http://www.handinhand12.org/

8 Glossar

Heilpädagogik	Die Heilpädagogik befasst sich in Theorie und Praxis mit der Bildung, Erziehung und Förderung von Menschen mit Beeinträchtigungen. Die Begriffe Heilpädagogik und Sonderpädagogik verwenden wir synonym.
ICF	Die «Internationale Klassifikation der Funktionsfähigkeit, Behinderung und Gesundheit» ist ein Klassifikationssystem, das von der Weltgesundheitsorganisation (WHO) entwickelt wurde. Es basiert auf einem bio-psycho-sozialen Modell und kann bei der Analyse der Entwicklungs-, Lern- und Lebenssituation von Menschen sehr hilfreich sein.
Kindergarten	In unserem Verständnis gehört der Kindergarten zur obligatorischen Bildung und damit zur Regelschule. Dabei deckt er in der Regel deren erste zwei Jahre ab (Kinder im Alter zwischen rund vier und rund sechs Jahren).
Primarstufe	Die Primarstufe umfasst gemäß unserer Definition die erste bis zur sechsten Klasse.
Regelschule	Damit meinen wir die obligatorische Bildung in der öffentliche Schule, auch als Volksschule oder allgemeine Schule bezeichnet – in Abgrenzung zu Sonderschulen, Förderschulen, Privatschulen, aber auch zu Gymnasien. Die Regelschule beginnt mit dem Eintritt ins obligatorische Bildungssystem und endet in der Regel mit dem neunten Schuljahr.
Schulische Heilpädagogin/Schulischer Heilpädagoge	Diese Berufsbezeichnung ist in der deutschsprachigen Schweiz gebräuchlich für eine Lehrperson mit sonderpädagogischer Zusatzausbildung. Sie kann in einer Regel- oder in einer Sonderschule tätig sein.
Sekundarstufe	Gemeint ist die Sekundarstufe I, in Abgrenzung zur nachobligatorischen Sekundarstufe II. Sie umfasst in der Regel die siebte bis zur neunten Klasse und damit Schülerinnen und Schüler im Altersspektrum von rund 13 bis rund 16 Jahren.
Sonderpädagogik	Die Sonderpädagogik befasst sich in Theorie und Praxis mit der Bildung, Erziehung und Förderung von Menschen mit Beeinträchtigungen. Die Begriffe Sonderpädagogik und Heilpädagogik verwenden wir synonym.

Sonderpädagogische Fachperson Sonderpädagogin/ Sonderpädagoge	Damit ist eine Person gemeint, die eine spezifische Ausbildung im sonderpädagogischen Bereich absolviert hat. Sie kann sowohl im Bereich der Schule als auch im Bereich der Therapie tätig sein.
Sonderpädagogische Lehrperson	Damit ist eine Person gemeint, die eine sonderpädagogische Ausbildung absolviert hat, die sie befähigt, Schülerinnen und Schüler mit Beeinträchtigung zu unterrichten. Wir verwenden diese Bezeichnung synonym zu «Schulische Heilpädagogin» oder «Schulischer Heilpädagoge».
Sonderschule	Eine Sonderschule ist eine Bildungsinstitution mit der Zielsetzung, Kinder und Jugendliche mit Beeinträchtigungen zu unterrichten und zu fördern. Oft werden dafür auch Begriffe wie «Förderschule» oder «Förderzentrum» verwendet. Neben der Schulung in Sonderschulklassen, Tagesbetreuung und institutionsinternen Förderangeboten können Sonderschulen auch Beratung und Unterstützung in integrativ arbeitenden Regelschulen anbieten. Sonderschulheime sind Sonderschulen mit Übernachtungsangebot.

9 Literaturverzeichnis

Achermann, Edwin (2007). Unterricht gemeinsam machen. Ein Modell für den Umgang mit Heterogenität. Bern: Schulverlag.

Bless, Gérard (2007). Zur Wirksamkeit der Integration. Bern: Haupt.

Bless, Gérard; Dessemontet, Sermier; Benoit, Valérie (2010). Forschung zu den Wirkungen der schulischen Integration von Kindern mit einer geistigen Behinderung, Zusammenfassung der Ergebnisse für die Teilnehmerinnen und Teilnehmer der Untersuchung, September 2010.Unveröffentlichtes Papier. Freiburg i. Ü.: Heilpädagogisches Institut der Universität Freiburg.

Boban, Ines; Hinz, Andreas (2009). Integration und Inklusion als Leitbegriffe der schulischen Sonderpädagogik. In: Opp, Günther; Theunissen, Georg (Hrsg.). Handbuch schulische Sonderpädagogik (S. 29–36). Bad Heilbrunn: Klinkhardt.

Bohl, Torsten; Ducharz, Diemut (2010). Offener Unterricht heute. Konzeptionelle und didaktische Weiterentwicklung. Weinheim: Beltz.

Borchert, Johann (Hrsg.) (2000). Handbuch der Sonderpädagogischen Psychologie. Göttingen: Hogrefe.

Brunner, Esther; Gyseler, Dominik; Lienhard Peter (2005). Hochbegabung – (k)ein Problem. Handbuch zur interdisziplinären Begabungs- und Begabtenförderung. Zug: Klett und Balmer.

Buholzer, Alois; Kummer, Annemarie (Hrsg.) (2010). Alle gleich – alle unterschiedlich! Zum Umgang mit Heterogenität in Schule und Unterricht. Seelze/Zug: Kallmeyer & Klett.

Bundesamt für Statistik (2008). Schülerinnen in Sonderklassen und Sonderschulen nach Kanton und Nationalität, 2007/2008. URL http://www.bfs.amin.ch/bfs/portal/de/index/themen/15/02/key/ind5.indicator.51323.513.html [16.12.2009].

Bürli, Alois (2009). Integration/Inklusion aus internationaler Sicht – einer facettenreichen Thematik auf der Spur. In: Bürli, Alois; Strasser, Urs; Stein, Anne-Dore (Hrsg.). Integration/Inklusion aus internationaler Sicht (S. 15–61). Bad Heilbrunn: Klinkhardt.

Bürli, Alois; Strasser, Urs; Stein, Anne-Dore (Hrsg.) (2009). Integration/Inklusion aus internationaler Sicht. Bad Heilbrunn: Klinkhardt.

Czisch, Fee (2007). Kinder können mehr. Anders lernen in der Grundschule. München: Antje Kunstmann.

Dyson, Alan; Farrell, Peter; Polat, Filiz; Hutcheson, Graeme; Gallannaugh, Frances (2004). Inclusion and Pupil Achievement. Newcastle: University of Newcastle, Department for Education and Skills, Research Report No 578.

Eberwein, Hans; Knauer, Sabine (Hrsg.) (2009). Handbuch Integrationspädagogik. Weinheim: Beltz.

Eberwein, Hans; Mand, Johannes (2008). Integration konkret. Begründung, didaktische Konzepte, inklusive Praxis. Bad Heilbrunn: Klinkhardt.

Felder, Richard M.; Henriques, Eunice R. (1995). Learning and Teaching Styles in Foreign and Second Language Education. Foreign Language Annals, 28 (1), 21–31. URL http://www.ncsu.edu/felder-public/Papers/FLAnnals.pdf [18.10.2010].

Fend, Helmut (1981). Theorie der Schule. München: Urban & Schwarzenberg.

Füssel, Hans-Peter (2009). «Niemand darf wegen seiner Behinderung benachteiligt werden». Die schulrechtlichen Rahmenbedingungen für eine integrative Pädagogik. In: Eberwein, Hans; Knauer, Sabine (Hrsg.). Handbuch Integrationspädagogik (S. 158–163). Weinheim: Beltz.

Graumann, Olga (2002). Gemeinsamer Unterricht in heterogenen Gruppen. Von lernbehindert bis hochbegabt. Bad Heilbrunn: Klinkhardt.

Häfeli, Kurt; Walther-Müller, Peter (Hrsg.) (2005). Das Wachstum des sonderpädagogischen Angebots im interkantonalen Vergleich. Steuerungsmöglichkeiten für eine integrative Ausgestaltung. Luzern: Edition SZH/SPC.

Hafner, Michela (2003). Schulische Integration im europäischen Vergleich. Online-Zeitung der Universität Wien, 10. April 2003. URL http://www.dieuniversitaet-online.at/ dossiers/beitrag/news/schulische-integration-im-europaischen-vergleich/83.html [03.05.2010].

Hattie, John (2009). Visible Learning. A Synthesis of Over 800 Meta-Analyses Relating to Achievement. Milton Park: Routledge.

Hillenbrand, Clemens (2009). Förderschwerpunkt Emotionale und Soziale Entwicklung: Standards ermöglichen Förderung! In: Wember, Franz B.; Prändl, Stephan (Hrsg.). Standards der sonderpädagogischen Förderung (S. 133–155). München: Reinhardt.

Hinz, Andreas (2008). Gemeinsamer Unterricht. In: Eberwein, Hans; Mand, Johannes. Integration konkret. Begründung, didaktische Konzepte, inklusive Praxis (S. 197–211). Bad Heilbrunn: Klinkhardt.

Hollenweger, Judith; Lienhard, Peter (2010). Schulische Standortgespräche. Ein Verfahren zur Förderplanung und Zuweisung von sonderpädagogischen Maßnahmen. Herausgegeben von der Bildungsdirektion des Kantons Zürich. Zürich: Lehrmittelverlag des Kantons Zürich.

Ianes, Dario (2009). Die besondere Normalität. Inklusion von SchülerInnen mit Behinderung. München: Reinhardt.

Jackson, Robyn R. (2010). Arbeiten Sie nie härter als Ihre Schüler – und die sechs anderen Prinzipien guten Unterrichts. Weinheim: Beltz.

Joller-Graf, Klaus (2010). Binnendifferenziert unterrichten. In: Buholzer, Alois; Kummer, Annemarie (Hrsg.). Alle gleich – alle unterschiedlich! Zum Umgang mit Heterogenität in Schule und Unterricht (S. 122–137). Seelze/Zug: Kallmeyer & Klett.

Joller-Graf, Klaus; Tammer, Sabine; Buholzer, Alois (2009). Integration geistig behinderter Sonderschülerinnen und -schüler in Regelklassen der Zentralschweiz. Zwischenbericht. Luzern: Pädagogische Hochschule Zentralschweiz.

Joller-Graf, Klaus (2006). Lernen und Lehren in heterogenen Gruppen. Zur Didaktik des integrativen Unterrichts. Donauwörth: Auer.

Kahl, Reinhard (2004). Treibhäuser der Zukunft. Wie in Deutschland Schulen gelingen. 3 DVD-Videos. 3., überarbeitete Auflage. Weinheim: Beltz.

Klemm, Klaus (2009). Sonderweg Förderschulen: Hoher Einsatz, wenig Perspektiven. Eine Studie zu den Ausgaben und zur Wirksamkeit von Förderschulen in Deutschland. Gütersloh: Bertelsmann Stiftung.

Knauer, Sabine (2008). Integration. Inklusive Konzepte für Schule und Unterricht. Weinheim: Beltz.

Kronig, Winfried (2007). Die systematische Zufälligkeit des Bildungserfolgs. Bern: Haupt.

Lienhard, Peter (2005). Wie viel dürfen Behinderte kosten? Ethische Probleme bei der Zuteilung von sonderpädagogischen Maßnahmen zugunsten schwer behinderter Kinder und Jugendlicher. Diplomarbeit im Rahmen des Master-Studienganges 2003–2005 Master of Advanced Studies in Applied Ethics (MAE) am Ethik-Zentrum der Universität Zürich. URL http://peterlienhard.ch/download/2005_MAE-Arbeit_PL.pdf [29.12.2009].

Lindsay, Geoff (2007). Educational psychology and the effectiveness of inclusive education/mainstreaming. British Journal of Educational Psychology, 77, 1–24.

Mettauer Szaday, Belinda; Szaday, Christopher (2005). Befragung der Zürcher Oberstufengemeinden zum Thema Schulausschluss. Bericht über die Ergebnisse. Nationales Forschungsprogramm 51 «Integration und Ausschluss». Zürich. URL http://www.nfp51.ch/d_module.cfm?Projects.Command=details&get=10 [06.05.2010].

Miller, Reinhold (2002). Beziehungsdidaktik. Weinheim: Beltz.

Mutzeck, Wolfgang (Hrsg.) (2007). Förderplanung. Grundlagen, Methoden, Alternativen. Weinheim: Beltz.

Niedermann, Albin; Schweizer, Ruth; Steppacher, Josef (2007). Förderdiagnostik im Unterricht. Grundlagen und kommentierte Darstellung von Hilfsmitteln für die Lernstandserfassung in Mathematik und Sprache. Luzern: Edition SZH/CSPS.

OECD (2005). School Factors related to Quality and Equity – Results from PISA 2000. Bonn: UNO.

Opp, Günther; Theunissen, Georg (Hrsg.) (2009). Handbuch schulische Sonderpädagogik. Bad Heilbrunn: Klinkhardt.

Peetsama, Thea; Vergeer, Margaretha; Roeleveld, Jaap; Karsten, Sjoerd (2001). Inclusion in Education: comparing pupil's development in special and regular education. Educational Review, 53/2, 125–135.

Preuss-Lausitz, Ulf (2009). Integrationsforschung. Ansätze, Ergebnisse und Perspektiven. In: Eberwein, Hans; Knauer, Sabine (Hrsg.). Handbuch Integrationspädagogik (S. 458–470). Weinheim: Beltz.

Sander, Alfred (2008). Etappen auf dem Weg zu integrativer Erziehung und Bildung. In: Eberwein, Hans; Mand, Johannes. Integration konkret. Begründung, didaktische Konzepte, inklusive Praxis (S. 27–39). Bad Heilbrunn: Klinkhardt.

Schaber, Peter (2003). Menschenwürde als Recht, nicht erniedrigt zu werden. In: Stoecker, Ralph (Hrsg.). Menschenwürde – Annäherung an einen Begriff (119–131). Wien: öbv & hpt.

Schöler, Jutta (2009). Alle sind verschieden. Auf dem Weg zur Inklusion in der Schule. Weinheim: Beltz.

Schuntermann, Michael F. (2009). Einführung in die ICF. Grundkurs – Übungen – offene Fragen. Landsberg: ecomed.

Sedlacek, William E. (2004). Beyond the Big Test: Noncognitive Assessment in Higher Education. Jossey-Bass Higher and Adult Education Series. San Francisco: Jossey-Bass.

Singer, Peter (1983). Praktische Ethik. Stuttgart: Reclam.

Schnell, Irmtraut (2009). Geschichte schulischer Integration. Weinheim: Juventa.

Stamm, Margrit (1998). Frühlesen und Frührechnen als soziale Tatsachen. Schlussbericht der Projektetappe 1995 bis 1998. Aarau: Institut für Bildungs- und Forschungsfragen.

UNESCO (1994). Die Salamanca Erklärung und der Aktionsrahmen zur Pädagogik für besondere Bedürfnisse. Angenommen von der Weltkonferenz «Pädagogik für besondere Bedürfnisse: Zugang und Qualität». Salamanca, Spanien, 7. – 10. Juni 1994. URL http://www.unesco.at/bildung/basisdokumente/salamanca_erklaerung.pdf [10.04.2010].

Vereinte Nationen (1948). Allgemeine Erklärung der Menschenrechte. Resolution 217 A (III) der Generalversammlung vom 10. Dezember 1948. URL http://www.un. org/Depts/german/grunddok/ar217a3.html [10.04.2010].

Venetz, Martin; Tarnutzer, Rupert; Zurbriggen, Carmen; Sempert, Waltraud (2010). Die Erlebnisqualität von Kindern in der integrativen Schulungsform. Eine Untersuchung mit der Experience Sampling Method (ESM). Zürich: Interkantonale Hochschule für Heilpädagogik. Unveröffentlichte Präsentationsunterlagen, Forschungskolloquium vom 18.05.2010.

Wember, Franz B. (2000). Didaktische Prinzipien. In: Borchert, Johann (Hrsg.) Handbuch der Sonderpädagogischen Psychologie (S. 341–352). Göttingen: Hogrefe.

Wember, Franz B.; Prändl, Stephan (Hrsg.) (2009). Standards der sonderpädagogischen Förderung. München: Reinhardt.

Wenger, Susanne; Steiner, Barbara (2009). Ein «Bad in der Normalität?» Oder eine «Verletzung der Menschenwürde»? Kontroverse um die integrative Sonderschulung. Zeitschrift Curaviva, 10, 4–9.

Wilhelm, Marianne (2009). Integration in der Sek. I und II. Wie die Umsetzung im Fachunterricht gelingt. Weinheim: Beltz.

Wilhelm, Marianne; Eggertsdóttir Rósa; Marinósson, Gretar L. (Hrsg.) (2006). Inklusive Schulentwicklung. Planungs- und Arbeitshilfen zur neuen Schulkultur. Weinheim: Beltz.

WHO (2006): ICF – Internationale Klassifikation der Funktionsfähigkeit, Behinderung und Gesundheit. Genf: WHO.